완·벽·대·비

한자능력 검정시험

김병헌 엮음

3급

한국한자능력검정시험 안내

◇ 수험안내

주관 : 사단법인 한국어문회
시행 : 한국한자능력검정회
시험시기 : 연 4회
응시자격 : 재학여부, 학력, 소속, 연령, 국적 등에 상관없이 원하는 급수에 응시 가능.
응시급수 : 국가공인급수 - 1급 2급 3급 3급II
　　　　　교육 급수 - 4급·4급II·5급·6급·6급II·7급·8급
접수방법 : 인터넷사이트(www.hangum.re.kr)에 자세하게 나와 있습니다.
합격자 발표 : ARS(060-800-1100) 또는 인터넷(www.hangum.re.kr)으로 확인 가능.
검정시험문의 : 월~금(09:00~18:00, 공휴일 제외) 전화 1566_1400 팩스 02_6003_1414~5

◇ 우대사항

- 자격기본법 제27조에 의거 국가자격 취득자와 동등한 대우 및 혜택을 받습니다.
- 우리은행 채용 시 가산점 반영됩니다.
- 경제5단체, 신입사원 채용 때 전국한자능력검정시험 응시 권고(3급 응시요건, 3급 이상 가산점)하고 있습니다.
- 2005학년도 대학수학능력시험부터 '漢文'이 선택과목으로 채택되었습니다.
- 교육과학기술부 훈령 제141호『학생생활기록부 전산처리 및 관리지침』에 의거 학교 생활기록부에 등재, 입시에 활용됩니다.
- 육군간부 승진 고과에 반영됩니다. (대위-대령/군무원2급-5급 : 3급이상, 준·부사관/군무원6급-8급 : 4급이상)
- 대학에 따른 우대사항은 인터넷사이트(www.hangum.re.kr)에 자세히 나와 있습니다.

◇ 문제유형

- 讀音독음 : 한자의 소리를 묻는 문제입니다. 독음은 두음법칙, 속음현상, 장단음과도 관련이 있습니다.
- 訓音훈음 : 한자의 뜻과 소리를 동시에 묻는 문제입니다. 특히 대표훈음을 익히시기 바랍니다.
- 漢字한자쓰기 : 제시된 뜻, 소리, 단어 등에 해당하는 한자를 쓸 수 있는가를 확인하는 문제입니다.
- 部首부수 : 한자의 부수를 묻는 문제입니다. 부수는 한자의 뜻을 짐작할 수 있는 중요한 부분입니다.
- 筆順필순 : 한 획 한 획의 쓰는 순서를 알고 있는 가를 묻는 문제입니다. 글자를 바르게 쓰기 위해 필요합니다.
- 長短音장단음 : 한자 단어의 첫소리 발음이 길고 짧음을 구분하고 있는가를 묻는 문제입니다. 4급 이상에서만 출제됩니다.
- 反義語반의어·相對語상대어 : 어떤 글자(단어)와 반대 또는 상대되는 글자(단어)를 알고 있는가를 묻는 문제입니다.
- 同義語동의어·類義語유의어 : 어떤 글자(단어)와 뜻이 같거나 유사한 글자(단어)를 알고 있는가를 묻는 문제입니다.
- 同音異義語동음이의어 : 소리는 같고, 뜻은 다른 단어를 알고 있는가를 묻는 문제입니다.
- 뜻풀이 : 고사성어나 단어의 뜻을 제대로 알고 있는가를 묻는 문제입니다.
- 略字약자 : 한자의 획을 줄여서 만든 略字를 알고 있는가를 묻는 문제입니다.
- 完成型완성형 : 고사성어나 단어의 빈칸을 채우도록 하여 단어와 성어의 이해력 및 조어력을 묻는 문제입니다.

◇ 급수배정

급수	읽기	쓰기	수준 및 특성
특급	5,978	3,500	國漢混用 古典을 불편 없이 읽고, 연구할 수 있는 수준 고급 (韓中 古典 추출한자 도합 5978자, 쓰기 3500자)
특급 II	4,918	2,355	國漢混用 古典을 불편 없이 읽고, 연구할 수 있는 수준 중급 (KSX1001 한자 4888자 포함, 전체 4918자, 쓰기 2355자)
1급	3,500	2,005	國漢混用 古典을 불편 없이 읽고, 연구할 수 있는 수준 초급 (상용한자+준상용한자 도합 3500자, 쓰기 2005자)
2급	2,355	1,817	常用漢字를 활용하는 것은 물론 인명지명용 기초한자 활용 단계 (상용한자+인명지명용 한자 도합 2355자, 쓰기 1817자)
3급	1,817	1,000	고급 常用漢字 활용의 중급 단계 (상용한자 1817자-교육부 1800자 모두 포함, 쓰기 1000자)
3급 II	1,500	750	고급 常用漢字 활용의 초급 단계(상용한자 1500자, 쓰기 750자)
4급	1,000	500	중급 常用漢字 활용의 고급 단계(상용한자 1000자, 쓰기 500자)
4급 II	750	400	중급 常用漢字 활용의 중급 단계(상용한자 750자, 쓰기 400자)
5급	500	300	중급 常用漢字 활용의 초급 단계(상용한자 500자, 쓰기 300자)
6급	300	150	기초 常用漢字 활용의 고급 단계(상용한자 300자, 쓰기 150자)
6급 II	300	150	기초 常用漢字 활용의 중급 단계(상용한자 300자, 쓰기 50자)
7급	150	-	기초 常用漢字 활용의 초급 단계(상용한자 150자)
8급	50	-	漢字 學習 동기 부여를 위한 급수(상용한자 50자)

◇ 출제기준

구분	특급·특급II·1급	2급	3급	3급II	4급	4급II	5급	6급	6급II	7급	8급
讀音	50	45	45	45	32	35	35	33	32	32	24
漢字 쓰기	40	30	30	30	20	20	20	20	10	0	0
訓音	32	27	27	27	22	22	23	22	29	30	24
完成型	15	10	10	10	5	5	4	3	2	2	0
反義語	10	10	10	10	3	3	3	3	2	2	0
뜻풀이	10	5	5	5	3	3	3	2	2	2	0
同音異義語	10	5	5	5	3	3	3	2	0	0	0
部首	10	5	5	5	3	3	0	0	0	0	0
同義語	10	5	5	5	3	3	3	2	0	0	0
長短音	10	5	5	5	3	0	0	0	0	0	0
略字	3	3	3	3	3	3	3	0	0	0	0
筆順	0	0	0	0	0	0	3	3	3	2	2
出題問項(計)	200	150	150	150	100	100	100	90	80	70	50

머리말

이 책은 사단법인 韓國語文會가 주관하고 韓國漢字能力檢定會에서 시행하는 한자능력검정시험 중 3급 시험에 대비하기 위한 학습서로서 3급 배정한자(307자)를 익힐 수 있도록 아래와 같이 구성하였습니다.

1 단계 - 훈음(訓音) 익히기
- 부수와 부수를 제외한 획수, 대표 훈음, 도움말, 그리고 용례를 제시했습니다.
- 해당 한자가 단어의 앞에 올 때 길게 읽어야 하는 자는 (:)로 장음(長音)임을 표시했습니다. 장음과 단음(短音)이 함께 발음되는 경우는 도움말에 자세히 설명했습니다.
- 학습의 지루함을 피하기 위하여 40자를 한 단위로 엮고, 40자마다 부수순, 가나다순, 무순(無順)으로 배열하여 훈음을 익히도록 했습니다.
- 40자 단위의 학습이 끝나면 3급 전체를 같은 순서로 배열하여 훈음을 익히도록 했습니다.
- 훈음 익히기의 정답은 한자 쓰기와 같은 순서로 배열함으로써 서로 정답이 되도록 했습니다.

2 단계 - 한자(漢字) 쓰기
- 각 글자의 대표 훈음과 쓰기 순서, 그리고 용례를 제시했습니다.
- 훈음 익히기와 같은 방식으로 배열하여 한자 쓰기를 익히도록 했습니다.

3 단계 - 단어(單語) 및 성어(成語) 익히기
- 3급 배정 한자로 이루어진 단어와 성어를 싣고 풀이를 했습니다.
- 필요한 경우 용례(用例) 및 반의어(反義語)·동의어(同義語)를 제시했습니다.
- 하단에 해답을 겸한 쓰기 문제를 실어 한자로 쓸 수 있는 훈련을 하도록 했습니다.

4 단계 - 유형별 한자 익히기
- 유의결합어(類義結合語), 반의결합어(反義結合語), 반의한자어(反義漢字語), 동자이음어(同字異音語), 동음이의어(同音異義語)에 해당하는 한자를 싣고 용례를 제시했습니다.
- 제부수 한자와 부수(部首)를 혼동하기 쉬운 한자를 싣고 해당 한자의 부수를 제시했습니다.
- 상위 급수에서 출제 가능한 약자(略字)를 실어 미리 익힐 수 있도록 했습니다.
- 앞에서 익힌 유형별 한자를 문제를 통하여 실력을 다질 수 있도록 했습니다.

5 단계 - 독음(讀音) 및 장단(長短)음 익히기
- 장음(長音)만을 따로 모아 3급에 적용되는 장음을 한 눈에 볼 수 있도록 했습니다.
- 앞에서 익힌 모든 단어에 장음 표시를 하여 독음(讀音)과 함께 장단음을 익히도록 했습니다.

부록
- 앞에서 익힌 실력을 점검하고 시험에 대비할 수 있도록 '예상문제' 15회분과 '기출문제' 3회분을 실었습니다.
- 3급 한자를 한 눈에 볼 수 있도록 가나다순으로 싣고 해당 한자의 도움말이 있는 페이지를 표시했습니다.
- 2급 배정한자를 실어 미리 공부할 수 있도록 했습니다.
- 자전을 찾거나 부수를 알고자 할 때 활용할 수 있도록 '부수일람표'를 실었습니다.
- 언제 어느 곳에서나 다양한 방법으로 활용할 수 있도록 독본을 실었습니다.

한자능력검정시험에 응시하고자 하는 많은 수험생들에게 이 학습서가 좋은 동반자가 되기를 진심으로 바라며, 부족한 점은 앞으로 계속 발전시켜 나갈 것을 약속합니다.

엮은이 김병헌

차 례

한자능력검정시험 안내 /2
머리말 /4

1단계 훈음 익히기 /7

2단계 한자 쓰기 /73

3단계 단어 및 성어 익히기 /139

4단계 유형별 한자 익히기 /183

5단계 독음 및 장단음 익히기 /193

부록
3급 예상문제 /210
3급 기출문제 /248
한 눈에 보는 3급 한자 /256
미리 보는 2급 한자 /268
부수일람표 /272
3급 독본 /273

1단계
훈음 익히기

[학습 포인트]

⊙ ':' 표시는 장음을, ':' 표시는 장음과 단음이 함께 발음되는 글자를 나타냅니다.
⊙ 부수를 항상 분리하고, 부수의 뜻을 생각하세요. 해당 한자의 뜻을 연상할 수 있습니다.
⊙ 부수를 제외한 나머지에서 음을 찾으세요. 한자가 복잡할수록 대부분 그 글자 안에 음이 있습니다.
⊙ 용례를 함께 익히면 학습 효과가 빠릅니다.
⊙ '독본'과 함께 훈음을 충분히 익힌 다음 시험을 보세요.

	漢字	訓音	도 움 말	用 例
一 3	丑	①소 축 ②지지 축	세 개의 손가락을 묶어 놓은 형상을 나타낸 指事字. 본래는 '인끈[紐]'이란 뜻이었으나 본뜻보다는 거의 地支로만 쓰인다. '소'라고는 하나 '牛'와 같이 쓰이지는 않는다. 중국의 인명이나 지명 등에서는 '추'로 읽는다.	丑時(축시)
一 4	且:	①또 차	조상의 위패를 본뜬 象形字라고는 하나 본뜻으로는 쓰이지 않고 또, 또한, 구구하다 등의 뜻으로 쓰인다.	且:置(차치) 況:且(황차) 重:且大(중차대)
丶 2	丸	①둥글 환 ②알 환	본래 仄(기울 측)을 반대로 돌려 쓴 자라고 하나 자형이 많이 변하여 字源 分析(분석)이 쉽지 않다. 주로 작고 둥글게 생긴 물건을 나타낼 때 쓰인다.	丸藥(환약) 彈:丸(탄환) 砲:丸(포환) 淸心丸(청심환)
丿 1	乃:	①이에 내	숨을 제대로 쉬지 못하는 모습을 나타낸 象形字. 말이 술술 이어지지 않기 때문에 '이에'나 '곧' 등의 말을 중간에 넣게 된다는 뜻으로, 문장에서 앞말을 받아 뒷말을 일으키는 接續詞(접속사)로 쓰인다.	乃:至(내지)
丿 4	乎	①어조사 호	字源 分析(분석)이 어려운 자 중의 하나. 단어의 구성요소로는 쓰이지 않고 한문 문장에서 文末에 위치하여 疑問(의문)이나 反:意, 또는 탄식을 나타낸다. 문장 부호의 '?'와 비슷하다.	斷乎(단호) 於是乎(어시호)
乙 2	也:	①어조사 야	乎가 의문이나 반의를 나타내는 반면에 也는 文末에 위치하여 단정이나 결정의 뜻을 나타내는 어조사이다. 그런데 이 글자를 왜 '이끼 야'라고 했는지는 아직 해결하지 못한 과제이다.	及其也(급기야) 獨也靑靑(독야청청)
乙 2	乞	①빌 걸	象形字라고는 하나 字源에 정설이 없다. 빌다, 동냥하다, 가난하다 등의 뜻으로 쓰인다.	乞客(걸객) 乞食(걸식) 乞人(걸인) 求乞(구걸)
亅 1	了	①마칠 료	팔이 없는 아이라는 풀이가 있으나 설득력이 약하다. 마치다, 깨닫다, 이해하다, 총명하다 등의 뜻으로 쓰인다.	了解(요해) 滿了(만료) 修了(수료) 完了(완료)
亅 3	予	①나 여	손으로 물건을 밀어주는 모양을 본뜬 象形字라고는 하나 이해가 쉽지 않다. '주다'라는 뜻도 있으나 '與'가 주로 쓰이며, '나'라는 일인칭 대명사로 쓰인다. 余(나 여)가 異:體同字이다.	用例 없음
二 1	于	①어조사 우	字劃이 적은 자일수록 字源 分析이 어려운데 이 자도 그런 경우이다. 주로 한문 문장의 중간에 위치하여 '~에', '~로', '~에서', '~보다' 등의 뜻으로 쓰이며 '於'와 역할이 비슷하다.	于今(우금) 于先(우선)

1 단계 · 훈음 익히기 9

	漢字	訓音	도 움 말	用 例
二 2	云	① 이를 운	본래는 하늘에 있는 구름을 나타낸 자로 雲의 本字였으나 본뜻으로는 거의 쓰이지 않고 이르다, 말하다, 가로되 등의 뜻으로 쓰인다.	云云(운운)
二 2	互:	① 서로 호	실패에 실을 감아 놓은 모양을 본뜬 字라는 說과 푸줏간에 고기를 매달아 놓은 시렁이나 고리를 나타낸 字라는 說이 있으나, 모두 '서로'라는 뜻을 유추하기에는 설득력이 약하다.	互:選(호선) 互:用(호용) 互:惠(호혜) 互:換(호환)
亠 4	亥:	① 돼지 해 ② 지지 해	본래는 풀뿌리(荄)를 나타내던 자였으나 본뜻으로는 쓰이지 않고 대부분 地支로 쓰인다. 동물로는 돼지가 해당된다.	亥:時(해시)
亠 5	亨	① 형통할 형	字源 分析이 어려운 자 중의 하나. 지장 없이 이루어지다, 형통하다 등의 뜻으로 쓰인다.	亨通(형통) 萬:事亨通(만사형통)
亠 6	享:	① 누릴 향	익힌 祭:需(제수)를 神에게 드린다는 데서 '드리다, 올리다'의 뜻을 지닌 자였으나 지금은 주로 누리다, 받다, 응하다 등의 뜻으로 쓰인다.	享:年(향년) 享:樂(향락) 享:壽(향수) 享:有(향유)
人 5	伸	① 펼 신	人이 뜻으로, 申이 聲으로 작용한 形聲字. 펴다, 늘이다, 풀다 등의 뜻으로 쓰인다.	伸張(신장) 伸縮(신축) 屈伸(굴신) 追伸(추신)
人 5	似:	① 닮을 사 ② 같을 사	人이 뜻으로, 以가 聲으로 작용한 形聲字. 같다, 닮다, 비슷하다, 흉내내다 등의 뜻으로 쓰인다.	近:似(근사) 相似(상사) 類:似(유사)
人 5	佐:	① 도울 좌	人이 뜻으로, 左가 聲으로 작용한 形聲字. 돕다, 거들어 주다, 도움 등의 뜻으로 쓰인다.	補:佐(보좌)
人 5	余	① 나 여	字源 分析이 쉽지 않은 자이다. '나'라는 일인칭 대명사로 쓰이는데 '予(나 여)'와 같은 뜻의 자이다.	用例 없음
人 5	伴:	① 짝 반	人이 뜻으로, 半이 聲으로 작용한 形聲字. 짝, 모시다, 따르다 등의 뜻으로 쓰인다.	同伴(동반) 伴:侶者(반려자) 隨伴(수반) 伴:送使(반송사)

	漢字	訓音	도 움 말	用 例
人 7	侮:	①업신여길 모	人이 뜻으로, 每가 聲으로 작용한 形聲字. 업신여기다, 조롱하다 등의 뜻으로 쓰인다.	侮:蔑(모멸)　侮:辱(모욕) 受侮(수모)
人 7	侯	①제후　후 ②과녁　후	本字인 疾는 사람이 厂[布帳을 나타내는 부호]을 향해 활을 쏜다는 데서 과녁의 뜻을 지니며 후에 제후라는 뜻으로 假:借(가차)되었다. 候(기후 후)와 자형이 비슷하므로 주의를 요한다.	諸侯(제후)
人 7	俊:	①준걸　준	人이 뜻으로, 夋(천천히갈 준)이 聲으로 작용한 形聲字. 재주와 지혜가 뛰어나 큰 일을 할 만한 사람을 일컫는다.	俊:傑(준걸)　俊:秀(준수) 俊:才(준재)　英俊(영준)
人 8	倣:	①본뜰　방	人이 뜻으로, 放이 聲으로 작용한 形聲字. 본받다, 의지하다, 따르다 등의 뜻으로 쓰인다.	模倣(모방)
人 8	俱	①함께　구	人이 뜻으로, 具가 聲으로 작용한 形聲字. 함께, 모두, 함께 하다, 같이 하다 등의 뜻으로 쓰인다.	俱存(구존)
人 10	傍	①곁　방	人이 뜻으로, 旁(두루 방)이 聲으로 작용한 形聲字. 곁, 옆, 가까이 등의 뜻으로 쓰인다.	傍系(방계)　傍觀(방관) 傍助(방조)　傍祖(방조)
人 11	傲:	①거만할　오	人이 뜻으로, 敖(놀 오)가 聲으로 작용한 形聲字. 거만하다, 업신여기다, 제멋대로, 뽐내다 등의 뜻으로 쓰인다.	傲:氣(오기)　傲:慢(오만) 傲:霜孤節(오상고절)
人 11	僅:	①겨우　근	人이 뜻으로, 菫(진흙 근)이 聲으로 작용한 形聲字. 겨우, 약간, 조금, 근근이 등의 뜻으로 쓰인다.	僅:僅(근근) 僅:少(근소)
人 12	僚	①동료　료	人이 뜻으로, 尞(밝을 료)가 聲으로 작용한 形聲字. 관리, 동료, 벼슬아치, 같이 벼슬하는 사람 등의 뜻으로 쓰인다.	閣僚(각료)　官僚(관료) 同僚(동료)
八 2	兮	①어조사　혜	교육용 한자에 이 글자가 들어간 까닭은 무엇일까? 문장에 간혹 나오기 때문이다. 생활 한자에서는 전혀 쓰일 일도 없고 용례도 없으니 訓·音 정도만 알아두면 된다.	用例 없음

	漢字	訓音	도 움 말	用 例
冂 7	冒	① 무릅쓸 모	경우에 따라 會意字 또는 形聲字로 보는 두 가지의 경우가 있어, 자원 풀이가 쉽지 않음을 보여주는 자이다. 덮다, 무릅쓰다, 욕심내다 등의 뜻으로 쓰인다.	冒頭(모두) 冒險(모험)
冂 8	冥	① 어두울 명	冖(덮을 멱)과 日과 六〔入의 변형〕이 결합된 會意字. 해가 들어가고 어둠이 덮인다는 뜻의 자이다. 어둡다, 어둠, 저승, 깊숙하다 등의 뜻으로 쓰인다.	冥福(명복) 冥想(명상)
冫 14	凝:	① 엉길 응	冫이 뜻으로, 疑가 聲으로 작용한 形聲字이나 음의 차이가 있다. 엉기다, 굳어지다, 얼다, 막히다 등의 뜻으로 쓰인다.	凝:結(응결) 凝:固(응고) 凝:視(응시) 凝:集(응집)
力 4	劣	① 못할 렬	少와 力이 결합된 會意字. 못하다, 적다, 수준·정도·지위 따위가 낮다, 약하다 등의 뜻으로 쓰인다.	劣等(열등) 劣勢(열세) 劣惡(열악) 優劣(우열)
力 11	募	① 모을 모 ② 뽑을 모	力이 뜻으로, 莫(저물 모, 없을 막)가 聲으로 작용한 形聲字. 모으다, 여럿을 한 곳에 오게 하다, 돈이나 재산을 모으다 등의 뜻으로 쓰인다.	募金(모금) 募集(모집) 公募(공모) 應:募(응모)
匸 2	匹	① 짝 필	베〔布〕의 두 끝을 말아 접어놓은 모습을 본뜬 字로 정한 길이를 가진 피륙의 단위를 나타낼 때 쓰인다. 의미가 확대되어 짝, 짝을 짓다, 맞서다, 혼자, 천한 사람 등의 뜻으로 쓰인다.	匹敵(필적) 馬:匹(마필) 配:匹(배필)
卜 0	卜	① 점 복	거북의 등껍질을 불로 태웠을 때 가로·세로로 갈라진 모습을 나타낸 指事字. 古:代에는 거북의 등을 태워 갈라진 무늬를 보고 吉凶을 점친 데에서 점치다, 점, 吉凶을 알아내다 등의 뜻으로 쓰인다.	卜居(복거) 卜術(복술) 卜債(복채)
卩 3	卯:	① 토끼 묘 ② 지지 묘	字源 分析이 쉽지 않다. 12地支의 넷째를 나타내며, 동물로는 토끼에 해당한다. 토끼를 卯 자와 유사하게 그려서 '토끼 묘'라고 설명하는 책이 있으나 토끼〔兔〕라는 뜻은 전혀 담고 있지 않다.	卯:時(묘시)
卩 5	却	① 물리칠 각	卩이 뜻으로, 谷이 聲으로 작용한 形聲字인 卻의 俗字. 물리치다, 물러나다, 도리어 등의 뜻으로 쓰인다. 本字보다 俗字가 보편적으로 쓰인다.	却說(각설) 忘却(망각) 賣:却(매각) 退:却(퇴각)
卩 10	卿	① 벼슬 경	두 사람이 마주보며 음식을 먹는 모습을 나타낸 자. 나라의 정치를 담당하는 大:臣이나 그 자리를 나타내며, 임금이 신하를 대하여 이르는 말로 쓰였다.	卿大夫(경대부) 公卿大夫(공경대부)

부수순
앞에서 익힌 40자를 부수순으로 배열했습니다. 빈칸에 訓音을 쓰세요.

1

丑(　　)　且(　　)　丸(　　)　乃(　　)

乎(　　)　也(　　)　乞(　　)　了(　　)

予(　　)　于(　　)　云(　　)　互(　　)

亥(　　)　亨(　　)　享(　　)　伸(　　)

似(　　)　佐(　　)　余(　　)　伴(　　)

2

侮(　　)　侯(　　)　俊(　　)　倣(　　)

俱(　　)　傍(　　)　傲(　　)　僅(　　)

僚(　　)　兮(　　)　冒(　　)　冥(　　)

凝(　　)　劣(　　)　募(　　)　匹(　　)

卜(　　)　卯(　　)　却(　　)　卿(　　)

가나다순
앞에서 익힌 40자를 가나다순으로 배열했습니다. 빈칸에 訓音을 쓰세요.

1

却(　　)　乞(　　)　卿(　　)　俱(　　)

僅(　　)　乃(　　)　劣(　　)　僚(　　)

了(　　)　冥(　　)　侮(　　)　募(　　)

冒(　　)　卯(　　)　伴(　　)　傍(　　)

倣(　　)　卜(　　)　似(　　)　伸(　　)

2

也（　　） 余（　　） 予（　　） 傲（　　）

于（　　） 云（　　） 凝（　　） 佐（　　）

俊（　　） 且（　　） 丑（　　） 匹（　　）

亥（　　） 享（　　） 亨（　　） 兮（　　）

互（　　） 乎（　　） 丸（　　） 侯（　　）

☞ 정답은 80쪽에서 확인하세요.

무 순 앞에서 익힌 40자를 순서 없이 배열했습니다. 빈칸에 訓音을 쓰세요.

1

丑（　　） 卜（　　） 亨（　　） 乎（　　）

凝（　　） 僅（　　） 兮（　　） 侯（　　）

乃（　　） 且（　　） 余（　　） 俱（　　）

匹（　　） 劣（　　） 募（　　） 乞（　　）

伴（　　） 也（　　） 予（　　） 僚（　　）

2

佐（　　） 倣（　　） 俊（　　） 傲（　　）

却（　　） 享（　　） 了（　　） 冥（　　）

侮（　　） 冒（　　） 傍（　　） 云（　　）

于（　　） 卿（　　） 互（　　） 亥（　　）

丸（　　） 似（　　） 伸（　　） 卯（　　）

☞ 정답은 80쪽에서 확인하세요.

	漢字	訓音	도 움 말	用 例
厂 2	厄	① 액　　　액 ② 재앙　　액	나무의 옹이라는 說, 곱사등이라는 說, 언덕 아래 피하여 앉아 있는 모습을 나타낸 자라는 등의 說이 많은 자이다. 不幸한 變:故를 나타낼 때 쓰인다.	厄運(액운)　厄禍(액화) 災厄(재액)　橫厄(횡액)
厂 10	厥	① 그　　　궐	厂(언덕 한)이 뜻으로, 欮(뚫을 궐)이 聲으로 작용한 形聲字라고는 하나 뜻을 유추하기가 쉽지 않다. 지금은 한문 문장에서 '그'라는 대명사로만 쓰이며, 단어의 구성요소로 쓰이는 경우는 없다.	厥者(궐자)
又 0	又:	① 또　　　우	오른손과 그 손가락을 본뜬 象形字로 부수로 쓰일 때는 손이나 손의 작용과 관련이 있다. 단어의 구성요소로 쓰이는 경우는 거의 없고 문장에서 '또'라는 뜻으로 쓰인다.	用例 없음
又 7	叛:	① 배반할　반	部首 又에 배정되어 있으나 半이 뜻으로, 反이 뜻과 聲을 겸한 兼聲會意字. 둘로 나뉘어 떠난다는 뜻에서 배반하다, 떨어지다, 달아나다 등의 뜻으로 쓰인다.	叛:起(반기)　叛:徒(반도) 叛:亂(반란)　叛:逆(반역)
口 2	只	① 다만　　지	말할 때 입 기운이 아래로 떨어지는 모습을 나타낸 자라고는 하나 의미 파악에 도움이 되지 않는다. 한문 문장에서 '다만'이란 뜻으로 쓰인다.	但:只(단지)
口 2	叫	① 부르짖을 규	口가 뜻으로, 丩가 聲으로 작용한 形聲字. 큰 소리로 외치다, 부르짖다, 울다 등의 뜻으로 쓰인다.	絶叫(절규)
口 2	召	① 부를　　소	口가 뜻으로, 刀가 聲으로 작용한 形聲字라고는 하나 音의 차이가 크다. 오라고 부르다, 어떤 결과를 가져오게 하다, 부름 등의 뜻으로 쓰인다.	召集(소집) 遠:禍召福(원화소복)
口 4	吾	① 나　　　오	口가 뜻으로, 五가 聲으로 작용한 形聲字. 나, 우리, 우리들 등의 뜻으로 쓰인다.	吾等(오등) 吾鼻三尺(오비삼척)
口 4	吟	① 읊을　　음	口가 뜻으로, 今이 聲으로 작용한 形聲字. 읊조리다, 읊다, 노래, 詩 등의 뜻으로 쓰인다.	吟味(음미) 吟詠(음영)
口 6	哉	① 어조사　재	口가 뜻으로, 戋(다칠 재, 戈+才, 才聲)의 생략형인 𢦏가 聲으로 작용한 形聲字. 𢦏가 포함된 자는 載(실을 재)나 栽(심을 재)처럼 음이 '재'로 된다. 한문 문장에서 감탄이나 詠:歎을 나타낼 때 쓰인다.	哀:哉(애재) 快哉(쾌재)

	漢字	訓音	도 움 말	用 例
口 6	咸	① 다 함	여러 字源 풀이가 있으나 모두 설득력이 부족한 것 같다. 다, 모두, 두루 미치다 등의 뜻으로 쓰인다.	咸池(함지) 咸興差使(함흥차사)
口 8	唯	① 오직 유	口가 뜻으로, 隹(새 추)가 聲으로 작용한 形聲字. 음의 차이가 있으나 維(바 유)나 惟(생각할 유)도 같은 경우이다. 지금의 '예' 처럼 공손하게 대답하는 말이었다. '오직'이란 뜻으로 쓰일 때는 惟와 통용된다.	唯物論(유물론) 唯一無二(유일무이)
口 10	嗚	① 슬플 오 ② 탄식소리 오	口가 뜻으로, 烏(까마귀 오)가 聲으로 작용한 形聲字. 탄식소리, 흐느껴 울다, 탄식하다 등의 뜻으로 쓰인다.	嗚呼(오호)
口 11	嘗	① 맛볼 상 ② 일찍이 상	부수 口에 배정되어 있으나 旨(맛 지)가 뜻으로, 尙(오히려 상)이 聲으로 작용한 形聲字. 음식 맛을 보다, 경험하다, 시험 삼아, 일찍이 등의 뜻으로 쓰인다.	未:嘗不(미상불)
囗 2	囚	① 가둘 수	人과 囗(에울 위)가 결합된 會:意字. 사람이 울타리 안에 있는 모습에서 가두다, 죄수, 포로 등의 뜻으로 쓰인다.	囚衣(수의)　囚人(수인) 罪:囚(죄수)
土 5	坤	① 땅 곤	土와 申이 결합된 會:意字. 乾(하늘 건)의 對가 되는 자로 男女에서는 女를, 君臣에서는 臣을, 왕후에서는 后를 상징하는 자로 쓰인다.	坤殿(곤전) 乾坤一色(건곤일색)
土 7	埋	① 묻을 매	土가 뜻으로 작용한 것은 분명하나 里의 역할은 고찰하기 어려운 부분이다. 땅에 묻다, 묻히다, 감추어지다 등의 뜻으로 쓰인다. 理와 자형이 비슷하여 주의를 요한다.	埋立(매립)　埋沒(매몰) 埋藏(매장)
土 9	堤	① 둑 제 ② 방죽 제	土가 뜻으로, 是가 聲으로 작용한 形聲字. 둑이나 방죽의 뜻으로 쓰인다.	堤防(제방) 防波堤(방파제)
土 10	塗	① 칠할 도	土가 뜻으로, 涂(도랑 도)가 聲으로 작용한 形聲字. 진흙, 길, 바르다, 칠하다 등의 뜻으로 쓰인다.	塗料(도료)　塗色(도색) 塗炭(도탄)
土 10	塊	① 흙덩이 괴	土가 뜻으로, 鬼가 聲으로 작용한 形聲字. 흙덩이, 덩이, 홀로 있는 모양 등의 뜻으로 쓰인다.	塊根(괴근)　塊鐵(괴철) 塊炭(괴탄)　金塊(금괴)

	漢字	訓音	도 움 말	用 例
土 12	墳	①무덤 분	土가 뜻으로, 賁(클 분)이 聲으로 작용한 形聲字. 무덤이란 뜻으로 쓰인다.	墳墓(분묘)　古:墳(고분) 封墳(봉분)
土 12	墮:	①떨어질 타	土가 뜻으로, 隋(남은제사고기 타)가 聲으로 작용한 形聲字. 떨어지다, 떨어뜨리다, 무너지다, 부서지다 등의 뜻으로 쓰인다.	墮:落(타락)
土 13	墻	①담 장	본래는 爿(조각 장)과 嗇(아낄 색)이 결합된 자였으나 爿이 土로 바뀌면서 墻이 보편적으로 쓰이고 있다. 담이란 뜻으로 쓰이며, 牆이 異:體同字이다.	用例 없음
大 3	夷	①오랑캐 이	활을 잘 쏘는 東方人〔東夷〕을 나타낸 자라는 說, 화살과 올가미를 합한 자라는 說, 사람을 밧줄로 꽁꽁 묶은 모양을 나타낸 자라는 說이 있다. 동쪽 오랑캐, 평평하다, 편안하다 등의 뜻으로 쓰인다.	東夷(동이)
大 5	奈	①어찌 내	字源 분석이 쉽지 않은 자이다. 한문 문장에서 '어찌'라는 부사로 쓰인다.	奈落(나락)
大 7	奚	①어찌 해	字源 분석이 쉽지 않은 자이다. 한문 문장에서 '어찌'라는 부사로 쓰인다.	奚琴(해금)
女 4	妥:	①온당할 타	女와 爪(손톱 조)가 결합된 會:意字라고는 하나 爪의 역할에 대한 이해가 쉽지 않다. 평온하다, 온당하다, 편안하다 등의 뜻으로 쓰인다.	妥:結(타결)　妥:當(타당) 妥:協(타협)
女 5	妾	①첩 첩	女와 辛(죄 건)이 결합된 會:意字. 고대에 죄를 지은 여자를 몸종으로 삼았던 데서 '여종'이 본래 뜻이었으나 후대에 본처 외에 데리고 사는 여자라는 뜻과 여자가 남자에 대하여 자기를 낮추어 이르는 말로 쓰였다.	臣妾(신첩)　妻妾(처첩) 小:妾(소첩)
女 6	姪	①조카 질	女가 뜻으로, 至가 聲으로 작용한 形聲字. 자기의 형제나 자매가 낳은 아들딸을 이르는 말이다.	姪女(질녀)　姪婦(질부) 叔姪(숙질)
女 6	姻	①혼인 인	女가 뜻으로, 因이 뜻과 聲을 겸한 兼聲會意字. 혼인, 인척, 결혼 관계로 맺어진 친척 등의 뜻으로 쓰인다.	姻戚(인척) 婚姻(혼인)

	漢字	訓音	도 움 말	用 例
女 6	姦:	① 간음할 간	한 남자가 세 여자와 간음한다는 說도 있으나 고대에 부정적인 인식이 내포된 女 자 셋을 합하여 不正과 不義를 나타냈다고 볼 수 있다. 간사하다, 간음하다, 간악하다 등의 뜻으로 쓰이며 奸이 通用字이다.	姦:臣(간신) 姦:凶(간흉)
女 7	娛:	① 즐길 오	女가 뜻으로, 吳(나라 오)가 聲으로 작용한 形聲字. 즐거워하다, 즐기다 등의 뜻으로 쓰인다.	娛:樂(오락)
女 10	嫌	① 싫어할 혐	女가 뜻으로, 兼이 聲으로 작용한 形聲字. 의심하다, 미워하다, 꺼리다 등의 뜻으로 쓰인다.	嫌厭(혐염) 嫌惡(혐오) 嫌畏(혐외) 嫌疑(혐의)
子 8	孰	① 누구 숙	'누구'라는 뜻을 이해하기 위한 字源을 찾기 어려운 한자이다. 단어의 구성요소로도 쓰이는 예가 없이 한문 문장에서 주로 누구, 무엇 등의 뜻으로 쓰이기 때문에 訓·音 정도만 알아두면 된다.	孰是孰非(숙시숙비)
宀 5	宜	① 마땅 의	집안에 많은 물건이 쌓여 있음을 뜻하는 자였으나 본뜻보다는 '옳다'는 뜻으로 假:借(가차)되어 쓰인다. 마땅하다, 화목하다, 아름답다 등의 뜻으로 쓰인다.	宜當(의당) 便宜(편의) 時宜適切(시의적절)
宀 7	宰:	① 재상 재	宀(집 면)과 罪人을 뜻하는 辛이 결합되어 '죄인으로서 집에서 일하는 사람'이 본뜻이었으나 본뜻보다는 宰相, 우두머리, 주관하다 등의 뜻으로 쓰인다.	宰:相(재상) 主宰(주재)
宀 8	寅	① 범 인 ② 지지 인	字源뿐만 아니라 字意조차 파악하기 어려운 자이다. 12地支 중에 세 번째를 나타내고 있으며 여타의 단어 구성요소로는 쓰이지 않으니 訓·音 정도만 알아두면 된다.	寅時(인시)
寸 9	尋	① 찾을 심	工과 口는 말을 잘 한다는 뜻으로, 크와 寸은 두 개의 손을 벌리고 길이를 잰다는 뜻으로 풀이한다. 그러나 애초의 字形에서 변형이 심하여 字源 파악이 어렵다. '찾다'는 뜻과 함께 길이의 단위로도 쓰인다.	尋訪(심방) 尋常(심상)
小 3	尖	① 뾰족할 첨	大와 小가 결합된 會:意字. 굵은 것에서 차츰 작게 된다는 뜻에서 뾰족하다는 뜻을 지니고 있다.	尖端(첨단) 尖兵(첨병) 尖銳(첨예) 尖塔(첨탑)
尢 1	尤	① 더욱 우	部首 尢에 배정되어 있으나 乙이 뜻으로, 又가 聲으로 작용한 形聲字이다. 乙은 초목이 땅 위를 강인하게 뚫고 나오는 모양을 나타내므로 보통의 것을 넘어섬을 뜻한다. 더욱, 탓하다, 허물 등의 뜻으로 쓰인다.	尤甚(우심)

부수순 앞에서 익힌 40자를 부수순으로 배열했습니다. 빈칸에 訓音을 쓰세요.

1

厄( )　厥( )　又( )　叛( )
只( )　叫( )　召( )　吾( )
吟( )　哉( )　咸( )　唯( )
鳴( )　嘗( )　囚( )　坤( )
埋( )　堤( )　塗( )　塊( )

2

墳( )　墮( )　墻( )　夷( )
奈( )　奚( )　妥( )　妾( )
姪( )　姻( )　姦( )　娛( )
嫌( )　孰( )　宜( )　宰( )
寅( )　尋( )　尖( )　尤( )

☞ 정답은 85쪽에서 확인하세요.

가나다순 앞에서 익힌 40자를 가나다순으로 배열했습니다. 빈칸에 訓音을 쓰세요.

1

姦( )　坤( )　塊( )　厥( )
叫( )　奈( )　塗( )　埋( )
叛( )　墳( )　嘗( )　召( )
囚( )　孰( )　尋( )　厄( )
娛( )　吾( )　鳴( )　尤( )

2

又(　　)　唯(　　)　吟(　　)　宜(　　)

夷(　　)　寅(　　)　姻(　　)　墻(　　)

哉(　　)　宰(　　)　堤(　　)　只(　　)

姪(　　)　尖(　　)	妾(　　)	墮(　　)

妥(　　)	咸(　　)	奚(　　)	嫌(　　)

☞ 정답은 86쪽에서 확인하세요.

무 순 앞에서 익힌 40자를 순서 없이 배열했습니다. 빈칸에 訓音을 쓰세요.

1

厄(　　)	寅(　　)	嘗(　　)	只(　　)

嫌(　　)	妾(　　)	姻(　　)	墮(　　)

叛(　　)	厥(　　)	塗(　　)	奈(　　)

宰(　　)	孰(　　)	宜(　　)	召(　　)

塊(　　)	叫(　　)	吟(　　)	堤(　　)

2

姪(　　)	夷(　　)	墻(　　)	妥(　　)

尖(　　)	囚(　　)	吾(　　)	娛(　　)

墳(　　)	姦(　　)	奚(　　)	咸(　　)

哉(　　)	尤(　　)	唯(　　)	鳴(　　)

又(　　)	埋(　　)	坤(　　)	尋(　　)

☞ 정답은 86쪽에서 확인하세요.

	漢字	訓音	도 움 말	用 例
尸 8	屛	① 병풍 병	尸(주검 시)가 뜻으로, 并(아우를 병)이 聲으로 작용한 形聲字라고는 하나 뜻을 유추하기가 쉽지 않다. 가리다, 울, 지키다 등의 뜻으로 쓰인다.	屛風(병풍)
尸 11	屢:	① 여러 루 ② 자주 루	尸(주검 시)가 뜻으로, 婁(성길 루)가 聲으로 작용한 形聲字라고는 하나 뜻을 유추하기가 쉽지 않다. 여러, 자주, 매양 등의 뜻으로 쓰인다. 略字는 屡.	屢:年(누년)　屢:代(누대) 屢:次(누차)
山 5	岳	① 큰산 악	山과 丘가 결합된 會:意字. 큰 산을 뜻한다.	山岳(산악) 冠岳山(관악산)
山 8	崩	① 무너질 붕	山이 뜻으로, 朋(벗 붕)이 聲으로 작용한 形聲字. 무너지다, 쇠퇴하다, 흩어지다 등의 뜻으로 쓰이며 의미가 확대되어 부모나 천자가 죽는 것을 뜻한다.	崩壞(붕괴) 崩御(붕어)
己 0	巳:	① 뱀 사 ② 지지 사	배 속에 들어있는 태아의 모양을 본뜬 象形字. 본뜻으로는 거의 쓰이지 않고 여섯째 지지를 나타내며, 동물로는 뱀이 해당된다.	巳:時(사시)
己 6	巷:	① 거리 항	부수 己에 배정되어 있으나 㔾이 뜻으로, 共이 聲으로 작용한 形聲字이다. 자형의 변화가 심하여 원형을 찾기 어렵다. 거리, 마을, 동네 등의 뜻으로 쓰인다.	巷:間(항간)　巷:說(항설) 街:談巷說(가담항설)
屮 1	屯	① 진칠 둔	어린 아이의 머리를 묶어 꾸민 모양을 본떠 모으다는 뜻을 지닌 象形字. 진치다, 모이다, 屯卦(둔괘) 등의 뜻으로 쓰인다.	屯兵(둔병)　屯營(둔영) 駐:屯(주둔)
巾 9	幅	① 폭 폭	巾이 뜻으로, 畐이 聲으로 작용한 形聲字. 너비, 폭 등의 뜻으로 쓰이며 그림을 세는 단위로도 쓰인다.	大:幅(대폭)　路:幅(노폭) 步:幅(보폭)　增幅(증폭)
巾 12	幣:	① 화폐 폐 ② 비단 폐	巾이 뜻으로, 敝(해질 폐)가 聲으로 작용한 形聲字. 비단, 예물, 재물, 돈 등의 뜻으로 쓰인다.	幣:物(폐물)　幣:帛(폐백) 紙幣(지폐)　貨:幣(화폐)
幺 9	幾	① 몇 기	丝(길을 유)와 戍(지킬 수)가 결합된 會:音字로, 어두운[丝] 곳에서 지키는 일이 위태롭다는 뜻의 자였으나 본뜻보다는 기미, 거의, 몇, 얼마 정도 등의 뜻으로 쓰인다.	幾微(기미) 幾何級數(기하급수)

	漢字	訓音	도 움 말	用 例
广 5	庚	① 별 경 ② 천간 경	여러 字源 분석들이 있으나 모두 설득력이 낮아 글자를 이해하는 데 도움이 되지 않는다. 예나 지금이나 대부분 일곱째 天干으로 쓰이고 있다.	庚方(경방)
广 8	庸	① 떳떳할 용	부수 广에 배정되어 있으나 用과 庚이 결합된 會:意字. 用은 '일을 하다'는 뜻이고 庚은 일을 바꾸다[更事]라는 뜻이라고 한다. 채용하다, 어리석다, 법, 보통, 고용하다, 어찌 등 다양한 뜻으로 쓰인다.	庸劣(용렬)　　庸才(용재) 中庸(중용)
广 8	庶:	① 여러 서	广(집 엄)과 炗(光의 古:文)이 결합된 會:意字. 집 안의 불빛이 비치는 곳에 여러 사람이 모여 있음을 이른다. 여러, 갖가지, 많다, 거의, 벼슬이 없는 사람 등의 뜻으로 쓰인다.	庶:務(서무)　　庶:民(서민) 庶:人(서인)
广 10	廉	① 청렴할 렴	广이 뜻으로, 兼이 聲으로 작용한 形聲字. 음에 차이가 있으나 濂(물질척할 렴)이나 燫(불꺼지지않을 렴)도 같은 경우이다. 청렴하다, 검소하다, 값이 싸다 등의 뜻으로 쓰인다.	廉價(염가)　　廉恥(염치) 廉探(염탐)　　淸廉(청렴)
广 12	廟:	① 사당 묘	广이 뜻으로, 朝가 聲으로 작용한 形聲字라고는 하나 음에 다소 차이가 있다. 祖上의 神主를 모신 곳을 이른다.	廟:堂(묘당) 宗廟(종묘)
弓 1	弔:	① 조상할 조	고대의 풍속에 사람이 죽으면 풀 속에 매장한 뒤 활을 가지고 지키던 것을 뜻하던 자라고 하나 설득력이 약하며 異:說도 많다. 영혼을 위로하다, 유족을 위로하다, 마음 아파하다 등의 뜻으로 쓰인다.	弔:旗(조기)　　弔:喪(조상) 弔:意(조의)　　弔:鐘(조종)
弓 2	弘	① 클 홍 ② 넓을 홍	弓이 뜻으로, 厷(팔뚝 굉)의 古:文인 ㄥ이 聲으로 작용한 形聲字. 화살을 쏜 뒤에 생기는 활시위의 진동하는 소리를 뜻하던 자라는 說이 있다. 넓다, 크다, 넓히다 등의 뜻으로 쓰인다.	弘道(홍도) 弘益人間(홍익인간)
彳 9	循	① 돌 순 ② 좇을 순	彳(반걸음 척)이 뜻으로, 盾(방패 순)이 聲으로 작용한 形聲字. 좇다, 뒤따르다, 밟다, 어루만지다 등의 뜻으로 쓰인다.	循次(순차)　　循行(순행) 循環(순환)
心 3	忙	① 바쁠 망	忄(心)이 뜻으로, 亡이 聲으로 작용한 形聲字. 바쁘다, 조급하다, 겨를이 없다 등의 뜻으로 쓰인다.	忙中閑(망중한) 公私多忙(공사다망)
心 3	忌	① 꺼릴 기	心이 뜻으로, 己가 聲으로 작용한 形聲字. 꺼리다, 미워하다, 싫어하다 등의 뜻으로 쓰인다.	忌日(기일)　　忌中(기중) 忌避(기피)　　禁:忌(금기)

	漢字	訓音	도 움 말	用 例
心 3	忘	① 잊을 망	心이 뜻으로, 亡이 聲으로 작용한 形聲字. 잊다, 알아차리지 못하다, 기억하지 못하다 등의 뜻으로 쓰인다.	忘却(망각) 健:忘症(건망증)
心 5	怠	① 게으를 태	心이 뜻으로, 台(별이름 태)가 聲으로 작용한 形聲字. 게으르다는 뜻으로 쓰인다.	怠慢(태만)　怠業(태업) 過:怠料(과태료)
心 6	恣:	① 방자할 자 ② 마음대로 자	心이 뜻으로, 次가 聲으로 작용한 形聲字. 방자하다, 제멋대로, 마음 내키는 대로 하다 등의 뜻으로 쓰인다.	恣:行(자행)　放:恣(방자) 恣:意的(자의적)
心 8	惟	① 생각할 유 ② 오직 유	忄(心)이 뜻으로, 隹가 聲으로 작용한 形聲字. 음의 차이가 있으나 維(바 유)나 唯(오직 유)도 같은 경우이다. 생각하다, 오직 등의 뜻으로 쓰인다.	惟獨(유독) 思惟(사유)
心 9	惱	① 번뇌할 뇌 ② 괴로워할 뇌	忄(心)이 뜻으로, 𡿺가 聲으로 작용한 形聲字라는 설도 있으나 異:說이 많다. 괴로워하다, 괴롭히다, 괴로움 등의 뜻으로 쓰인다. 略字는 悩.	苦惱(고뇌)
心 10	愧:	① 부끄러울 괴	忄(心)이 뜻으로, 鬼(귀신 귀)가 聲으로 작용한 形聲字. 부끄러워하다, 창피를 주다, 모욕하다 등의 뜻으로 쓰인다.	愧:色(괴색) 自愧之心(자괴지심)
心 9	愈	① 나을 유	心이 뜻으로, 兪(그러할 유)가 聲으로 작용한 形聲字. 낫다, 더 뛰어나다, 더욱, 점점 더 등의 뜻으로 쓰인다. 병이 낫다는 뜻도 있으나 이때는 癒(병나을 유)가 더 보편적으로 쓰인다.	用例 없음
心 11	慘	① 참혹할 참	忄(心)이 뜻으로, 參(간여할 참)이 聲으로 작용한 形聲字. 참혹하다, 무자비하다, 비참하다, 아프다 등의 뜻으로 쓰인다. 略字는 惨.	慘劇(참극)　慘變(참변) 慘事(참사)　慘狀(참상)
心 11	慢	① 거만할 만 ② 게으를 만	忄(心)이 뜻으로, 曼(끌 만)이 聲으로 작용한 形聲字. 게으르다, 거만하다, 업신여기다 등의 뜻으로 쓰인다.	驕慢(교만) 自慢(자만)
心 11	慨:	① 슬퍼할 개	忄(心)이 뜻으로, 旣(이미 기)가 聲으로 작용한 形聲字. 분개하다, 개탄하다, 뜻을 얻지 못하여 분격하다 등의 뜻으로 쓰인다.	慨:歎(개탄)　憤:慨(분개) 感:慨無量(감개무량)

	漢字	訓音	도 움 말	用 例
心 11	慙	① 부끄러울 참	心이 뜻으로, 斬(벨 참)이 聲으로 작용한 形聲字. 부끄러워하다, 부끄럽게 여기다, 수치 등의 뜻으로 쓰인다.	慙愧(참괴)
心 12	憐	① 불쌍히여길 련	忄(心)이 뜻으로, 粦(도깨비불 린)이 聲으로 작용한 形聲字. 가엾게 생각하다, 어여삐 여기다, 사랑하다 등의 뜻으로 쓰인다.	憐憫(연민) 哀:憐(애련)
心 12	憫:	① 민망할 민 ② 근심할 민	忄(心)이 뜻으로, 閔(위문할 민)이 聲으로 작용한 形聲字. 근심하다, 고민하다, 불쌍히 여기다 등의 뜻으로 쓰인다.	憫:然(민연)
心 15	懲	① 징계할 징 ② 억누를 징	心이 뜻으로, 徵(부를 징)이 聲으로 작용한 形聲字. 응징하다, 벌주다, 그만두다 등의 뜻으로 쓰인다.	懲戒(징계) 懲罰(징벌)
心 18	懼	① 두려워할 구	忄(心)이 뜻으로, 瞿(볼 구)가 聲으로 작용한 形聲字. 두려워하다, 무서운 마음이 들어 불안을 느끼다, 두려움 등의 뜻으로 쓰인다.	疑懼心(의구심)
戈 1	戊:	① 천간 무	본래는 도끼를 나타내기 위한 자였으나 다섯째 천간으로 假·借되어 쓰인다.	戊:夜(무야)
戈 2	戌	① 개 술 ② 지지 술	본래 도끼처럼 날이 넓은 병기를 본뜬 象形字였으나 열한 번째 地支로 假·借되어 쓰인다. 동물로는 개에 배정되어 '개 술'이란 訓:音이 있다.	戌時(술시)
手 3	托	① 맡길 탁 ② 의지할 탁	扌(手)가 뜻으로, 乇(부탁할 탁)이 聲으로 작용한 形聲字. 밀다, 받침, 맡기다, 의지하다, 부탁하다 등의 뜻으로 쓰인다. 託(맡길 탁)과 통용하기도 한다.	依:托(의탁)
手 4	把	① 잡을 파	扌(手)가 뜻으로, 巴(땅이름 파)가 聲으로 작용한 形聲字. 잡다, 자루, 손잡이 등의 뜻으로 쓰인다.	把握(파악) 把持(파지)
手 4	抄	① 뽑을 초 ② 노략질할 초	扌(手)가 뜻으로, 少가 聲으로 작용한 形聲字. 노략질하다, 베끼다, 필요한 것만을 뽑아서 기록하다 등의 뜻으로 쓰인다.	抄錄(초록) 抄本(초본)

부수순

앞에서 익힌 40자를 부수순으로 배열했습니다. 빈칸에 訓音을 쓰세요.

1

屏( )　屢( )　岳( )　崩( )

巳( )　巷( )　屯( )　幅( )

幣( )　幾( )　庚( )　庸( )

庶( )　廉( )　廟( )　弔( )

弘( )　循( )　忙( )　忌( )

2

忘( )　忽( )　恣( )　惟( )

惱( )　愧( )　愈( )　慘( )

慢( )　慨( )　憨( )　憐( )

憫( )　懲( )　懼( )　戍( )

戌( )　托( )　把( )　抄( )

☞ 정답은 91쪽에서 확인하세요.

가나다순

앞에서 익힌 40자를 가나다순으로 배열했습니다. 빈칸에 訓音을 쓰세요.

1

慨( )　庚( )　愧( )　懼( )

幾( )　忌( )　惱( )　屯( )

憐( )　廉( )　屢( )　慢( )

忘( )　忙( )　廟( )　戊( )

憫( )　屏( )　崩( )　巳( )

2

庶( )	循( )	戍( )	岳( )
庸( )	惟( )	愈( )	恣( )
弔( )	懲( )	慘( )	憩( )
抄( )	托( )	怠( )	把( )
幣( )	幅( )	巷( )	弘( )

☞ 정답은 92쪽에서 확인하세요.

무 순 앞에서 익힌 40자를 순서 없이 배열했습니다. 빈칸에 訓音을 쓰세요.

1

屛( )	戌( )	廉( )	巳( )
憫( )	慘( )	慨( )	怠( )
崩( )	屢( )	忙( )	惱( )
戊( )	懲( )	懼( )	屯( )
忌( )	巷( )	幣( )	慢( )

2

循( )	惟( )	恣( )	愈( )
把( )	廟( )	幅( )	憐( )
忘( )	愧( )	憩( )	庚( )
幾( )	抄( )	庸( )	庶( )
岳( )	弘( )	弔( )	托( )

☞ 정답은 92쪽에서 확인하세요.

	漢字	訓音	도 움 말	用 例
手5	押	①누를 압	扌(手)가 뜻으로, 甲이 聲으로 작용한 形聲字. 음의 차이가 있으나 鴨(오리 압)이나 狎(친할 압)에서도 같은 경우이다. 누르다, 찍다, 잡다 등의 뜻으로 쓰인다.	押送(압송) 押收(압수) 差押(차압)
手5	抽	①뽑을 추	扌(手)가 뜻으로, 由가 聲으로 작용한 形聲字라고는 하나 음의 차이가 크다. 빼다, 뽑다, 당기다 등의 뜻으로 쓰인다.	抽象(추상) 抽出(추출)
手5	拙	①졸할 졸	扌(手)가 뜻으로, 出이 聲으로 작용한 形聲字. 솜씨가 서투르다, 재주가 없다 등의 뜻으로 쓰이며, 자신의 것을 겸손하게 이를 때도 쓰인다.	拙速(졸속) 拙作(졸작) 拙著(졸저) 稚拙(치졸)
手5	抱:	①안을 포	扌(手)가 뜻으로, 包(쌀 포)가 聲으로 작용한 形聲字. 안다, 가슴에 안다, 알을 품다, 생각·감정 등을 마음에 품다, 둘러싸다 등의 뜻으로 쓰인다.	抱:卵(포란) 抱:負(포부) 懷抱(회포)
手6	挑	①돋울 도	扌(手)가 뜻으로, 兆(조짐 조)가 聲으로 작용한 形聲字. 음의 차이가 있으나 逃(도망할 도)나 跳(뛸 도)도 같은 경우이다. 휘다, 돋우다, 기분·의욕 등을 부추기다 등의 뜻으로 쓰인다.	挑發(도발) 挑戰(도전)
手7	捉	①잡을 착	扌(手)가 뜻으로, 足이 聲으로 작용한 形聲字. 사로잡다, 잡다, 붙잡다 등의 뜻으로 쓰인다.	捕:捉(포착)
手8	掠	①노략질할 략	扌(手)가 뜻으로, 京이 聲으로 작용한 形聲字. 京과 음의 차이가 있으나 剠(빼앗을 략)에서도 聲으로 작용했다. 노략질하다, 빼앗다, 탈취하다 등의 뜻으로 쓰인다.	掠取(약취) 掠奪(약탈) 侵:掠(침략)
手8	捨:	①버릴 사	扌(手)가 뜻으로, 舍가 뜻과 聲을 겸한 兼聲會意字. 舍만으로도 '버리다'는 뜻이 되나 手를 보태어 뜻을 분명히 하였다. 버리다, 베풀다, 내버려두다 등의 뜻으로 쓰인다.	喜捨(희사) 捨:生取義(사생취의)
手8	掛	①걸 괘	扌(手)가 뜻으로, 卦(점괘 괘)가 聲으로 작용한 形聲字. 걸다, 마음에 걸리다 등의 뜻으로 쓰인다.	掛念(괘념) 掛圖(괘도) 掛意(괘의) 掛鐘(괘종)
手10	搜	①찾을 수	扌(手)가 뜻으로, 叟가 聲으로 작용한 形聲字. 찾다는 뜻으로 쓰인다.	搜查(수사) 搜索(수색)

1단계 · 훈음 익히기

	漢字	訓音	도움말	用例
手 10	搖	①흔들 요	扌(手)가 뜻으로, 䍃가 聲으로 작용한 形聲字. 흔들다, 흔들리다, 움직이다 등의 뜻으로 쓰인다.	搖動(요동) 動:搖(동요) 搖之不動(요지부동)
手 10	携	①이끌 휴	扌(手)가 뜻으로, 雟(제비 휴)가 聲으로 작용한 攜가 本字였으나 편리를 위해 현재와 같이 자획이 줄었다. 이끌다, 손에 가지다, 잇다 등의 뜻으로 쓰인다.	携帶(휴대) 提携(제휴)
手 12	播	①뿌릴 파	扌(手)가 뜻으로, 番이 聲으로 작용한 形聲字. 음에 차이가 있으나 皤(머리흴 파)도 같은 경우이다. 뿌리다, 퍼뜨리다, 흩뜨리다, 옮기다 등의 뜻으로 쓰인다.	播種(파종) 播遷(파천) 傳播(전파) 直播(직파)
手 13	擁	①낄 ②안을 옹	扌(手)가 뜻으로, 雍(누그러질 옹)이 聲으로 작용한 形聲字. 안다, 끼다, 막다 등의 뜻으로 쓰인다.	擁:立(옹립) 擁:護(옹호) 抱:擁(포옹)
手 15	擴	①넓힐 확	扌(手)가 뜻으로, 廣이 뜻과 聲을 겸한 兼聲會意字라고는 하나 음에 다소 차이가 있다. 규모나 세력 등을 넓힌다는 뜻으로 쓰인다. 略字는 拡.	擴大(확대) 擴散(확산) 擴張(확장) 擴充(확충)
手 18	攝	①다스릴 ②당길 섭	扌(手)가 뜻으로, 聶(소곤거릴 섭)이 聲으로 작용한 形聲字. 당기다, 가지다, 돕다, 쥐다 등의 뜻으로 쓰인다.	攝理(섭리) 攝生(섭생) 攝取(섭취)
攴 7	敍	①펼 ②차례 서	攴(두드릴 복)이 뜻으로, 余(나 여)가 聲으로 작용한 形聲字. 차례, 순번, 진술하다, 머리말 등의 뜻으로 쓰인다. 음에 차이가 있으나 한자음에서 如↔恕(용서할 서), 羊↔詳(자세할 상)처럼 음이 상통한다.	敍:景(서경) 敍:述(서술)
攴 7	敏	①민첩할 ②재빠를 민	攵(攴)이 뜻으로, 每가 聲으로 작용한 形聲字라고는 하나 음의 차이가 있을 뿐만 아니라 재빠르다는 뜻을 유추하기도 쉽지 않다. 재빠르다, 총명하다, 힘쓰다 등의 뜻으로 쓰인다.	敏感(민감) 敏活(민활) 過:敏(과민) 機敏(기민)
攴 8	敦	①도타울 돈	본래는 방망이로 때린다는 뜻의 자였으나 도탑다는 뜻으로 假:借되어 쓰이는데 돈·대·퇴·단·조·순 등 뜻과 음이 많은 자이다. 생활 한자에서는 주로 도탑다는 뜻으로 쓰인다.	敦篤(돈독) 敦化門(돈화문)
斤 0	斤	①날 ②도끼 근	한 자루의 도끼 모양을 본뜬 象形字. 나무를 베거나 자르는 연장인 도끼나 자귀를 나타내며, 재래식 무게의 단위로도 쓰인다.	斤兩(근량) 斤數(근수)

	漢字	訓音	도 움 말	用 例
斤 1	斥	①물리칠 척	《說文》에는 广이 뜻으로, 屰(거스를 역)이 聲으로 작용한 形聲字인 庐의 字形이 변한 것으로 되어 있으나 도끼[斤]에 손잡이를 표시[ㆍ]한 자라는 說도 있다. 물리치다, 가리키다, 엿보다 등의 뜻으로 쓰인다.	斥邪(척사)　斥候(척후) 排:斥(배척)
斤 8	斯	①이 사	斤이 뜻으로, 其가 聲으로 작용한 形聲字라고는 하나 음의 차이가 큰 편이다. 이, 곧, 이에 등과 같이 한문 문장에서 대명사나 어조사로 쓰인다.	斯界(사계) 斯文(사문)
方 4	於	①어조사 어 ②탄식할 오	字源 풀이가 쉽지 않을 뿐만 아니라 단어의 구성요소로도 거의 쓰이지 않는 字이다. 한문 문장에서 '~에', '~보다', '~을', '이에' 등과 같이 쓰이며 于와 통용하기도 한다.	於中間(어중간) 於此彼(어차피)
无 7	旣	①이미 기	部首 无(없을 무)에 배정되었지만 皀(낟알 픱)이 뜻으로, 旡(목멜 기)가 聲으로 작용한 形聲字. 밥을 다 먹었다는 것과 연관시켜 다 마치다, 이미, 본래, 다하다 등의 뜻으로 쓰인다.	旣決(기결)　旣望(기망) 旣約(기약)　旣往(기왕)
日 3	旱:	①가물 한	日이 뜻으로, 干(천간 간)이 聲으로 작용한 形聲字. 見(견)↔現(현), 可(가)↔河(하), 古(고)↔怙(복 호)처럼 한자음에서 ㄱ과 ㅎ은 상통한다. 가물다, 가뭄 등의 뜻으로 쓰인다.	旱:災(한재) 旱:害(한해)
日 4	昔	①예 석	本字인 䇳은 고기를 찢어 햇볕에 말린다는 뜻을 지니던 會:意字였으나 腊(포 석)이 이를 대신하고 지금은 옛날, 오래다, 어제 등의 뜻으로 假:借되어 쓰이고 있다.	昔者(석자) 今昔之感(금석지감)
日 4	昏	①어두울 혼	시간을 나타내는 日과 아래를 나타내는 氐의 생략형인 氏가 결합되어 해가 아래로 진다는 뜻으로 풀이한다. 어둡다, 저녁 때, 어리석다 등의 뜻으로 쓰인다.	昏迷(혼미)　昏絶(혼절) 黃昏(황혼)
日 5	昭	①밝을 소	日이 뜻으로, 召(부를 소)가 聲으로 작용한 形聲字. 밝다, 밝히다, 나타나다 등의 뜻으로 쓰인다.	昭代(소대)
日 7	晨	①새벽 신	日이 뜻으로, 辰(별 신, 별 진)이 聲으로 작용한 形聲字. 새벽이란 뜻으로 쓰인다.	晨星(신성) 晨省(신성)
日 8	晴	①갤 청	日이 뜻으로, 靑이 聲으로 작용한 形聲字. '날씨가 개다'라는 뜻으로 쓰인다.	快晴(쾌청) 晴耕雨讀(청경우독)

	漢字	訓音	도 움 말	用 例
日 9	暑:	①더울 서	日이 뜻으로, 者가 聲으로 작용한 形聲字. 덥다, 더위, 더운 계절 등의 뜻으로 쓰인다.	暴暑(폭서) 避:暑(피서)
日 10	暢:	①화창할 창 ②펼 창	部首 日에 배정되어 있으나 申(펼 신)이 뜻으로, 昜(볕 양)이 聲으로 작용한 形聲字. 音의 차이가 큰 편이다. 펴다, 和樂하다, 화창하다, 날씨가 맑다 등의 뜻으로 쓰인다.	暢:達(창달) 流暢(유창) 和暢(화창)
日 11	暮:	①저물 모	日이 뜻으로, 莫(저물 모, 말 막)가 뜻과 聲을 겸한 兼聲會意字. 莫만으로도 '저물다'는 뜻이 되나 시간을 나타내는 日을 더하여 뜻을 분명히 하였다. 저물다, 늦다, 밤 등의 뜻으로 쓰인다.	暮:年(모년) 暮:春(모춘) 歲:暮(세모)
日 12	曉:	①새벽 효	日이 뜻으로, 堯(높을 요)가 聲으로 작용한 形聲字. 새벽, 동틀 무렵, 깨닫다, 타이르다 등의 뜻으로 쓰인다. 略字는 暁.	曉:星(효성)
曰 0	曰	①가로 왈	인간의 생각을 언어로 표출해 내는 것을 나타내기 위하여 입[口] 위로 숨이 나오는 모양을 본뜬 자[ㅂ]이다. '가로'는 '가로되'의 준말로 '말하기를'이란 뜻이다.	曰可曰否(왈가왈부)
曰 8	替	①바꿀 체	本字 朁는 竝(아울러 병)이 뜻으로, 白이 聲으로 작용한 形聲字였으나 자형이 많이 바뀌었다. 폐기하다, 멸망하다, 쇠하다, 교체하다, 바꾸다 등의 뜻으로 쓰인다.	交替(교체) 代:替(대체) 移替(이체)
月 4	朋	①벗 붕	孔:雀(공작)의 모습을 본뜬 자라는 說과 조개 열 개를 두 줄로 엮어 놓은 모습을 본뜬 자라는 說이 있다. 벗, 무리, 짝 등의 뜻으로 쓰인다.	朋黨(붕당) 朋友(붕우) 朋友有信(붕우유신)
月 6	朔	①초하루 삭	月이 뜻으로, 屰(거스를 역)이 聲으로 작용한 形聲字. 초하루, 북쪽, 아침 등의 뜻으로 쓰인다.	朔望(삭망) 朔風(삭풍)
木 4	杯	①잔 배	木이 뜻으로, 不이 聲으로 작용한 形聲字. 술잔 또는 국·음료 등을 담는 그릇의 뜻으로 쓰인다. 盃(잔 배)는 俗字이다.	乾杯(건배) 苦杯(고배) 祝杯(축배)
木 4	析	①쪼갤 석 ②가를 석	木과 斤(도끼 근)이 결합된 會:意字. 도끼로 나무를 쪼갠다는 뜻에서 쪼개다, 분해하다, 분별하다 등의 뜻으로 쓰인다.	分析(분석)

부수순
앞에서 익힌 40자를 부수순으로 배열했습니다. 빈칸에 訓音을 쓰세요.

1

押(　) 抽(　) 拙(　) 抱(　)
挑(　) 捉(　) 掠(　) 捨(　)
掛(　) 搜(　) 搖(　) 携(　)
播(　) 擁(　) 擴(　) 攝(　)
攸(　) 敏(　) 敦(　) 斤(　)

2

斥(　) 斯(　) 於(　) 旣(　)
旱(　) 昔(　) 昏(　) 昭(　)
晨(　) 晴(　) 暑(　) 暢(　)
暮(　) 曉(　) 曰(　) 替(　)
朋(　) 朔(　) 杯(　) 析(　)

☞ 정답은 97쪽에서 확인하세요.

가나다순
앞에서 익힌 40자를 가나다순으로 배열했습니다. 빈칸에 訓音을 쓰세요.

1

掛(　) 斤(　) 旣(　) 挑(　)
敦(　) 掠(　) 暮(　) 敏(　)
杯(　) 朋(　) 捨(　) 斯(　)
朔(　) 暑(　) 攸(　) 昔(　)
析(　) 攝(　) 昭(　) 搜(　)

晨(	)	押(	)	於(	)	擁(	)
曰(	)	搖(	)	拙(	)	捉(	)
暢(	)	斥(	)	晴(	)	替(	)
抽(	)	播(	)	抱(	)	旱(	)
昏(	)	擴(	)	曉(	)	携(	)

☞ 정답은 98쪽에서 확인하세요.

무 순 앞에서 익힌 40자를 순서 없이 배열했습니다. 빈칸에 訓音을 쓰세요.

1

押(	)	朋(	)	擁(	)	挑(	)
暮(	)	昭(	)	晴(	)	斯(	)
抱(	)	抽(	)	敦(	)	旱(	)
替(	)	曉(	)	曰(	)	掠(	)
斥(	)	捉(	)	掛(	)	敏(	)

2

晨(	)	旣(	)	於(	)	昏(	)
杯(	)	擴(	)	捨(	)	暢(	)
斥(	)	暑(	)	昔(	)	搖(	)
搜(	)	析(	)	携(	)	播(	)
拙(	)	敍(	)	攝(	)	朔(	)

☞ 정답은 98쪽에서 확인하세요.

	漢字	訓音	도 움 말	用 例
木 4	枕:	①베개 침	木이 뜻으로, 冘(갈 임) 聲으로 작용한 形聲字. 冘이 포함된 자는 沈(가라앉을 침)이나 忱(정성 침)처럼 음이 침인 경우가 많다. 베개, 베다, 잠자다 등의 뜻으로 쓰인다.	枕:木(침목)　木枕(목침) 高枕短命(고침단명)
木 5	枯	①마를 고	木이 뜻으로, 古가 聲으로 작용한 形聲字. 시들다, 마르다, 야위다 등의 뜻으로 쓰인다.	枯渴(고갈)　枯死(고사) 枯木生花(고목생화)
木 5	某:	①아무 모	신 과일인 매화를 나타내기 위하여 木과 甘을 결합시킨 會:意字이나 맛도 단맛과 신맛이 일치하지 않을 뿐만 아니라 음의 차이도 크다. 본뜻과 다르게 '아무'라는 뜻으로 널리 쓰인다.	某:氏(모씨)　某:種(모종) 某:處(모처)
木 7	梨	①배 리	木이 뜻으로, 利가 聲으로 작용한 形聲字. 本字는 棃이며 배나무라는 뜻으로 쓰인다.	梨花(이화) 烏飛梨落(오비이락)
木 8	棄	①버릴 기	篆書(전서) 𦱙를 보면 아이를 삼태기에 담아서 두 손으로 받쳐 들고 버린다는 說을 이해할 만하다. 버리다, 없애다, 폐하다 등의 뜻으로 쓰인다.	棄却(기각)　棄權(기권) 放:棄(방기)　投棄(투기)
木 9	楊	①버들 양	木이 뜻으로, 昜(볕 양)이 聲으로 작용한 形聲字. 버드나무라는 뜻으로 쓰인다.	楊柳(양류)
欠 8	欺	①속일 기	欠(하품 흠)이 뜻으로, 其가 聲으로 작용한 形聲字. 欠이 포함된 자는 歌(노래 가)나 吹(불 취)처럼 입의 작용과 관련이 있는 경우가 많다. 속이다, 거짓, 허위 등의 뜻으로 쓰인다.	欺罔(기망) 欺世盜名(기세도명)
歹 5	殃	①재앙 앙	歺(歹)이 뜻으로, 央(가운데 앙)이 聲으로 작용한 形聲字. 재앙이란 뜻으로 쓰인다.	殃禍(앙화)　災殃(재앙) 殃及池魚(앙급지어)
歹 6	殉	①따라죽을 순	歺(歹)이 뜻으로, 旬(열흘 순)이 聲으로 작용한 形聲字. 따라죽다, 목숨을 바치다 등의 뜻으로 쓰인다.	殉敎(순교)　殉國(순국) 殉葬(순장)　殉職(순직)
殳 9	毁:	①헐 훼	殳(몽둥이 수)가 뜻으로, 𦥑가 聲으로 작용한 形聲字로 보여지나 字學的 根據를 찾기가 쉽지 않다. 헐다, 부수다, 망가지다, 제거하다 등의 뜻으로 쓰인다.	毁:損(훼손) 毁:節(훼절)

	漢字	訓音	도 움 말	用 例
毛 7	毫	①가는털 호	毛가 뜻으로, 高의 생략형이 聲으로 작용한 形聲字. 見(견)↔現(현), 可(가)↔河(하), 古(고)↔祜(복 호)처럼 한자음에서 ㄱ과 ㅎ은 상통한다. 가는 털, 붓 등의 뜻으로 쓰이며 작거나 잔 것의 비유로도 쓰인다.	毫末(호말) 毫髮(호발) 秋毫(추호) 揮毫(휘호)
水 3	汝:	①너 여	氵(水)가 뜻으로, 女가 聲으로 작용한 形聲字. 본래는 하남성에 있는 물 이름을 나타내던 자였으나 본뜻은 사라지고 이인칭 대명사 '너'라는 뜻으로 쓰인다. 따라서 단어 구성요소로 쓰이는 경우는 거의 없다.	汝:矣島(여의도)
水 3	汚:	①더러울 오	氵(水)가 뜻으로, 亐(于의 本字)가 聲으로 작용한 形聲字. 더럽다, 추잡하다, 욕보이다 등의 뜻으로 쓰인다.	汚:名(오명) 汚:物(오물) 汚:水(오수) 汚:辱(오욕)
水 5	泊	①머무를 박 ②배댈 박	氵(水)가 뜻으로, 白이 聲으로 작용한 形聲字. 배대다, 머무르다, 유숙하다, 머무는 곳, 조용한 모양 등의 뜻으로 쓰인다.	淡泊(담박) 宿泊(숙박)
水 5	泣	①울 읍	氵(水)가 뜻으로, 立이 聲으로 작용한 形聲字. '울다'는 뜻으로 쓰인다.	泣訴(읍소) 泣血(읍혈) 感:泣(감읍)
水 5	泳	①헤엄칠 영	氵(水)가 뜻으로, 永이 聲으로 작용한 形聲字. '헤엄치다'는 뜻으로 쓰인다.	水泳(수영) 背:泳(배영) 遊泳(유영) 平泳(평영)
水 7	涉	①건널 섭	氵(水)와 步(걸음 보)가 결합된 會:意字. 건너다, 지나다, 깊이 빠져들다, 관계하다 등의 뜻으로 쓰인다.	涉外(섭외) 干涉(간섭) 交涉(교섭)
水 8	涯	①물가 애	氵(水)가 뜻으로, 厓(언덕 애)가 聲으로 작용한 形聲字. 물가, 끝 등의 뜻으로 쓰인다.	生涯(생애) 天涯(천애)
水 8	添	①더할 첨	氵(水)가 뜻으로, 忝(더럽힐 첨)이 聲으로 작용한 形聲字. 더하다, 보태다 등의 뜻으로 쓰인다.	添加(첨가) 添杯(첨배) 添附(첨부) 添削(첨삭)
水 8	淚:	①눈물 루	氵(水)가 뜻으로, 戾(어그러질 려)가 聲으로 작용한 形聲字. 눈물이란 뜻으로 쓰이며 중국에서는 泪(눈물 루)를 쓰기도 한다.	感:淚(감루) 落淚(낙루)

	漢字	訓音	도 움 말	用 例
水 9	渴	①목마를 갈	氵(水)가 뜻으로, 曷(다할 갈)이 聲으로 작용한 形聲字. 목마르다, 마르다 등의 뜻으로 쓰인다.	渴望(갈망)　渴水(갈수) 渴症(갈증)　解:渴(해갈)
水 11	漫:	①흩어질 만 ②질펀할 만	氵(水)가 뜻으로, 曼(이끌 만)이 聲으로 작용한 形聲字. 물이 넓은 모양, 넓고 멀다, 물이 넘치다, 두루 미치다, 많다, 쓸데없다 등의 뜻으로 쓰인다.	漫:評(만평)　浪:漫(낭만) 散:漫(산만)
水 11	滴	①물방울 적	氵(水)가 뜻으로, 啇(밑둥 적)이 聲으로 작용한 形聲字. 물방울, 방울, 방울져 떨어지다 등의 뜻으로 쓰인다.	用例 없음
水 11	漂	①떠돌 표	氵(水)가 뜻으로, 票(쪽지 표)가 聲으로 작용한 形聲字. 물에 뜨다, 유랑하다, 떠내려 보내다, 빨래하다, 희게 하다 등의 뜻으로 쓰인다.	漂流(표류)　漂泊(표박) 漂白(표백)
水 13	濁	①흐릴 탁	氵(水)가 뜻으로, 蜀(나라이름 촉)이 聲으로 작용한 形聲字. 흐리다, 더럽다, 어지럽다 등의 뜻으로 쓰인다.	濁流(탁류)　濁水(탁수) 濁音(탁음)　淸濁(청탁)
水 14	濯	①씻을 탁	氵(水)가 뜻으로, 翟(꿩 적)이 聲으로 작용한 形聲字. 음의 차이가 크지만 擢(뽑을 탁)이나 蠗(조개 착)도 같은 경우이다. '씻다'는 뜻으로 쓰인다.	濯足(탁족) 洗:濯(세탁)
水 14	濫:	①넘칠 람	氵(水)가 뜻으로, 監(볼 감)이 聲으로 작용한 形聲字. 음의 차이가 크지만 藍(쪽 람)이나 籃(바구니 람)도 같은 경우이다. 넘치다, 퍼지다, 함부로 하다 등의 뜻으로 쓰인다.	濫:讀(남독)　濫:發(남발) 濫:用(남용)　濫:獲(남획)
火 7	焉	①어찌 언	灬(火)가 뜻으로, 中이 聲으로 작용한 形聲字. 꾀꼬리를 나타내기 위한 자라는 설이 있으나 본뜻보다는 한문 문장에서 어찌, 이에, 어디에서 등의 어조사로 쓰인다.	於焉間(어언간) 終焉(종언) 焉敢生心(언감생심)
火 9	煩	①번거로울 번 ②괴로워할 번	火와 頁(머리 혈)이 결합된 會:意字. 머리가 더워져 아프다는 뜻에서 괴로워하다, 번거롭다, 괴롭히다 등의 뜻으로 쓰인다.	煩惱(번뇌)　煩多(번다) 煩雜(번잡)
火 13	燭	①촛불 촉	火가 뜻으로, 蜀(나라이름 촉)이 聲으로 작용한 形聲字. 촛불, 비치다, 등불 등의 뜻으로 쓰이며 30촉이나 60촉처럼 전구의 밝기를 나타내는 단위〔Lux〕로도 쓰인다.	燭光(촉광)　燭淚(촉루) 燈燭(등촉)　洞:燭(통촉)

1단계・훈음 익히기　35

	漢字	訓音	도 움 말	用 例
火 13	燥	①마를 조	火가 뜻으로, 喿(새가무리지어울 조)가 聲으로 작용한 形聲字. 말리다, 마르다, 애태우다 등의 뜻으로 쓰인다.	乾燥(건조)
爪 14	爵	①벼슬 작 ②술잔 작	술 따위를 따르는 그릇인 잔의 모양을 본뜬 象形字. 음의 유사성으로 인하여 雀(참새 작)과 통용하며 벼슬이란 뜻으로도 쓰인다.	爵祿(작록) 爵位(작위) 高官大爵(고관대작)
牛 7	牽	①이끌 견	牛가 뜻으로, 玄이 聲으로 작용한 形聲字. 끌다, 이끌다, 강제로 시키다 등의 뜻으로 쓰인다.	牽牛(견우) 牽引(견인) 牽制(견제)
犬 5	狗	①개 구	犭(犬)이 뜻으로, 句가 聲으로 작용한 形聲字. 개라는 뜻으로 쓰인다.	狗肉(구육) 走狗(주구) 海:狗(해구)
犬 15	獵	①사냥 렵	犭(犬)이 뜻으로, 巤(목갈기 렵)이 聲으로 작용한 形聲字. 사냥, 사냥하다, 찾다, 넘다 등의 뜻으로 쓰인다.	獵奇(엽기) 獵銃(엽총) 禁:獵(금렵) 密獵(밀렵) 涉獵(섭렵)
玄 5	茲	①이 자	원래는 두 개의 玄(검을 현)이 결합되어 검다는 뜻의 會:意字였으나 '검다'는 뜻으로는 거의 쓰이지 않고 한문 문장에서 이, 이것 등의 대명사로 쓰인다.	今茲(금자)
田 4	畏	①두려워할 외	귀신이 무기를 쥐고 있는 모습이라는 說도 있으나 《說文》에는 귀신의 머리에 호랑이의 발을 붙여 만든 자라고 하니 둘 다 두려워하기에는 충분한 것 같다. 두려워하다, 으르다 등의 뜻으로 쓰인다.	畏:敬(외경) 畏:友(외우) 敬:畏心(경외심)
田 4	畓	①논 답	우리나라에서 만든 國字이다. 밭에 물이 있으니 논을 뜻함은 당연하다.	田畓(전답) 天水畓(천수답)
癶 4	癸	①천간 계	字源 풀이의 정설이 없는 자일 뿐만 아니라 열 번째 天干을 뜻하는 것 외에 단어의 구성요소로는 거의 쓰이지 않는다.	用例 없음
白 4	皆	①다 개	두 사람이 나란히[比] 말하다[白]에서 모두 다, 다, 함께라는 뜻이 되었다.	皆骨山(개골산) 皆勤賞(개근상)

부수순 앞에서 익힌 40자를 부수순으로 배열했습니다. 빈칸에 **訓音**을 쓰세요.

1

枕( )	枯( )	某( )	梨( )
棄( )	楊( )	欺( )	殃( )
殉( )	毁( )	毫( )	汝( )
汚( )	泊( )	泣( )	泳( )
涉( )	涯( )	添( )	淚( )

2

渴( )	漫( )	滴( )	漂( )
濁( )	濯( )	濫( )	焉( )
煩( )	燭( )	燥( )	爵( )
牽( )	狗( )	獵( )	玆( )
畏( )	畓( )	癸( )	皆( )

☞ 정답은 103쪽에서 확인하세요.

가나다순 앞에서 익힌 40자를 가나다순으로 배열했습니다. 빈칸에 **訓音**을 쓰세요.

1

渴( )	皆( )	牽( )	癸( )
枯( )	狗( )	欺( )	棄( )
畓( )	濫( )	獵( )	淚( )
梨( )	漫( )	某( )	泊( )
煩( )	涉( )	殉( )	殃( )

2

涯( )	楊( )	焉( )	汝( )
泳( )	汚( )	畏( )	泣( )
茲( )	爵( )	滴( )	燥( )
添( )	燭( )	枕( )	濯( )
濁( )	漂( )	毫( )	毁( )

☞ 정답은 104쪽에서 확인하세요.

무 순 앞에서 익힌 40자를 순서 없이 배열했습니다. 빈칸에 訓音을 쓰세요.

1

枕( )	畏( )	泊( )	棄( )
牽( )	焉( )	燭( )	漫( )
梨( )	枯( )	添( )	濁( )
茲( )	狗( )	獵( )	欺( )
淚( )	楊( )	殉( )	煩( )

2

涯( )	漂( )	滴( )	濫( )
癸( )	泣( )	殃( )	爵( )
渴( )	燥( )	濯( )	毫( )
毁( )	皆( )	汝( )	汚( )
某( )	涉( )	泳( )	畓( )

☞ 정답은 104쪽에서 확인하세요.

	漢字	訓音	도 움 말	用 例
目 4	眉	① 눈썹　미	本字인 䀹는 눈과 눈 위의 눈썹과 이마의 주름살을 나타낸 象形字. 눈썹이란 뜻으로 쓰인다.	眉間(미간)　眉目(미목) 白眉(백미)
目 8	睡	① 졸음　수	目이 뜻으로, 垂(드리울 수)가 聲으로 작용한 形聲字. 졸다, 잠자다, 잠자리에 들다 등의 뜻으로 쓰인다.	睡眠(수면)　午:睡(오수) 寢:睡(침수)
矢 0	矢:	① 화살　시	화살의 모양을 본뜬 象形字. 화살이란 뜻과 함께 곧은 화살의 모양에서 곧다는 뜻으로도 쓰인다. 箭(화살 전)이 같은 뜻의 자이다.	弓矢(궁시)
矢 2	矣	① 어조사　의	字源 풀이에 대한 정설이 없을 뿐만 아니라 단어의 구성요소로도 거의 쓰임이 없으며 한문 문장에서 완료를 나타내는 어조사로 쓰인다.	汝:矣島(여의도)
矢 12	矯:	① 바로잡을　교	矢(곧을 시)가 뜻으로, 喬(높을 교)가 聲으로 작용한 形聲字. 굽은 것을 곧게 하다, 잘못을 바로잡다 등의 뜻으로 쓰인다.	矯:正(교정) 矯:導所(교도소)
示 6	祥	① 상서　상	礻(示)가 뜻으로, 羊이 聲으로 작용한 形聲字. 음의 차이가 있으나 한자음에서 如→恕(용서할 서), 羊→詳(자세할 상)처럼 음이 상통한다. 복, 상서롭다, 조짐 등의 뜻으로 쓰인다.	祥雲(상운)　吉祥(길상) 發祥地(발상지)
禾 0	禾	① 벼　화	한 포기의 익은 벼가 머리를 숙이고 있는 모습을 본뜬 象形字. 벼라는 뜻으로 쓰인다.	用例 없음
禾 4	秒	① 분초　초 ② 까끄라기　묘	禾가 뜻으로, 少가 聲으로 작용한 形聲字이나 음의 차이가 있다. 주로 시간이나 角度의 단위로 쓰인다.	秒速(초속)　秒針(초침) 分秒(분초)
禾 10	稻	① 벼　도	禾가 뜻으로, 舀(물퍼낼 요)가 聲으로 작용한 形聲字. 음의 차이가 있으나 滔(물넘칠 도)나 蹈(밟을 도)도 같은 경우이다. 벼의 총칭으로 쓰인다.	稻熱病(도열병) 立稻先賣(입도선매)
禾 14	穫	① 거둘　확 ② 벼벨　확	禾가 뜻으로, 蒦(잴 확)이 聲으로 작용한 形聲字. 곡식을 베다, 거두다 등의 뜻으로 쓰인다.	收穫(수확)

1단계・훈음 익히기　39

	漢字	訓音	도 움 말	用 例
穴 17	竊	① 훔칠 절	穴과 米가 결합되어 도둑이 쌀을 훔쳐 나온다는 뜻을 나타내고 㡿(사람이름 설)은 聲으로 작용하였다는 풀이가 있다. 훔치다, 도둑질하다, 몰래 등의 뜻으로 쓰인다. 窃은 俗字.	竊盜(절도) 剽竊(표절)
立 5	竝:	① 나란히 병 ② 아우를 병	두 사람이 나란히 서 있는 모습을 나타낸 會:意字. 나란히 하다, 대등하다, 아우르다, 함께 등의 뜻으로 쓰인다. 略字는 並.	竝:列(병렬) 竝:立(병립) 竝:設(병설) 竝:用(병용)
立 6	竟:	① 마침내 경	사람이 서서 입으로 퉁소 같은 관악기를 불고 있는 모습이란 풀이가 있다. 마치다, 끝내다, 마침내 등의 뜻으로 쓰인다.	竟:夜(경야) 究竟(구경) 畢竟(필경)
竹 10	篤	① 도타울 독	부수 竹에 배정되어 있으나 馬가 뜻으로, 竹이 聲으로 작용한 形聲字. 본래는 말이 천천히 걷는다는 뜻을 지닌 자였으나 본뜻보다는 도탑다, 성실하다, 극진하다, 매우 등의 뜻으로 쓰인다.	篤實(독실) 危篤(위독) 篤志家(독지가)
米 6	粟	① 조 속	낟알을 가리키는 卥와 곡식을 가리키는 米가 결합된 會:意字. 隷:書(예서)에서 현재의 모양으로 바뀌었다. 오곡의 하나인 조를 이른다.	粟米(속미) 滄海一粟(창해일속)
糸 2	糾	① 얽힐 규	糸가 뜻으로, 丩가 聲으로 작용한 形聲字. 노 같은 것을 꼬다, 모으다, 얽히다, 들추어 내다, 으르다 등의 뜻으로 쓰인다.	糾明(규명) 糾彈(규탄) 糾合(규합) 紛糾(분규)
糸 5	絃	① 줄 현 ② 악기줄 현	糸가 뜻으로, 玄이 聲으로 작용한 形聲字. 거문고·가야금·비파 등 현악기의 줄을 이른 데서 현악기라는 뜻으로 쓰이기도 한다.	絃樂器(현악기) 管絃樂(관현악)
糸 7	絹	① 비단 견	糸가 뜻으로, 肙(장구벌레 연)이 聲으로 작용한 形聲字라고는 하나 음의 차이가 큰 편이다. 명주, 비단 등의 뜻으로 쓰인다.	生絹(생견) 絹織物(견직물)
糸 9	緯	① 씨 위 ② 씨줄 위	糸가 뜻으로, 韋(가죽 위)가 聲으로 작용한 形聲字. 피륙의 가로 짜인 실을 이른 데서 씨줄, 좌우 또는 동서의 방향 등의 뜻으로 쓰인다.	緯度(위도) 經緯(경위) 北緯(북위)
糸 10	縣:	① 고을 현	系(맬 계)와 㬎(목베어매달 교)가 결합된 會:意字. 죄수의 목을 베어 나무에 거꾸로 매달아 놓는다는 뜻의 자였으나 지금은 懸(매달 현)이 이를 대신하고 縣은 지방 행정구역의 이름으로 쓰인다.	縣:監(현감) 縣:令(현령) 郡:縣(군현)

	漢字	訓音	도 움 말	用 例
糸 13	繫:	①맬 계	糸가 뜻으로, 毄(물리칠 격)이 聲으로 작용한 形聲字. 매다, 매달다, 이어지다, 끈 등의 뜻으로 쓰인다.	繫:留(계류)
网 3	罔:	①없을 망 ②그물 망	网(罒)이 뜻으로, 亡이 聲으로 작용한 形聲字. 달아나는 짐승을 잡기 위한 그물을 나타내던 자였으니 網(그물 망)이 같은 뜻으로 쓰이며 '없다'는 뜻으로도 쓰인다.	罔:極(망극) 罔:測(망측)
网 10	罷:	①마칠 파	현능한 사람[能]이 죄의 그물[罒]에 걸리면 관대히 그 죄를 사면하여 보낸다는 뜻을 지닌 會:意字. 방면하다, 그치다, 그만두다, 내치다 등의 뜻으로 쓰인다. '지칠 피'라는 訓:音도 있으나 전문가 수준이다.	罷:漏(파루) 罷:免(파면) 罷:市(파시) 罷:業(파업)
羽 4	翁	①늙은이 옹	羽가 뜻으로, 公이 聲으로 작용한 形聲字. 본래는 鳥類의 목털을 뜻하던 자였으나 늙은이란 뜻으로 假:借되어 쓰이고 있다.	老:翁(노옹) 不倒翁(부도옹)
而 0	而	①말이을 이	본래 코와 인중, 위 수염과 아래 수염을 본뜬 象形字. 본래의 뜻으로는 거의 쓰이지 않고 한문 문장에서 접속사로 쓰인다.	用例 없음
耳 3	耶	①어조사 야	字源 풀이에 대한 정설이 없을 뿐만 아니라 단어의 구성요소로 쓰이는 경우가 없이 한문 문장에서 文末에 위치하여 의문의 뜻을 나타낸다.	用例 없음
耳 7	聘	①부를 빙 ②찾아갈 빙	耳가 뜻으로, 甹(이끌 병)이 聲으로 작용한 形聲字. 사람을 찾아가 귀를 기울이고 잘 들어야 한다는 뜻을 지니고 있다. 찾아가다, 부르다, 장가들다 등의 뜻으로 쓰인다.	聘禮(빙례) 聘母(빙모) 聘問(빙문) 聘丈(빙장)
耳 11	聰	①귀밝을 총	耳가 뜻으로, 悤(바쁠 총)이 聲으로 작용한 形聲字. 귀가 밝다, 총명하다 등의 뜻으로 쓰인다. 略字는 聡.	聰氣(총기) 聰明(총명) 聖:聰(성총)
肉 4	肩	①어깨 견	우리 몸의 일부를 뜻하는 月(肉)에 늘어뜨린 어깨의 모습을 나타낸 戶를 더한 象形字. 戶는 늘어뜨린 어깨의 모습을 나타낸 부호일 뿐 뜻을 지니고 있는 자는 아니다. 어깨라는 뜻으로 쓰인다.	肩骨(견골) 肩輿(견여) 比:肩(비견)
肉 4	肯:	①즐길 긍 ②동의할 긍	우리 몸의 일부를 뜻하는 月(肉)과 뼈에 붙은 살을 뜻하는 止가 결합된 會:意字. 본래는 뼈 사이의 살이란 뜻이었으나 본뜻보다는 옳다고 여기다, 기꺼이 하다, 즐겨하다 등의 뜻으로 쓰인다.	肯:定(긍정) 首肯(수긍)

	漢字	訓音	도 움 말	用 例
肉 7	脣	①입술 순	月(肉)이 뜻으로, 辰(별 신)이 聲으로 작용한 形聲字. 입술, 가, 언저리 등의 뜻으로 쓰인다.	脣音(순음) 脣齒(순치) 脣輕音(순경음)
肉 9	腰	①허리 요	月(肉)이 뜻으로, 要(허리 요)가 뜻과 聲을 겸한 兼聲會意字. 본래 要만으로도 허리란 뜻의 자였으나 月(肉)을 보태어 뜻을 분명히 하였다. 허리, 중요하다, 중요한 곳 등의 뜻으로 쓰인다.	腰痛(요통) 細腰(세요) 腰折腹痛(요절복통)
臣 2	臥:	①누울 와	《說文》에는 굴복의 뜻을 지닌 臣과 人이 결합된 會:意字로 되어 있으나, 눈[臣은 目의 변형]을 지긋이 감고 휴식을 취하는 사람을 그린 자라는 풀이가 있다. 엎드리다, 넘어지다, 눕다 등의 뜻으로 쓰인다.	臥:病(와병)
自 4	臭:	①냄새 취	코를 뜻하는 自(코 자)와 犬이 결합된 會:意字. 냄새를 잘 맡는 개를 뜻으로 취한 것은 기발하다. 냄새, 냄새 나다, 나쁜 소문 등의 뜻으로 쓰인다. 주로 香은 좋은 뜻으로, 臭는 나쁜 뜻으로 많이 쓰인다.	惡臭(악취) 香臭(향취) 體臭(체취) 脫臭(탈취)
舟 0	舟	①배 주	배의 모양을 본뜬 象形字. 주로 작은 배는 舟로, 큰 배는 船(배 선)으로 쓰이고 있다.	方舟(방주) 刻舟求劍(각주구검)
艸 5	苗:	①모 묘	++(艸)와 田이 결합된 會:意字로 밭에 심어 놓은 어린 식물을 뜻한다. 옮겨 심기 위하여 가꾼 어린 벼라는 뜻에서 모든 식물의 어린 싹이란 뜻으로 확대되어 쓰인다.	苗:木(묘목) 苗:床(묘상) 種苗(종묘)
艸 5	苟:	①진실로 구 ②구차할 구	++(艸)가 뜻으로, 句가 聲으로 작용한 形聲字. 구차하게, 참으로, 진실로 등의 뜻으로 쓰인다.	苟:且(구차) 苟:命徒生(구명도생)
艸 6	茫	①아득할 망	++(艸)가 뜻으로, 汒(황급할 망)이 聲으로 작용한 形聲字. 흐릿하다, 드넓다, 갑자기 등의 뜻으로 쓰인다.	茫茫大海(망망대해) 茫然自失(망연자실)
艸 11	蔬	①나물 소	++(艸)가 뜻으로, 疏(성길 소)가 聲으로 작용한 形聲字. 푸성귀, 나물 등의 뜻으로 쓰인다.	蔬食(소식) 蔬菜(소채) 菜:蔬(채소)
艸 12	蔽:	①덮을 폐 ②가릴 폐	++(艸)가 뜻으로, 敝(해질 폐)가 聲으로 작용한 形聲字. 가리다, 덮어 숨기다, 가로막다 등의 뜻으로 쓰인다.	隱蔽(은폐) 蔽:一言(폐일언)

부수순

앞에서 익힌 40자를 부수순으로 배열했습니다. 빈칸에 訓音을 쓰세요.

1

眉( )　睡( )　矢( )　矣( )

矯( )　祥( )　禾( )　秒( )

稻( )　穫( )　竊( )　竝( )

竟( )　篤( )　粟( )　糾( )

絃( )　絹( )　緯( )　縣( )

2

繫( )　罔( )　罷( )　翁( )

而( )　耶( )　聘( )　聰( )

肩( )　肯( )　脣( )　腰( )

臥( )　臭( )　舟( )　苗( )

苟( )　茫( )　蔬( )　蔽( )

☞ 정답은 109쪽에서 확인하세요.

가나다순

앞에서 익힌 40자를 가나다순으로 배열했습니다. 빈칸에 訓音을 쓰세요.

1

肩( )　絹( )　竟( )　繫( )

矯( )　苟( )　糾( )　肯( )

稻( )　篤( )　茫( )　罔( )

苗( )　眉( )　竝( )　聘( )

祥( )　蔬( )　粟( )　睡( )

2

脣( )	矢( )	耶( )	翁( )
臥( )	腰( )	緯( )	矣( )
而( )	竊( )	舟( )	秒( )
聰( )	臭( )	罷( )	蔽( )
絃( )	縣( )	禾( )	穫( )

☞ 정답은 110쪽에서 확인하세요.

무 순 앞에서 익힌 40자를 순서 없이 배열했습니다. 빈칸에 訓音을 쓰세요.

1

眉( )	苟( )	篤( )	矯( )
臥( )	聰( )	肯( )	罔( )
矣( )	睡( )	緯( )	而( )
苗( )	臭( )	舟( )	禾( )
祥( )	縣( )	稻( )	絹( )

2

肩( )	翁( )	罷( )	聘( )
蔬( )	粟( )	秒( )	腰( )
繫( )	脣( )	耶( )	竊( )
穫( )	蔽( )	竝( )	竟( )
矢( )	絃( )	糾( )	茫( )

☞ 정답은 110쪽에서 확인하세요.

부수	漢字	訓音	도 움 말	用 例
艸 13	薦:	① 천거할 천 ② 바칠 천	++(艸)와 廌(외뿔양 치)가 결합되어 외뿔양에게 꼴(艸)을 먹인다는 뜻을 지닌 會:意字. 바치다, 천거하다, 베풀다, 깔개 등의 뜻으로 쓰인다.	薦:擧(천거)　公薦(공천) 自薦(자천)　推薦(추천)
虫 7	蜂	① 벌 봉	虫이 뜻으로, 夆(이끌 봉)이 聲으로 작용한 形聲字. 벌이란 뜻으로 쓰인다.	蜂起(봉기)　養:蜂(양봉) 女王蜂(여왕봉)
虫 8	蜜	① 꿀 밀	虫이 뜻으로, 宓(편안할 밀)이 聲으로 작용한 形聲字. 꿀, 달콤하다 등의 뜻으로 쓰인다.	蜜蜂(밀봉)　蜜月(밀월) 口:蜜腹劍(구밀복검)
虫 9	蝶	① 나비 접	虫이 뜻으로, 枼(나무조각 엽)이 聲으로 작용한 形聲字. 나비를 이른다.	蝶泳(접영) 胡蝶之夢(호접지몽)
虫 10	螢	① 반딧불 형	虫이 뜻으로, 熒(빛날 형)의 생략형이 聲으로 작용한 形聲字. 개똥벌레, 반딧불, 반디라는 뜻으로 쓰인다. 略字는 蛍.	螢光(형광)　螢光燈(형광등) 螢雪之功(형설지공)
言 2	訂	① 바로잡을 정	言이 뜻으로, 丁이 聲으로 작용한 形聲字. 주로 문자나 문장의 잘못된 것을 바로잡아 고친다는 뜻으로 쓰인다.	訂正(정정)　改:訂(개정) 校:訂(교정)　修訂(수정)
言 5	詠:	① 읊을 영	言이 뜻으로, 永이 聲으로 작용한 形聲字. 詩歌를 읊다, 노래하다, 詩歌를 짓다, 詩歌 등의 뜻으로 쓰인다.	詠:歌(영가)　詠:史(영사) 詠:歎(영탄)
言 5	詐	① 속일 사	言이 뜻으로, 乍(잠깐 사)가 聲으로 작용한 形聲字. 속이다, 말을 꾸미다, 거짓말하다 등의 뜻으로 쓰인다.	詐欺(사기)　詐術(사술) 詐取(사취)　詐稱(사칭)
言 6	該	① 갖출 해 ② 마땅 해 ③ 그 해	言이 뜻으로, 亥(지지 해)가 聲으로 작용한 形聲字. 其와 같은 뜻으로 사물을 지시할 때나 갖추다, 갖추어지다, 마땅히 등의 뜻으로 쓰인다.	該當(해당) 該博(해박)
言 7	誓:	① 맹세할 서	言이 뜻으로, 折이 聲으로 작용한 形聲字. 맹세하다, 경계하다, 조심하다 등의 뜻으로 쓰인다.	誓:約(서약)　誓:願(서원) 盟誓(맹서)

1단계·훈음 익히기

	漢字	訓音	도 움 말	用 例
言 7	誦:	①욀　　송	言이 뜻으로, 甬(길 용)이 聲으로 작용한 形聲字. '외다'는 뜻으로 쓰인다.	誦:讀(송독)　誦:詩(송시) 誦:詠(송영)　背:誦(배송)
言 7	誕:	①낳을　탄 ②속일　탄	言이 뜻으로, 延이 聲으로 작용한 形聲字라고는 하나 음의 차이가 크다. 거짓, 속이다, 방종하다, 크다, 넓다, 태어나다 등의 뜻으로 쓰인다.	誕:降(탄강)　誕:生(탄생) 誕:辰(탄신)　虛誕(허탄)
言 8	誰	①누구　수	言이 뜻으로, 隹(새 추)가 聲으로 작용한 形聲字. 단어의 구성요소로는 거의 쓰임이 없이 한문 문장에서 누구란 뜻으로 쓰인다.	誰何(수하)
言 8	諒	①살펴알　량 ②믿을　량	言이 뜻으로, 京이 聲으로 작용한 形聲字. 음에 차이가 있으나 倞(믿을 량)이나 涼(서늘할 량)도 같은 경우이다. 의심하지 아니하다, 진실, 어질다 등의 뜻으로 쓰인다.	諒知(양지)　諒解(양해) 海:諒(해량)
言 9	謁	①뵐　　알 ②아뢸　알	言이 뜻으로, 曷(다할 갈)이 聲으로 작용한 形聲字. 음에 차이가 있으나 堨(보 알)이나 遏(막을 알)도 같은 경우이다. 아뢰다, 신분이 높은 사람을 만나 뵙다 등의 뜻으로 쓰인다.	謁廟(알묘)　謁聖(알성) 謁見(알현)　拜:謁(배알)
言 11	謹:	①삼갈　근	言이 뜻으로, 堇(진흙 근)이 聲으로 작용한 形聲字. 삼가다, 조심하다, 공손히 하다 등의 뜻으로 쓰인다.	謹:封(근봉)　謹:愼(근신) 謹:嚴(근엄)　謹:弔(근조)
豆 4	豈	①어찌　기	본래는 이기고 돌아온 장군과 병사를 위한 음악을 뜻한 字라는 풀이가 있다. 아무튼 단어의 구성요소로는 거의 쓰이지 않으며 한문 문장에서 '어찌'라는 부사로 쓰인다.	用例 없음
豕 4	豚	①돼지　돈	月(肉)과 豕(돼지 시)가 결합된 會:意字. 종묘에서 제사를 올릴 때 바치는 작은 돼지를 뜻하는 字이다. 돼지란 뜻으로 쓰인다.	豚肉(돈육) 養:豚(양돈)
貝 0	貝:	①조개　패	조개의 모양을 본뜬 象形字. 옛날에는 조개가 화폐로 통용되었기 때문에 貝가 포함된 자는 화폐나 화폐의 작용과 관련이 있는 字들이 대부분이다.	魚貝類(어패류)
貝 4	貪	①탐할　탐	貝가 뜻으로, 今이 聲으로 작용한 形聲字라고는 하나 음의 차이가 크다. '탐하다'는 뜻으로 쓰인다. 貧과 자형이 비슷하여 주의를 요한다.	貪慾(탐욕) 小:貪大失(소탐대실)

	漢字	訓音	도 움 말	用 例
貝 4	販	① 팔 판	貝가 뜻으로, 反이 聲으로 작용한 形聲字. 팔다, 장사하다, 매매하다 등의 뜻으로 쓰인다.	販禁(판금) 販路(판로) 販賣(판매) 販促(판촉)
貝 7	賓	① 손 빈	貝가 뜻으로, 宀(맞을 면)이 聲으로 작용한 形聲字라고는 하나 음의 차이가 크다. 공경하는 사람이 예물을 가지고 오는 것을 맞이하는 데서 손님의 뜻이 생겼다.	賓客(빈객) 國賓(국빈) 貴:賓(귀빈) 來:賓(내빈)
貝 8	賜:	① 줄 사	貝가 뜻으로, 易(바꿀 역, 쉬울 이)이 聲으로 작용한 形聲字라고는 하나 음의 차이가 크다. 주로 '윗사람이 아랫사람에게 주다'는 뜻으로 쓰인다.	賜:姓(사성) 下:賜(하사) 御:賜花(어사화)
貝 12	贈	① 줄 증	貝가 뜻으로, 曾(일찍 증)이 聲으로 작용한 形聲字. '주다'는 뜻으로 쓰인다.	贈與(증여) 贈職(증직) 寄贈(기증) 追贈(추증)
走 2	赴:	① 다다를 부 ② 갈 부	走가 뜻으로, 卜(점 복)이 聲으로 작용한 形聲字. 나아가다, 다다르다 등의 뜻으로 쓰인다.	赴:任(부임)
足 6	跳	① 뛸 도	足이 뜻으로, 兆가 聲으로 작용한 形聲字. 음의 차이가 있으나 逃(도망할 도)나 桃(복숭아 도)도 같은 경우이다. '뛰다'는 뜻으로 쓰인다.	用例 없음
足 14	躍	① 뛸 약	足이 뜻으로, 翟(꿩 적)이 聲으로 작용한 形聲字. 뛰어오르다, 뛰게 하다 등의 뜻으로 쓰인다.	躍動(약동) 躍進(약진) 跳躍(도약) 飛躍(비약)
車 2	軌:	① 바퀴자국 궤	車가 뜻으로, 九가 聲으로 작용한 形聲字. 바퀴사이, 바퀴자국, 법 등의 뜻으로 쓰인다.	軌:道(궤도) 軌:迹(궤적) 常軌(상궤)
車 3	軒	① 집 헌 ② 마루 헌	車가 뜻으로, 干이 聲으로 작용한 形聲字. 見(견)↔現(현), 可(가)↔河(하), 古(고)↔祜(복 호)처럼 한자음에서 ㄱ과 ㅎ은 상통한다. 집, 처마, 수레, 높다 등의 뜻으로 쓰인다.	軒燈(헌등) 東軒(동헌)
車 8	輝	① 빛날 휘	부수 車에 배정되어 있지만 光이 뜻으로, 軍이 聲으로 작용한 形聲字. 음의 차이가 있으나 揮(휘두를 휘)나 暉(빛날 휘)도 같은 경우이다. 빛, 빛나다, 광채 등의 뜻으로 쓰이며 煇는 異:體同字이다.	光輝(광휘)

부수	漢字	訓音	도움말	用例
車 10	輿	① 수레 여	車가 뜻으로, 舁(마주들 여)가 뜻과 聲을 겸한 兼聲會意字. 수레, 메다, 가마, 땅 등의 뜻으로 쓰인다.	輿:梁(여량) 輿:論(여론) 輿:望(여망)
辛 0	辛	① 매울 신	辛(짐 거)과 一이 결합된 會:音字로 풀이하는 경우와 墨刑을 할 때의 침이나 칼과 같은 도구로 보는 경우가 있다. 어느 경우든 매운 맛이나 고생하는 것과 연관이 되는 듯하다.	辛苦(신고) 辛勝(신승) 香辛料(향신료)
辛 9	辨	① 분별할 변	刂(刀)가 뜻으로, 辡(송사할 변)이 뜻과 聲을 겸한 兼聲會意字. 분별하다, 분명히 하다, 다스리다 등의 뜻으로 쓰인다.	辨:明(변명) 辨:別(변별) 辨:償(변상) 辨:說(변설)
辶 4	返	① 돌이킬 반 ② 돌아올 반	辶(辵)이 뜻으로, 反이 聲으로 작용한 形聲字. 돌아오다, 돌려주다, 되돌리다, 바꾸다 등의 뜻으로 쓰인다.	返:納(반납) 返:送(반송) 返:信(반신) 返:品(반품)
辶 6	迷	① 미혹할 미	辶(辵)이 뜻으로, 米가 聲으로 작용한 形聲字. 是非의 판단을 하지 못하다, 길을 잃어 헤매다, 분명하지 않다 등의 뜻으로 쓰인다.	迷:宮(미궁) 迷:路(미로) 迷:信(미신) 迷:兒(미아)
辶 7	逝	① 갈 서	辶(辵)이 뜻으로, 折(꺾을 절)이 聲으로 작용한 形聲字. 折의 음이 서로 된 경우는 誓(맹세할 서)에서도 같은 경우이다. 가다, 세상을 떠나다 등의 뜻으로 쓰인다.	逝:去(서거) 急逝(급서)
辶 7	逐	① 쫓을 축	辶(辵)이 뜻으로, 豕(발묶인돼지 촉)의 생략형이 聲으로 작용한 形聲字. 뒤쫓아가다, 내쫓다, 물리치다, 다투다 등의 뜻으로 쓰인다.	逐客(축객) 逐次(축차) 逐出(축출) 角逐(각축)
辶 8	逮	① 잡을 체 ② 미칠 체	辶(辵)이 뜻으로, 隶가 聲으로 작용한 形聲字. 쫓다, 잡다, 이르다, 미치다, 닥치다 등의 뜻으로 쓰인다.	逮捕(체포)
辶 9	遂	① 드디어 수 ② 이룰 수	辶(辵)이 뜻으로, 㒸가 聲으로 작용한 形聲字라고는 하나 字學的 근거가 분명하지 않다. 이루다, 마치다, 고루 미치다, 따르다 등의 뜻과 함께 한문 문장에서 '드디어'라는 부사로도 쓰인다.	遂行(수행) 未:遂(미수) 完遂(완수)
辶 9	遍	① 두루 편	辶(辵)이 뜻으로, 扁(납작할 편)이 聲으로 작용한 形聲字. 두루, 고루 미치다 등의 뜻과 함께 횟수를 세는 말로도 쓰인다.	遍在(편재) 遍布(편포) 普:遍(보편)

부수순 앞에서 익힌 40자를 부수순으로 배열했습니다. 빈칸에 訓音을 쓰세요.

1

薦(　　) 蜂(　　) 蜜(　　) 蝶(　　)
螢(　　) 訂(　　) 詠(　　) 詐(　　)
該(　　) 誓(　　) 誦(　　) 誕(　　)
誰(　　) 諒(　　) 謁(　　) 謹(　　)
豈(　　) 豚(　　) 貝(　　) 貪(　　)

2

販(　　) 賓(　　) 賜(　　) 贈(　　)
赴(　　) 跳(　　) 躍(　　) 軌(　　)
軒(　　) 輝(　　) 輿(　　) 辛(　　)
辨(　　) 返(　　) 迷(　　) 逝(　　)
逐(　　) 逮(　　) 遂(　　) 遍(　　)

☞ 정답은 115쪽에서 확인하세요.

가나다순 앞에서 익힌 40자를 가나다순으로 배열했습니다. 빈칸에 訓音을 쓰세요.

1

軌(　　) 謹(　　) 豈(　　) 跳(　　)
豚(　　) 諒(　　) 迷(　　) 蜜(　　)
返(　　) 辨(　　) 蜂(　　) 赴(　　)
賓(　　) 賜(　　) 詐(　　) 逝(　　)
誓(　　) 誦(　　) 誰(　　) 遂(　　)

2

辛( )	謁( )	躍( )	輿( )
詠( )	蝶( )	訂( )	贈( )
薦( )	逮( )	逐( )	誕( )
貪( )	販( )	貝( )	遍( )
該( )	軒( )	螢( )	輝( )

☞ 정답은 116쪽에서 확인하세요.

무순 앞에서 익힌 40자를 순서 없이 배열했습니다. 빈칸에 訓音을 쓰세요.

1

薦( )	逐( )	諒( )	螢( )
辨( )	軌( )	輝( )	賓( )
蝶( )	蜂( )	貝( )	赴( )
逝( )	返( )	迷( )	詠( )
訂( )	貪( )	該( )	豚( )

2

軒( )	贈( )	賜( )	躍( )
遂( )	謁( )	詐( )	辛( )
販( )	跳( )	輿( )	誦( )
誓( )	遍( )	誕( )	誰( )
蜜( )	豈( )	謹( )	逮( )

☞ 정답은 116쪽에서 확인하세요.

	漢字	訓音	도 움 말	用 例
辶 9	違	① 어긋날 위	辶(辵)이 뜻으로, 韋(가죽 위)가 聲으로 작용한 形聲字. 어기다, 틀리다, 떠나다 등의 뜻으로 쓰인다.	違反(위반) 違背(위배) 違法(위법) 違約(위약)
辶 10	遞	① 갈릴 체	辶(辵)이 뜻으로, 虒가 聲으로 작용한 形聲字. 갈마들다, 번갈아, 역말 등의 뜻으로 쓰인다.	遞減(체감) 郵遞局(우체국)
辶 10	遣:	① 보낼 견	辶(辵)이 뜻으로, 𠳋(작은흙덩이 견)이 聲으로 작용한 形聲字. 보내다, 놓아주다, 내쫓다, ~하게 하다 등의 뜻으로 쓰인다.	派遣(파견)
辶 10	遙	① 멀 요	辶(辵)이 뜻으로, 䍃가 聲으로 작용한 形聲字. 거리가 멀다, 시간이 길다, 떠돌다 등의 뜻으로 쓰인다.	遙遠(요원)
辶 12	遵:	① 좇을 준 ② 따를 준	辶(辵)이 뜻으로, 尊(술잔 준)이 聲으로 작용한 形聲字. 좇다, 뛰어나다, 따르다 등의 뜻으로 쓰인다.	遵:據(준거) 遵:守(준수) 遵:法(준법)
辶 12	遲	① 더딜 지 ② 늦을 지	辶(辵)이 뜻으로, 犀(물소 서)가 聲으로 작용한 形聲字. 음의 차이가 있으나 㚈(섬돌 지)도 같은 경우이다. 천천히 가다, 더디다, 늦다 등의 뜻으로 쓰인다. 略字는 遅.	遲刻(지각) 遲延(지연) 遲遲不進(지지부진)
邑 4	邦	① 나라 방	阝(邑)이 뜻으로, 丰(예쁠 봉)이 聲으로 작용한 形聲字. 고대 제후국을 이르는 말로 쓰였다.	邦畫(방화) 邦國(방국) 萬:邦(만방) 盟邦(맹방)
邑 4	那:	① 어찌 나	阝(邑)이 뜻으로, 冄(冉의 本字)이 聲으로 작용한 形聲字. 중국의 四川省 서쪽에 위치했던 西夷國을 나타내던 字였으나 현재는 그 뜻으로는 쓰이지 않고 어찌, 어떻게 등의 뜻으로 쓰인다.	刹那(찰나)
邑 6	郊	① 들 교 ② 성밖 교	阝(邑)이 뜻으로, 交가 聲으로 작용한 形聲字. 성밖, 들판, 인가가 드문 시골 등의 뜻으로 쓰인다.	郊外(교외) 近:郊(근교)
邑 8	郭	① 외성 곽 ② 둘레 곽	阝(邑)이 뜻으로, 𦎧(외성 곽)이 뜻과 聲을 겸한 兼聲會意字. 본래는 지금의 山東省에 있었던 春秋 때의 나라를 일컫던 字였으나 지금은 外:城, 테두리, 성곽 등의 뜻으로 쓰인다.	城郭(성곽) 外:郭(외곽)

	漢字	訓音	도 움 말	用 例
邑 12	鄰	① 이웃　린	阝(邑)이 뜻으로, 粦(도깨비불 린)이 聲으로 작용한 形聲字. 본래 행정구획의 이름으로 쓰였으나 지금은 이웃이란 뜻과 함께 친근하다, 가깝다 등의 뜻으로 쓰인다. 隣은 俗字.	鄰近(인근)　鄰接(인접) 交鄰(교린)　近:鄰(근린)
酉 0	酉	① 닭　　유 ② 술익을　유 ③ 지지　유	술을 담는 그릇의 모양을 본뜬 象形字. 술, 술이 익다, 익다 등의 뜻으로 쓰인다. 열째 地支로 동물로는 닭에 해당한다. 따라서 속칭 '닭 유'라고 하나 의미를 이해하는 데는 전혀 도움이 되지 않는다.	酉時(유시)
酉 3	酌	① 술부을　작 ② 잔질할　작	酉가 뜻으로, 勺(구기 작)이 聲으로 작용한 形聲字. 술을 따르다, 술잔, 술을 마시다, 헤아리다, 짐작하다 등의 뜻으로 쓰인다.	酌定(작정)　對:酌(대작) 獨酌(독작)　參酌(참작)
酉 10	醜	① 추할　추	부수 酉에 배정되어 있으나 鬼가 뜻으로, 酋(추장 추)의 생략형이 聲으로 작용한 形聲字. 추하다, 나쁘다, 싫어하다 등의 뜻으로 쓰인다.	醜聞(추문)　醜惡(추악) 醜雜(추잡)　醜態(추태)
金 4	鈍:	① 둔할　둔 ② 무딜　둔	金이 뜻으로, 屯(진칠 둔)이 聲으로 작용한 形聲字. 무디다, 굼뜨고 느리다, 미련하다 등의 뜻으로 쓰인다.	鈍:感(둔감)　鈍:器(둔기) 鈍:才(둔재)　鈍:濁(둔탁)
金 7	銳:	① 날카로울 예	金이 뜻으로, 兌(바꿀 태)가 聲으로 작용한 形聲字라고는 하나 음의 차이가 크다. 날카롭다, 뾰족하다, 날래다 등의 뜻으로 쓰인다.	銳:角(예각)　銳:利(예리) 銳:敏(예민)　精銳(정예)
門 4	閏:	① 윤달　윤	윤달에는 天子가 문 밖 출입을 하지 않았다는 뜻을 지닌 會:意字. 윤달이란 뜻으로 쓰인다.	閏:年(윤년) 閏:月(윤월)
門 7	閱	① 볼　　열	門이 뜻으로, 兌가 聲으로 작용한 形聲字. 음의 차이가 있으나 悅이나 說도 같은 경우이다. 수효를 일일이 세며 조사하다, 가리다, 읽다, 공로 등의 뜻으로 쓰인다.	閱讀(열독)　閱覽(열람) 檢閱(검열)　校:閱(교열)
隸 8	隸:	① 종　　례	손이 미치다는 뜻의 隶(미칠 이)가 뜻으로, 柰(내)의 變音(변음)이 聲으로 작용한 形聲字. 한편 會:意字로 풀이하는 설도 있다. 일 시키다, 사내종, 미천하다는 뜻과 함께 書體의 하나인 隸書를 뜻하기도 한다.	隸:書(예서)　隸:屬(예속) 奴隸(노예)
隹 4	雁:	① 기러기　안	人과 隹가 뜻으로, 厂(언덕 한)이 聲으로 작용한 形聲字. 기러기를 뜻하며 鴈이 異:體同字이다.	雁:書(안서)　雁:行(안행) 歸:雁(귀안)

	漢字	訓音	도 움 말	用 例
隹 9	雖	①비록 수	부수 隹에 배정된 字이지만 虫이 뜻으로, 唯가 聲으로 작용한 形聲字. 본래 도마뱀과 비슷하게 생긴 몸집이 약간 큰 동물을 가리키던 字였으나 '비록'이란 뜻으로 假:借되어 쓰이고 있다.	用例 없음
雨 5	零	①떨어질 령	雨가 뜻으로, 令이 聲으로 작용한 形聲字. 조용히 오는 비, 떨어지다, 풀이 마르다 등의 뜻으로 쓰이며 우리나라에서는 '0[Zero]'을 나타낼 때도 쓰인다.	零度(영도) 零落(영락) 零細(영세) 零點(영점)
雨 11	霧:	①안개 무	雨가 뜻으로, 務가 聲으로 작용한 形聲字. 안개, 어둡다는 뜻과 함께 가볍고 잘다, 흩어지다, 모임 등의 비유로도 쓰인다.	霧:散(무산) 雲霧(운무) 五:里霧中(오리무중)
頁 3	須	①모름지기 수	彡(터럭 삼)과 頁(머리 혈)이 결합된 會:意字. 본래 얼굴에 난 수염을 나타내던 字였으나 鬚(수염 수)가 이를 대신하고 須는 모름지기, 반드시, 마땅히, 잠깐 등의 뜻으로 쓰인다.	必須(필수)
頁 5	頗	①자못 파	頁이 뜻으로, 皮가 聲으로 작용한 形聲字. 본래 '머리가 한 쪽으로 기울다'는 뜻을 지닌 字로서 '치우치다'는 뜻과 함께 자못, 조금, 매우, 대단히 등의 뜻으로 쓰인다.	頗多(파다) 偏頗的(편파적)
頁 7	頻	①자주 빈	頁과 步가 결합된 會:意字로 여겨지나 확실하지 않다. 자주라는 뜻으로 쓰인다.	頻度(빈도) 頻發(빈발) 頻繁(빈번)
頁 12	顧	①돌아볼 고	頁이 뜻으로, 雇(품살 고)가 聲으로 작용한 形聲字. 돌아보다, 생각하다, 도리어, 보살피다 등의 뜻으로 쓰인다.	顧客(고객) 顧問(고문) 一顧(일고) 回顧錄(회고록)
飛 12	飜	①번역할 번 ②뒤집을 번	飛가 뜻으로, 番(차례 번)이 聲으로 작용한 形聲字. 날다, 뒤집다, 번역하다, 엎다 등의 뜻으로 쓰이며 翻이 異:體同字이다.	飜覆(번복) 飜案(번안) 飜譯(번역) 飜意(번의)
食 2	飢	①주릴 기	食이 뜻으로, 几(안석 궤)가 聲으로 작용한 形聲字. 굶주리다, 주림, 모자라다 등의 뜻으로 쓰인다. 饑가 異:體同字이다.	飢渴(기갈) 飢餓(기아) 飢寒(기한) 虛飢(허기)
食 5	飽:	①배부를 포	食이 뜻으로, 包가 聲으로 작용한 形聲字. 배부르다, 물리다, 실컷 먹다, 싫증이 나다 등의 뜻으로 쓰인다.	飽:滿(포만) 飽:食(포식) 飽:和(포화)

	漢字	訓音	도 움 말	用 例
食 7	餓	① 주릴　아	食이 뜻으로, 我가 聲으로 작용한 形聲字. 굶주리다, 배가 고프다, 먹을 것이 없어 곤란을 겪다 등의 뜻으로 쓰인다.	餓:鬼(아귀) 餓:死(아사)
馬 10	騰	① 오를　등	馬가 뜻으로, 朕이 聲으로 작용한 形聲字. 높은 데로 올라가다, 날다, 뛰다, 오르다 등의 뜻으로 쓰인다. 비슷한 유형의 자에 滕(물솟을 등), 謄(베낄 등), 縢(묶을 등) 등이 있다.	騰貴(등귀)　急騰(급등) 沸:騰(비등)
馬 10	騷	① 떠들　소	馬가 뜻으로, 蚤(벼룩 조)가 聲으로 작용한 形聲字. 떠들다, 시끄럽다는 뜻과 함께 詩賦(시부)나 風流를 나타내기도 한다.	騷客(소객)　騷壇(소단) 騷動(소동)　騷亂(소란)
馬 11	驅	① 몰　구	馬가 뜻으로, 區가 聲으로 작용한 形聲字. 말을 채찍질하여 달리게 하다, 몰아내다, 쫓다, 대지르다 등의 뜻으로 쓰인다. 略字는 駆.	驅迫(구박)　驅步(구보) 驅除(구제)　驅逐(구축)
鳥 6	鴻	① 기러기　홍	鳥가 뜻으로, 江이 聲으로 작용한 形聲字. 음의 차이가 있으나 見(견)↔現(현), 可(가)↔河(하), 古(고)↔祜(복 호)처럼 한자음에서 ㄱ과 ㅎ은 상통한다. 큰기러기, 성하다, 크다 등의 뜻으로 쓰인다.	鴻毛(홍모)　鴻儒(홍유) 鴻志(홍지)
鹿 0	鹿	① 사슴　록	자형이 많이 변하여 原型을 유추하기 어려우나 사슴의 모양을 본뜬 象形字이다. 사슴이란 뜻으로 쓰인다.	鹿角(녹각) 鹿血(녹혈)
龜 0	龜	① 거북　귀 ② 갈라질　균 ③ 나라이름　구	거북의 모양을 본뜬 象形字. 人名에서는 대부분 '구'로, '갈라지다'는 뜻일 때는 음이 '균'이다. 略字는 亀.	龜鑑(귀감)　龜甲(귀갑) 龜裂(균열)

부수순

앞에서 익힌 37자를 부수순으로 배열했습니다. 빈칸에 **訓音**을 쓰세요.

1

違( )　遞( )　遣( )　遙( )

遵( )　遲( )　邦( )　那( )

郊( )　郭( )　鄰( )　酉( )

酌( )　醜( )　鈍( )　銳( )

閏( )　閱( )　隷( )　雁( )

2

雖( )　零( )　霧( )　須( )

頗( )　頻( )　顧( )　飜( )

飢( )　飽( )　餓( )　騰( )

騷( )　驅( )　鴻( )　鹿( )

龜( )

가나다순

앞에서 익힌 37자를 가나다순으로 배열했습니다. 빈칸에 **訓音**을 쓰세요.

1

遣( )　顧( )　郭( )　郊( )

驅( )　龜( )　飢( )　那( )

鈍( )　騰( )　零( )　隷( )

鹿( )　鄰( )　霧( )　邦( )

飜( )　頻( )　騷( )　須( )

2

雖(　　　)　餓(　　　)　雁(　　　)　閱(　　　)

銳(　　　)　遙(　　　)　違(　　　)　酉(　　　)

閏(　　　)　酌(　　　)　遵(　　　)　遲(　　　)

遞(　　　)　醜(　　　)　頗(　　　)　飽(　　　)

鴻(　　　)

무 순

앞에서 익힌 37자를 순서 없이 배열했습니다. 빈칸에 訓音을 쓰세요.

1

違(　　　)　龜(　　　)　醜(　　　)　遵(　　　)

騷(　　　)　飜(　　　)　飽(　　　)　零(　　　)

遙(　　　)　遞(　　　)　隷(　　　)　頗(　　　)

鹿(　　　)　驅(　　　)　鴻(　　　)　邦(　　　)

雁(　　　)　遲(　　　)　郊(　　　)　飢(　　　)

2

閱(　　　)　須(　　　)　霧(　　　)　顧(　　　)

鈍(　　　)　那(　　　)　騰(　　　)　雖(　　　)

頻(　　　)　餓(　　　)　鄰(　　　)　郭(　　　)

酉(　　　)　酌(　　　)　遣(　　　)　閏(　　　)

銳(　　　)

부수순

앞에서 익힌 3급 한자를 모두 부수순으로 배열했습니다. 빈칸에 訓音을 쓰세요.

1

丑( )	且( )	丸( )	乃( )
乎( )	也( )	乞( )	了( )
予( )	于( )	云( )	互( )
亥( )	亨( )	享( )	伸( )
似( )	佐( )	余( )	伴( )
侮( )	侯( )	俊( )	倣( )
俱( )	傍( )	傲( )	僅( )
僚( )	兮( )	冒( )	冥( )
凝( )	劣( )		

2

募( )	匹( )	卜( )	卯( )
却( )	卿( )	厄( )	厥( )
又( )	叛( )	只( )	叫( )
召( )	吾( )	吟( )	哉( )
咸( )	唯( )	鳴( )	嘗( )
囚( )	坤( )	埋( )	堤( )
塗( )	塊( )	墳( )	墮( )
墻( )	夷( )	奈( )	奚( )
妥( )	妾( )		

부수순

3급 한자 모두에 대한 부수순 익히기가 계속됩니다. 빈칸에 訓音을 쓰세요.

3

姪(　　　) 姻(　　　) 姦(　　　) 娛(　　　)
嫌(　　　) 孰(　　　) 宜(　　　) 宰(　　　)
寅(　　　) 尋(　　　) 尖(　　　) 尤(　　　)
屛(　　　) 屢(　　　) 岳(　　　) 崩(　　　)
巳(　　　) 巷(　　　) 屯(　　　) 幅(　　　)
幣(　　　) 幾(　　　) 庚(　　　) 庸(　　　)
庶(　　　) 廉(　　　) 廟(　　　) 弔(　　　)
弘(　　　) 循(　　　) 忙(　　　) 忌(　　　)
忘(　　　) 怠(　　　)

☞ 정답은 124쪽에서 확인하세요.

4

恣(　　　) 惟(　　　) 惱(　　　) 愧(　　　)
愈(　　　) 慘(　　　) 慢(　　　) 慨(　　　)
憨(　　　) 憐(　　　) 憫(　　　) 懲(　　　)
懼(　　　) 戊(　　　) 戌(　　　) 托(　　　)
把(　　　) 抄(　　　) 押(　　　) 抽(　　　)
拙(　　　) 抱(　　　) 挑(　　　) 捉(　　　)
掠(　　　) 捨(　　　) 掛(　　　) 搜(　　　)
搖(　　　) 携(　　　) 播(　　　) 擁(　　　)
擴(　　　) 攝(　　　)

☞ 정답은 124쪽에서 확인하세요.

부수순 3급 한자 모두에 대한 부수순 익히기가 계속됩니다. 빈칸에 訓音을 쓰세요.

5

敍( )	敏( )	敦( )	斤( )
斥( )	斯( )	於( )	旣( )
旱( )	昔( )	昏( )	昭( )
晨( )	晴( )	暑( )	暢( )
暮( )	曉( )	曰( )	替( )
朋( )	朔( )	杯( )	析( )
枕( )	枯( )	某( )	梨( )
棄( )	楊( )	欺( )	殊( )
殉( )	毁( )		

☞ 정답은 125쪽에서 확인하세요.

6

毫( )	汝( )	汚( )	泊( )
泣( )	泳( )	涉( )	涯( )
添( )	淚( )	渴( )	漫( )
滴( )	漂( )	濁( )	濯( )
濫( )	焉( )	煩( )	燭( )
燥( )	爵( )	牽( )	狗( )
獵( )	玆( )	畏( )	畓( )
癸( )	皆( )	眉( )	睡( )
矢( )	矣( )		

☞ 정답은 125쪽에서 확인하세요.

부수순 3급 한자 모두에 대한 부수순 익히기가 계속됩니다. 빈칸에 **訓音**을 쓰세요.

7

矯(	)	祥(	)	禾(	)	秒(	)
稻(	)	穫(	)	竊(	)	竝(	)
竟(	)	篤(	)	粟(	)	糾(	)
絃(	)	絹(	)	緯(	)	縣(	)
繫(	)	罔(	)	罷(	)	翁(	)
而(	)	耶(	)	聘(	)	聰(	)
肩(	)	肯(	)	脣(	)	腰(	)
臥(	)	臭(	)	舟(	)	苗(	)
苟(	)	茫(	)				

8

蔬(	)	蔽(	)	薦(	)	蜂(	)
蜜(	)	蝶(	)	螢(	)	訂(	)
詠(	)	詐(	)	該(	)	誓(	)
誦(	)	誕(	)	誰(	)	諒(	)
謁(	)	謹(	)	豈(	)	豚(	)
貝(	)	貪(	)	販(	)	賓(	)
賜(	)	贈(	)	赴(	)	跳(	)
躍(	)	軌(	)	軒(	)	輝(	)
輿(	)	辛(	)				

부수순 3급 한자 모두에 대한 부수순 익히기가 계속됩니다. 빈칸에 訓音을 쓰세요.

9

辨( )	返( )	迷( )	逝( )
逐( )	逮( )	遂( )	遍( )
違( )	遞( )	遣( )	遙( )
遵( )	遲( )	邦( )	那( )
郊( )	郭( )	鄰( )	酉( )
酌( )	醜( )	鈍( )	銳( )
閏( )	閱( )	隷( )	雁( )
雖( )	零( )	霧( )	須( )
頗( )	頻( )		

10

顧( )	飜( )	飢( )	飽( )
餓( )	騰( )	騷( )	驅( )
鴻( )	鹿( )	龜( )	

가나다순 앞에서 익힌 3급 한자를 모두 가나다순으로 배열했습니다. 빈칸에 訓音을 쓰세요.

1

却( )	姦( )	渴( )	皆( )
慨( )	乞( )	絹( )	牽( )
肩( )	遣( )	卿( )	庚( )
竟( )	癸( )	繫( )	枯( )
顧( )	坤( )	郭( )	掛( )
愧( )	塊( )	矯( )	郊( )
狗( )	驅( )	懼( )	俱( )
苟( )	厥( )	軌( )	龜( )
叫( )	糾( )		

2

謹( )	斤( )	僅( )	肯( )
飢( )	豈( )	忌( )	幾( )
旣( )	棄( )	欺( )	那( )
乃( )	奈( )	惱( )	畓( )
稻( )	挑( )	跳( )	塗( )
篤( )	敦( )	豚( )	屯( )
鈍( )	騰( )	濫( )	掠( )
諒( )	憐( )	劣( )	廉( )
獵( )	零( )		

가나다순 3급 한자 모두에 대한 가나다순 익히기가 계속됩니다. 빈칸에 **訓音**을 쓰세요.

3

隷( )	鹿( )	僚( )	了( )
淚( )	屢( )	梨( )	鄰( )
漫( )	慢( )	忘( )	茫( )
忙( )	罔( )	埋( )	冥( )
侮( )	冒( )	某( )	暮( )
慕( )	苗( )	廟( )	卯( )
戊( )	霧( )	眉( )	迷( )
憫( )	敏( )	蜜( )	泊( )
叛( )	伴( )		

☞ 정답은 129쪽에서 확인하세요.

4

返( )	傍( )	邦( )	倣( )
杯( )	飜( )	煩( )	辨( )
竝( )	屛( )	卜( )	蜂( )
赴( )	墳( )	朋( )	崩( )
頻( )	賓( )	聘( )	詐( )
斯( )	賜( )	似( )	巳( )
捨( )	朔( )	嘗( )	祥( )
庶( )	敍( )	暑( )	逝( )
誓( )	析( )		

☞ 정답은 129쪽에서 확인하세요.

가나다순
3급 한자 모두에 대한 가나다순 익히기가 계속됩니다. 빈칸에 訓音을 쓰세요.

5

昔(　　)　攝(　　)　涉(　　)　蔬(　　)
騷(　　)　召(　　)　昭(　　)　粟(　　)
誦(　　)　須(　　)　雖(　　)　睡(　　)
搜(　　)　遂(　　)　誰(　　)　囚(　　)
孰(　　)　殉(　　)　脣(　　)　循(　　)
戌(　　)　矢(　　)　辛(　　)　晨(　　)
伸(　　)　尋(　　)　餓(　　)　岳(　　)
雁(　　)　謁(　　)　押(　　)　殃(　　)
涯(　　)　厄(　　)

☞ 정답은 130쪽에서 확인하세요.

6

也(　　)　耶(　　)　躍(　　)　楊(　　)
於(　　)　焉(　　)　予(　　)　余(　　)
汝(　　)　輿(　　)　閱(　　)　詠(　　)
泳(　　)　銳(　　)　嗚(　　)　吾(　　)
傲(　　)　娛(　　)　汚(　　)　擁(　　)
翁(　　)　臥(　　)　曰(　　)　畏(　　)
遙(　　)　腰(　　)　搖(　　)　庸(　　)
于(　　)　又(　　)　尤(　　)　云(　　)
緯(　　)　違(　　)

☞ 정답은 130쪽에서 확인하세요.

가나다순 3급 한자 모두에 대한 가나다순 익히기가 계속됩니다. 빈칸에 訓音을 쓰세요.

7

酉( )	惟( )	愈( )	唯( )
閏( )	吟( )	泣( )	凝( )
矣( )	宜( )	夷( )	而( )
寅( )	姻( )	茲( )	恣( )
爵( )	酌( )	墻( )	宰( )
哉( )	滴( )	竊( )	蝶( )
訂( )	堤( )	弔( )	燥( )
拙( )	佐( )	舟( )	俊( )
遵( )	贈( )		

☞ 정답은 131쪽에서 확인하세요.

8

只( )	遲( )	姪( )	懲( )
且( )	捉( )	慙( )	慘( )
暢( )	斥( )	薦( )	尖( )
添( )	妾( )	晴( )	逮( )
替( )	遞( )	秒( )	抄( )
燭( )	聰( )	醜( )	抽( )
逐( )	丑( )	臭( )	枕( )
妥( )	墮( )	濁( )	濯( )
托( )	誕( )		

☞ 정답은 131쪽에서 확인하세요.

가나다순
3급 한자 모두에 대한 가나다순 익히기가 계속됩니다. 빈칸에 訓音을 쓰세요.

9

貪(　　)　怠(　　)　罷(　　)　頗(　　)
把(　　)　播(　　)　販(　　)　貝(　　)
遍(　　)　蔽(　　)　幣(　　)　抱(　　)
飽(　　)　幅(　　)　漂(　　)　匹(　　)
旱(　　)　咸(　　)　巷(　　)　該(　　)
奚(　　)　亥(　　)　享(　　)　軒(　　)
縣(　　)　絃(　　)　嫌(　　)　亨(　　)
螢(　　)　兮(　　)　互(　　)　毫(　　)
乎(　　)　昏(　　)

☞ 정답은 132쪽에서 확인하세요.

10

鴻(　　)　弘(　　)　禾(　　)　穫(　　)
擴(　　)　丸(　　)　曉(　　)　侯(　　)
毁(　　)　輝(　　)　携(　　)

☞ 정답은 132쪽에서 확인하세요.

 앞에서 익힌 3급 한자를 모두 순서 없이 배열했습니다. 빈칸에 **訓音**을 쓰세요.

1

旣( )　挑( )　竝( )　聘( )
析( )　誦( )　丑( )　隷( )
廟( )　欺( )　宜( )　軒( )
卜( )　幣( )　蜜( )　滴( )
戌( )　諒( )　亨( )　晨( )
托( )　竊( )　騰( )　詐( )
奈( )　淚( )　蔽( )　騷( )
鴻( )　迷( )　屢( )　幅( )
鹿( )　苗( )

4

崩( )　雁( )　乎( )　凝( )
僅( )　巷( )　庚( )　暮( )
尖( )　遞( )　兮( )　繫( )
跳( )　循( )　懲( )　又( )
販( )　漂( )　毫( )　餓( )
殊( )　侯( )　輝( )　斥( )
罷( )　曰( )　搖( )　肯( )
汝( )　乃( )　躍( )　唯( )
枯( )　爵( )

무순

3급 한자 모두에 대한 무순 익히기가 계속됩니다. 빈칸에 **訓音**을 쓰세요.

3

且( )	余( )	皆( )	牽( )
棄( )	暑( )	雖( )	慘( )
堤( )	枕( )	俱( )	軌( )
添( )	頻( )	昭( )	昔( )
閱( )	囚( )	燥( )	姻( )
捉( )	押( )	而( )	擴( )
弘( )	廉( )	返( )	孰( )
曉( )	郊( )	醜( )	臭( )
臥( )	忌( )		

☞ 정답은 134쪽에서 확인하세요.

4

豈( )	掠( )	憫( )	赴( )
捨( )	涉( )	翁( )	濯( )
匹( )	姦( )	劣( )	蔬( )
妄( )	把( )	糾( )	嫌( )
慕( )	乞( )	尋( )	鳴( )
泣( )	斤( )	霧( )	須( )
頗( )	燭( )	郭( )	賜( )
某( )	伴( )	也( )	梨( )
岳( )	叛( )		

☞ 정답은 134쪽에서 확인하세요.

3급 한자 모두에 대한 무순 익히기가 계속됩니다. 빈칸에 訓音을 쓰세요.

3

粟( )	絃( )	恣( )	厄( )
抱( )	愧( )	濫( )	嘗( )
飢( )	蜂( )	宰( )	晴( )
絹( )	巳( )	予( )	携( )
吟( )	哉( )	暢( )	夷( )
僚( )	誓( )	佐( )	舟( )
埋( )	懼( )	倣( )	只( )
忘( )	秒( )	庸( )	敏( )
尤( )	戌( )		

4

螢( )	毁( )	篤( )	屯( )
塗( )	辨( )	祥( )	庶( )
竟( )	違( )	憨( )	俊( )
濁( )	贈( )	攝( )	涯( )
傲( )	縣( )	顧( )	飜( )
昏( )	岡( )	污( )	却( )
朋( )	斯( )	耶( )	擁( )
抄( )	抽( )	銳( )	閏( )
奚( )	詠( )		

무순

3급 한자 모두에 대한 무순 익히기가 계속됩니다. 빈칸에 訓音을 쓰세요.

3

寅( )	遣( )	鈍( )	鄰( )
逝( )	酌( )	憐( )	叫( )
漫( )	惟( )	穫( )	享( )
了( )	泊( )	訂( )	謁( )
逮( )	茫( )	墮( )	渴( )
辛( )	輿( )	厥( )	旱( )
癸( )	冥( )	稻( )	楊( )
娛( )	掛( )	腰( )	遍( )
肩( )	忙( )		

☞ 정답은 136쪽에서 확인하세요.

4

泳( )	緯( )	愈( )	薦( )
賓( )	那( )	惱( )	侮( )
睡( )	畏( )	遲( )	飽( )
該( )	苟( )	遵( )	遂( )
慨( )	坤( )	冒( )	傍( )
召( )	墳( )	逐( )	云( )
誕( )	矢( )	墻( )	獵( )
龜( )	於( )	咸( )	遙( )
狗( )	搜( )		

☞ 정답은 136쪽에서 확인하세요.

3급 한자 모두에 대한 무순 익히기가 계속됩니다. 빈칸에 訓音을 쓰세요.

3

邦( )	朔( )	吾( )	于( )
卿( )	豚( )	互( )	貪( )
替( )	幾( )	慢( )	謹( )
屛( )	播( )	禾( )	誰( )
焉( )	亥( )	酉( )	矣( )
拙( )	殉( )	杯( )	玆( )
眉( )	敍( )	丸( )	畓( )
聰( )	貝( )	脣( )	塊( )
零( )	煩( )		

4

似( )	敦( )	伸( )	怠( )
矯( )	弔( )	蝶( )	妥( )
姪( )	驅( )	卯( )	

2단계
한자 쓰기

[학습 ^포인트]

⊙ 제시된 쓰기 순서대로 쓰세요. 쓰기가 쉽고 모양이 좋습니다.
⊙ 부수를 항상 분리하고, 부수의 뜻을 생각하세요. 해당 한자의 뜻을 연상할 수 있습니다.
⊙ 부수를 제외한 나머지에서 음을 찾으세요. 한자가 복잡할수록 대부분 그 글자 안에 음이 있습니다.
⊙ 용례를 함께 익히면 학습 효과가 빠릅니다.

한자	필순								예시
丑 (소 축)	了丑丑丑								丑時(축시)
且 (또 차)	丨冂日且且								且:置(차치) 況:且(황차) 重:且大(중차대)
丸 (둥글 환)	丿九丸								丸藥(환약) 彈:丸(탄환) 砲:丸(포환) 淸心丸(청심환)
乃 (이에 내)	乃乃								乃:至(내지)
乎 (어조사 호)	一丷㇒乎乎								斷乎(단호) 於是乎(어시호)
也 (어조사 야)	乜也也								及其也(급기야) 獨也靑靑(독야청청)
乞 (빌 걸)	丿乂乞								乞客(걸객) 乞食(걸식) 乞人(걸인) 求乞(구걸) 乞人憐天(걸인연천)
了 (마칠 료)	了了								了解(요해) 滿了(만료) 修了(수료) 完了(완료) 終了(종료)
予 (나 여)	乛乛㇉予								用例 없음
于 (어조사 우)	一二于								于今(우금) 于先(우선)

한자	훈음	획순								용례
云	이를 운	一 二 テ 云								云云(운운)
互	서로 호	一 エ 互 互								互選(호선)　互用(호용) 互惠(호혜)　互換(호환) 相互(상호)
亥	돼지 해	、 一 亠 亥 亥								亥時(해시)
亨	형통할 형	、 一 亠 宁 亨 亨								亨通(형통) 萬事亨通(만사형통)
享	누릴 향	、 一 亠 宁 享 享								享年(향년)　享樂(향락) 享壽(향수)　享有(향유) 配享(배향)　祭享(제향)
伸	펼 신	亻 仍 伊 伊 伸								伸張(신장)　伸縮(신축) 屈伸(굴신)　追伸(추신)
似	닮을 사	亻 化 似 似 似								近似(근사)　相似(상사) 類似(유사) 似而非(사이비) 近似値(근사치) 非夢似夢(비몽사몽)
佐	도울 좌	亻 仁 仕 佐 佐								補佐(보좌)
余	나 여	人 ㅅ 今 今 全 余								用例 없음
伴	짝 반	亻 亻 亻 伴 伴								同伴(동반)　伴侶者(반려자) 隨伴(수반)　伴送使(반송사) 伴食大臣(반식대신)

侮 업신여길 모	亻仁佞侮侮							侮:蔑(모멸)　侮:辱(모욕) 受侮(수모)
侯 제후 후	亻亻仁伊侯							諸侯(제후)
俊 준걸 준	亻亻仸俊俊							俊:傑(준걸)　俊:秀(준수) 俊:才(준재)　英俊(영준)
倣 본뜰 방	亻亻仿价倣							模倣(모방)
俱 함께 구	亻亻们俱俱							俱存(구존)
傍 곁 방	亻亻仵倅傍							傍系(방계)　傍觀(방관) 傍助(방조)　傍祖(방조) 傍證(방증)　傍聽(방청) 傍若無人(방약무인)
傲 거만할 오	亻亻伶傲傲							傲:氣(오기)　傲:慢(오만) 傲:霜孤節(오상고절)
僅 겨우 근	亻世借僅僅							僅:僅(근근) 僅:少(근소)
僚 동료 료	亻伏佟僚僚							閣僚(각료)　官僚(관료) 同僚(동료)
兮 어조사 혜	丿八公兮							用例 없음

冒 무릅쓸 모	冂冃冃冒冒冒							冒頭(모두) 冒險(모험)
冥 어두울 명	冖宀宁冝冥冥							冥福(명복) 冥想(명상)
凝 엉길 응	冫冫冫冼冼凝凝							凝:結(응결) 凝:固(응고) 凝:視(응시) 凝:集(응집) 凝:縮(응축)
劣 못할 렬	丨小少尖劣							劣等(열등) 劣勢(열세) 劣惡(열악) 優劣(우열) 拙劣(졸렬) 劣等感(열등감)
募 모을 모	艹艹莫募							募金(모금) 募集(모집) 公募(공모) 應:募(응모)
匹 짝 필	一丆兀匹							匹敵(필적) 馬:匹(마필) 配:匹(배필) 匹馬單騎(필마단기) 匹夫匹婦(필부필부)
卜 점 복	丨卜							卜居(복거) 卜術(복술) 卜債(복채)
卯 토끼 묘	丨匚印卯卯							卯:時(묘시)
却 물리칠 각	十土去去却却							却說(각설) 忘却(망각) 賣:却(매각) 退:却(퇴각)
卿 벼슬 경	匚匚卯卯卵卿							卿大夫(경대부) 公卿大夫(공경대부)

부수순

앞에서 익힌 40자를 부수순으로 배열했습니다. 빈칸에 漢字를 쓰세요.

1

소 축( )	또 차( )	둥글 환( )	이에 내( )
어조사 호( )	어조사 야( )	빌 걸( )	마칠 료( )
나 여( )	어조사 우( )	이를 운( )	서로 호( )
돼지 해( )	형통할 형( )	누릴 향( )	펼 신( )
닮을 사( )	도울 좌( )	나 여( )	짝 반( )

2

업신여길 모( )	제후 후( )	준걸 준( )	본뜰 방( )
함께 구( )	곁 방( )	거만할 오( )	겨우 근( )
동료 료( )	어조사 혜( )	무릅쓸 모( )	어두울 명( )
엉길 응( )	못할 렬( )	모을 모( )	짝 필( )
점 복( )	토끼 묘( )	물리칠 각( )	벼슬 경( )

☞ 정답은 13쪽에서 확인하세요.

가나다순

앞에서 익힌 40자를 가나다순으로 배열했습니다. 빈칸에 漢字를 쓰세요.

1

물리칠 각( )	빌 걸( )	벼슬 경( )	함께 구( )
겨우 근( )	이에 내( )	못할 렬( )	동료 료( )
마칠 료( )	어두울 명( )	업신여길 모( )	모을 모( )
무릅쓸 모( )	토끼 묘( )	짝 반( )	곁 방( )
본뜰 방( )	점 복( )	닮을 사( )	펼 신( )

2

어조사 **야**( )	나 **여**( )	나 **여**( )	거만할 **오**( )
어조사 **우**( )	이를 **운**( )	엉길 **응**( )	도울 **좌**( )
준걸 **준**( )	또 **차**( )	소 **축**( )	짝 **필**( )
돼지 **해**( )	누릴 **향**( )	형통할 **형**( )	어조사 **혜**( )
서로 **호**( )	어조사 **호**( )	둥글 **환**( )	제후 **후**( )

☞ 정답은 14쪽에서 확인하세요.

써보세요

무 순 앞에서 익힌 40자를 순서 없이 배열했습니다. 빈칸에 漢字를 쓰세요.

1

소 **축**( )	점 **복**( )	형통할 **형**( )	어조사 **호**( )
엉길 **응**( )	겨우 **근**( )	어조사 **혜**( )	제후 **후**( )
이에 **내**( )	또 **차**( )	나 **여**( )	함께 **구**( )
짝 **필**( )	못할 **렬**( )	모을 **모**( )	빌 **걸**( )
짝 **반**( )	어조사 **야**( )	나 **여**( )	동료 **료**( )

2

도울 **좌**( )	본뜰 **방**( )	준걸 **준**( )	거만할 **오**( )
물리칠 **각**( )	누릴 **향**( )	마칠 **료**( )	어두울 **명**( )
업신여길 **모**( )	무릅쓸 **모**( )	곁 **방**( )	이를 **운**( )
어조사 **우**( )	벼슬 **경**( )	서로 **호**( )	돼지 **해**( )
둥글 **환**( )	닮을 **사**( )	펼 **신**( )	토끼 **묘**( )

☞ 정답은 14쪽에서 확인하세요.

한자	음훈	필순								용례
厄	액 액	一厂厄厄								厄運(액운) 厄禍(액화) 災厄(재액) 橫厄(횡액)
厥	그 궐	厂厂厂厥厥								厥者(궐자)
又	또 우	フ又								用例 없음
叛	배반할 반	丷业半叛叛								叛:起(반기) 叛:徒(반도) 叛:亂(반란) 叛:逆(반역) 謀叛(모반) 背:叛(배반)
只	다만 지	丶口口尸只								但:只(단지)
叫	부르짖을 규	丨口口叫叫								絶叫(절규)
召	부를 소	フ刀尺召召								召集(소집) 遠:禍召福(원화소복)
吾	나 오	一厂丆五吾								吾等(오등) 吾鼻三尺(오비삼척)
吟	읊을 음	口叭吟吟吟								吟味(음미) 吟詠(음영) 吟風弄月(음풍농월)
哉	어조사 재	十土吉吉哉哉								哀:哉(애재) 快哉(쾌재)

한자	필순							용례
咸 다 함	厂厂戶咸咸							咸池(함지) 咸興差使(함흥차사)
唯 오직 유	口旷咩咩唯							唯物論(유물론) 唯心論(유심론) 唯一神(유일신) 唯物史觀(유물사관) 唯一無二(유일무이)
嗚 슬플 오	口叮吀嗚嗚							嗚呼(오호)
嘗 맛볼 상	尚尚當嘗嘗							未:嘗不(미상불)
囚 가둘 수	丨冂冈囚囚							囚衣(수의) 囚人(수인) 罪:囚(죄수)
坤 땅 곤	土圤坤坤坤							坤殿(곤전) 乾坤一色(건곤일색)
埋 묻을 매	土圹坦押埋							埋立(매립) 埋沒(매몰) 埋藏(매장) 暗:埋葬(암매장)
堤 둑 제	土圩坦坦堤							堤防(제방) 防波堤(방파제)
塗 칠할 도	氵汄汵涂塗							塗料(도료) 塗色(도색) 塗炭(도탄) 道聽塗說(도청도설)
塊 흙덩이 괴	土圹圳坤塊							塊根(괴근) 塊鐵(괴철) 塊炭(괴탄) 金塊(금괴)

한자	획순								용례
墳 무덤 분	土 扩 坩 增 墳								墳墓(분묘) 古:墳(고분) 封墳(봉분)
墮 떨어질 타	阝 阼 陏 隋 墮								墮:落(타락)
墻 담 장	土 扩 坩 墙 墻								用例 없음
夷 오랑캐 이	一 丆 三 声 夷								東夷(동이)
奈 어찌 내	一 大 仒 卒 奈								奈落(나락)
奚 어찌 해	一 爫 㤅 奚 奚								奚琴(해금)
妥 온당할 타	一 爫 豕 妥 妥								妥:結(타결) 妥:當(타당) 妥:協(타협)
妾 첩 첩	一 亠 立 辛 妾 妾								臣妾(신첩) 妻妾(처첩) 小:妾(소첩)
姪 조카 질	女 女 奸 姪 姪								姪女(질녀) 姪婦(질부) 叔姪(숙질)
姻 혼인 인	女 奵 姁 姻 姻								姻戚(인척) 婚姻(혼인)

漢字	筆順							用例
姦 간음할 간	ㄑ ㄠ 女 女 女 姦 姦							姦臣(간신) 姦凶(간흉)
娛 즐길 오	女 奵 奵 妈 娛 娛							娛樂(오락)
嫌 싫어할 혐	女 妒 娷 娷 嫌 嫌							嫌厭(혐염)　嫌惡(혐오) 嫌畏(혐외)　嫌疑(혐의)
孰 누구 숙	亠 言 享 享 孰 孰							孰是孰非(숙시숙비)
宜 마땅 의	丶 宀 宀 宜 宜 宜							宜當(의당)　便宜(편의) 時宜適切(시의적절)
宰 재상 재	丶 宀 宀 宰 宰 宰							宰相(재상) 主宰(주재)
寅 범 인	丶 宀 宀 宙 富 寅							寅時(인시)
尋 찾을 심	一 ㄱ ㅋ 뤀 킄 尋							尋訪(심방) 尋常(심상)
尖 뾰족할 첨	丿 小 小 尖 尖							尖端(첨단)　尖兵(첨병) 尖銳(첨예)　尖塔(첨탑)
尤 더욱 우	一 ナ 九 尤							尤甚(우심)

부수순 — 앞에서 익힌 40자를 부수순으로 배열했습니다. 빈칸에 漢字를 쓰세요.

1

액 **액**( )	그 **궐**( )	또 **우**( )	배반할 **반**( )
다만 **지**( )	부르짖을 **규**( )	부를 **소**( )	나 **오**( )
읊을 **음**( )	어조사 **재**( )	다 **함**( )	오직 **유**( )
슬플 **오**( )	맛볼 **상**( )	가둘 **수**( )	땅 **곤**( )
묻을 **매**( )	둑 **제**( )	칠할 **도**( )	흙덩이 **괴**( )

2

무덤 **분**( )	떨어질 **타**( )	담 **장**( )	오랑캐 **이**( )
어찌 **내**( )	어찌 **해**( )	온당할 **타**( )	첩 **첩**( )
조카 **질**( )	혼인 **인**( )	간음할 **간**( )	즐길 **오**( )
싫어할 **혐**( )	누구 **숙**( )	마땅 **의**( )	재상 **재**( )
범 **인**( )	찾을 **심**( )	뾰족할 **첨**( )	더욱 **우**( )

☞ 정답은 19쪽에서 확인하세요.

가나다순 — 앞에서 익힌 40자를 가나다순으로 배열했습니다. 빈칸에 漢字를 쓰세요.

1

간음할 **간**( )	땅 **곤**( )	흙덩이 **괴**( )	그 **궐**( )
부르짖을 **규**( )	어찌 **내**( )	칠할 **도**( )	묻을 **매**( )
배반할 **반**( )	무덤 **분**( )	맛볼 **상**( )	부를 **소**( )
가둘 **수**( )	누구 **숙**( )	찾을 **심**( )	액 **액**( )
즐길 **오**( )	나 **오**( )	슬플 **오**( )	더욱 **우**( )

2

또	**우**( )	오직	**유**( )	읊을	**음**( )	마땅	**의**( )
오랑캐	**이**( )	범	**인**( )	혼인	**인**( )	담	**장**( )
어조사	**재**( )	재상	**재**( )	둑	**제**( )	다만	**지**( )
조카	**질**( )	뾰족할	**첨**( )	첩	**첩**( )	떨어질	**타**( )
온당할	**타**( )	다	**함**( )	어찌	**해**( )	싫어할	**혐**( )

☞ 정답은 20쪽에서 확인하세요.

무 순 앞에서 익힌 40자를 순서 없이 배열했습니다. 빈칸에 **漢字**를 쓰세요.

1

액	**액**( )	범	**인**( )	맛볼	**상**( )	다만	**지**( )
싫어할	**혐**( )	첩	**첩**( )	혼인	**인**( )	떨어질	**타**( )
배반할	**반**( )	그	**궐**( )	칠할	**도**( )	어찌	**내**( )
재상	**재**( )	누구	**숙**( )	마땅	**의**( )	부를	**소**( )
흙덩이	**괴**( )	부르짖을	**규**( )	읊을	**음**( )	둑	**제**( )

2

조카	**질**( )	오랑캐	**이**( )	담	**장**( )	온당할	**타**( )
뾰족할	**첨**( )	가둘	**수**( )	나	**오**( )	즐길	**오**( )
무덤	**분**( )	간음할	**간**( )	어찌	**해**( )	다	**함**( )
어조사	**재**( )	더욱	**우**( )	오직	**유**( )	슬플	**오**( )
또	**우**( )	묻을	**매**( )	땅	**곤**( )	찾을	**심**( )

☞ 정답은 20쪽에서 확인하세요.

한자	획순								용례
屛 병풍 병	그 尸 尸 尸 居 居 屛								屛風(병풍)
屢 여러 루	尸 尸 尸 居 屠 屢 屢								屢:年(누년) 屢:代(누대) 屢:次(누차)
岳 큰산 악	一 丆 丘 丘 岳 岳 ' 山								山岳(산악) 冠岳山(관악산)
崩 무너질 붕	山 屵 屵 崩 崩								崩壞(붕괴) 崩御(붕어)
巳 뱀 사	乛 コ 巳								巳:時(사시)
巷 거리 항	一 艹 丑 共 共 巷								巷:間(항간) 巷:說(항설) 街:談巷說(가담항설)
屯 진칠 둔	一 匚 屯 屯								屯兵(둔병) 屯營(둔영) 駐:屯(주둔)
幅 폭 폭	冂 巾 巾 帼 幅 幅								大:幅(대폭) 路:幅(노폭) 步:幅(보폭) 增幅(증폭)
幣 화폐 폐	冫 尚 尚 敝 幣 幣								幣:物(폐물) 幣:帛(폐백) 紙幣(지폐) 貨:幣(화폐)
幾 몇 기	幺 丝 丝 丝 丝 丝 幾 幾								幾微(기미) 幾何級數(기하급수)

한자	훈음	필순							용례
庚	별 경	丶一广户庚庚							庚方(경방)
庸	떳떳할 용	广户户肩肩庸							庸劣(용렬)　庸才(용재) 中庸(중용)
庶	여러 서	丶广户庁庶							庶:務(서무)　庶:民(서민) 庶:人(서인)
廉	청렴할 렴	广户序庾廉廉							廉價(염가)　廉恥(염치) 廉探(염탐)　淸廉(청렴) 低:廉(저렴)
廟	사당 묘	广广庐庙廟							廟:堂(묘당) 宗廟(종묘)
弔	조상할 조	丨㇇弓弔							弔:旗(조기)　弔:喪(조상) 弔:意(조의)　弔:鐘(조종) 弔:問客(조문객) 弔:慰金(조위금)
弘	클 홍	丨㇇弓弘弘							弘道(홍도) 弘益人間(홍익인간)
循	돌 순	彳行㣧循循							循次(순차)　循行(순행) 循環(순환)
忙	바쁠 망	丶丶忄忙忙							忙中閑(망중한) 公私多忙(공사다망)
忌	꺼릴 기	丨㇇己忌忌							忌日(기일)　忌中(기중) 忌避(기피)　禁:忌(금기)

한자	필순								용례
忘 (잊을 망)	、亠亡产忘忘								忘却(망각) 健:忘症(건망증) 備:忘錄(비망록) 背:恩忘德(배은망덕)
怠 (게으를 태)	厶台台怠怠								怠慢(태만)　怠業(태업) 過:怠料(과태료)
恣 (방자할 자)	、冫次次恣恣								恣:行(자행)　放:恣(방자) 恣:意的(자의적)
惟 (생각할 유)	忄忄忄忄惟惟								惟獨(유독) 思惟(사유)
惱 (번뇌할 뇌)	忄忄忄忄惱惱惱								苦惱(고뇌)
愧 (부끄러울 괴)	忄忄忄忄愧愧愧								愧:色(괴색) 自愧之心(자괴지심)
愈 (나을 유)	人人合俞愈愈								用例 없음
慘 (참혹할 참)	忄忄忄忄忄慘慘								慘劇(참극)　慘變(참변) 慘事(참사)　慘狀(참상) 慘敗(참패)　慘禍(참화) 無慘(무참)　悲:慘(비참)
慢 (거만할 만)	忄忄忄忄侶慢慢								驕慢(교만) 自慢(자만)
慨 (슬퍼할 개)	忄忄忄忄慨慨慨								慨:歎(개탄)　憤:慨(분개) 感:慨無量(감개무량)

2단계 · 한자 쓰기

한자	필순							용례
慙 부끄러울 참	亠車斬斬慙							慙愧(참괴)
憐 불쌍히여길 련	忄忄怜怜憐憐							憐憫(연민)　哀:憐(애련) 同病相憐(동병상련)
憫 민망할 민	忄忄悶悶憫憫							憫:然(민연)
懲 징계할 징	彳徎徵徵懲							懲戒(징계)　懲罰(징벌) 勸:善懲惡(권선징악)
懼 두려워할 구	忄怛悃懼懼							疑懼心(의구심)
戊 천간 무	一厂戊戊戊							用例 없음
戌 개 술	厂厂戌戌戌							戌時(술시)
托 맡길 탁	一ナ扌扞托							依:托(의탁)
把 잡을 파	ナ扌扌扣把							把握(파악) 把持(파지)
抄 뽑을 초	ナ扌扌抄抄							抄錄(초록) 抄本(초본)

부수순 — 앞에서 익힌 40자를 부수순으로 배열했습니다. 빈칸에 漢字를 쓰세요.

1

병풍 병( )	여러 루( )	큰산 악( )	무너질 붕( )
뱀 사( )	거리 항( )	진칠 둔( )	폭 폭( )
화폐 폐( )	몇 기( )	별 경( )	떳떳할 용( )
여러 서( )	청렴할 렴( )	사당 묘( )	조상할 조( )
클 홍( )	돌 순( )	바쁠 망( )	꺼릴 기( )

2

잊을 망( )	게으를 태( )	방자할 자( )	생각할 유( )
번뇌할 뇌( )	부끄러울 괴( )	나을 유( )	참혹할 참( )
거만할 만( )	슬퍼할 개( )	부끄러울 참( )	불쌍히여길 련( )
민망할 민( )	징계할 징( )	두려워할 구( )	천간 무( )
개 술( )	맡길 탁( )	잡을 파( )	뽑을 초( )

☞ 정답은 25쪽에서 확인하세요.

가나다순 — 앞에서 익힌 40자를 가나다순으로 배열했습니다. 빈칸에 漢字를 쓰세요.

1

슬퍼할 개( )	별 경( )	부끄러울 괴( )	두려워할 구( )
몇 기( )	꺼릴 기( )	번뇌할 뇌( )	진칠 둔( )
불쌍히여길 련( )	청렴할 렴( )	여러 루( )	거만할 만( )
잊을 망( )	바쁠 망( )	사당 묘( )	천간 무( )
민망할 민( )	병풍 병( )	무너질 붕( )	뱀 사( )

2

여러	서( )	돌	순( )	개	술( )	큰산	악( )
떳떳할	용( )	생각할	유( )	나을	유( )	방자할	자( )
조상할	조( )	징계할	징( )	참혹할	참( )	부끄러울	참( )
뽑을	초( )	맡길	탁( )	게으를	태( )	잡을	파( )
화폐	폐( )	폭	폭( )	거리	항( )	클	홍( )

☞ 정답은 26쪽에서 확인하세요.

무 순 앞에서 익힌 40자를 순서 없이 배열했습니다. 빈칸에 漢字를 쓰세요.

1

병풍	병( )	개	술( )	청렴할	렴( )	뱀	사( )
민망할	민( )	참혹할	참( )	슬퍼할	개( )	게으를	태( )
무너질	붕( )	여러	루( )	바쁠	망( )	번뇌할	뇌( )
천간	무( )	징계할	징( )	두려워할	구( )	진칠	둔( )
꺼릴	기( )	거리	항( )	화폐	폐( )	거만할	만( )

2

돌	순( )	생각할	유( )	방자할	자( )	나을	유( )
잡을	파( )	사당	묘( )	폭	폭( )	불쌍히여길	련( )
잊을	망( )	부끄러울	괴( )	부끄러울	참( )	별	경( )
몇	기( )	뽑을	초( )	떳떳할	용( )	여러	서( )
큰산	악( )	클	홍( )	조상할	조( )	맡길	탁( )

☞ 정답은 26쪽에서 확인하세요.

한자	획순							단어
押 누를 압	扌扌担担押							押送(압송)　押收(압수) 差押(차압)
抽 뽑을 추	扌扌抈抽抽							抽象(추상)　抽出(추출) 抽象畵(추상화)
拙 졸할 졸	扌扌抖抖拙							拙速(졸속)　拙作(졸작) 拙著(졸저)　稚拙(치졸)
抱 안을 포	扌扌扚抅抱							抱:卵(포란)　抱:負(포부) 懷抱(회포) 抱:腹絶倒(포복절도)
挑 돋울 도	扌扌扎挑挑							挑發(도발) 挑戰(도전)
捉 잡을 착	扌扌捉捉捉							捕:捉(포착)
掠 노략질할 략	扌扌扚扚掠							掠取(약취)　掠奪(약탈) 侵:掠(침략)
捨 버릴 사	扌扌拎拎捨							喜捨(희사) 捨:生取義(사생취의) 取:捨選擇(취사선택)
掛 걸 괘	扌扌挂掛掛							掛念(괘념)　掛圖(괘도) 掛意(괘의)　掛鐘(괘종)
搜 찾을 수	扌扌捋押搜							搜査(수사) 搜索(수색)

漢字	筆順							用例
搖 흔들 요	扌扌扚扚挍搖							搖動(요동)　動:搖(동요) 搖之不動(요지부동)
携 이끌 휴	扌扌扩㧦携							携帶(휴대) 提携(제휴)
播 뿌릴 파	扌扌扩採播							播種(파종)　播遷(파천) 傳播(전파)　直播(직파)
擁 낄 옹	扌扩挤挤擁							擁:立(옹립)　擁:護(옹호) 抱:擁(포옹)
擴 넓힐 확	扌扩护擴擴							擴大(확대)　擴散(확산) 擴張(확장)　擴充(확충) 擴聲器(확성기)
攝 다스릴 섭	扌扌扌揖攝							攝理(섭리)　攝生(섭생) 攝取(섭취)　包:攝(포섭)
敍 펼 서	丿千乍余斜敍							敍:景(서경)　敍:述(서술) 自敍傳(자서전) 敍:事詩(서사시)
敏 민첩할 민	𠂉每每敏							敏感(민감)　敏活(민활) 過:敏(과민)　機敏(기민) 不敏(불민)　英敏(영민)
敦 도타울 돈	亠亠享孰敦							敦篤(돈독) 敦化門(돈화문)
斤 날 근	一厂斤斤							斤兩(근량) 斤數(근수)

한자	획순								용례
斥 (물리칠 척)	一厂斥斥								斥邪(척사) 斥候(척후) 排:斥(배척)
斯 (이 사)	廿其其斯斯								斯界(사계) 斯文(사문)
於 (어조사 어)	、二方於於								於中間(어중간) 於此彼(어차피) 甚:至於(심지어)
旣 (이미 기)	白白皀皀旣								旣決(기결) 旣望(기망) 旣約(기약) 旣往(기왕) 旣存(기존) 旣婚(기혼) 旣得權(기득권)
旱 (가물 한)	口日旦旱旱								旱:災(한재) 旱:害(한해)
昔 (예 석)	一廾丗昔昔昔								昔者(석자) 今昔之感(금석지감)
昏 (어두울 혼)	一匚斤氏昏								昏迷(혼미) 昏絶(혼절) 黃昏(황혼) 昏睡狀態(혼수상태) 昏定晨省(혼정신성)
昭 (밝을 소)	日日日日昭昭								昭代(소대)
晨 (새벽 신)	口日尸尼晨								晨星(신성) 晨省(신성) 一日難再晨(일일난재신)
晴 (갤 청)	日旷旷晴晴								快晴(쾌청) 晴耕雨讀(청경우독)

暑 더울 서	日旦早昇暑暑								暴暑(폭서) 避:暑(피서)
暢 화창할 창	日申申申暢暢								暢:達(창달)　流暢(유창) 和暢(화창)
暮 저물 모	艹艹苎莫暮								暮:年(모년)　暮:春(모춘) 歲:暮(세모) 朝令暮改(조령모개) 朝三暮四(조삼모사)
曉 새벽 효	日旷旷睦睦曉								曉:星(효성)
曰 가로 왈	丨冂曰曰								曰可曰否(왈가왈부)
替 바꿀 체	二夫夫扶扶替								交替(교체)　代:替(대체) 移替(이체)
朋 벗 붕	丿刀月朋朋								朋黨(붕당)　朋友(붕우) 朋友有信(붕우유신) 朋友責善(붕우책선)
朔 초하루 삭	丷丷屰朔朔								朔望(삭망) 朔風(삭풍)
杯 잔 배	木木杯杯杯								乾杯(건배)　苦杯(고배) 祝杯(축배)
析 쪼갤 석	木木析析析								分析(분석)

부수순 — 앞에서 익힌 40자를 부수순으로 배열했습니다. 빈칸에 漢字를 쓰세요.

1

누를	압( )	뽑을	추( )	졸할	졸( )	안을	포( )
돋울	도( )	잡을	착( )	노략질할	략( )	버릴	사( )
걸	괘( )	찾을	수( )	흔들	요( )	이끌	휴( )
뿌릴	파( )	낄	옹( )	넓힐	확( )	다스릴	섭( )
펼	서( )	민첩할	민( )	도타울	돈( )	날	근( )

2

물리칠	척( )	이	사( )	어조사	어( )	이미	기( )
가물	한( )	예	석( )	어두울	혼( )	밝을	소( )
새벽	신( )	갤	청( )	더울	서( )	화창할	창( )
저물	모( )	새벽	효( )	가로	왈( )	바꿀	체( )
벗	붕( )	초하루	삭( )	잔	배( )	쪼갤	석( )

☞ 정답은 31쪽에서 확인하세요.

가나다순 — 앞에서 익힌 40자를 가나다순으로 배열했습니다. 빈칸에 漢字를 쓰세요.

1

걸	괘( )	날	근( )	이미	기( )	돋울	도( )
도타울	돈( )	노략질할	략( )	저물	모( )	민첩할	민( )
잔	배( )	벗	붕( )	버릴	사( )	이	사( )
초하루	삭( )	더울	서( )	펼	서( )	예	석( )
쪼갤	석( )	다스릴	섭( )	밝을	소( )	찾을	수( )

2

새벽 **신**( ) 누를 **압**( ) 어조사 **어**( ) 낄 **옹**( )

가로 **왈**( ) 흔들 **요**( ) 졸할 **졸**( ) 잡을 **착**( )

화창할 **창**( ) 물리칠 **척**( ) 갤 **청**( ) 바꿀 **체**( )

뽑을 **추**( ) 뿌릴 **파**( ) 안을 **포**( ) 가물 **한**( )

어두울 **혼**( ) 넓힐 **확**( ) 새벽 **효**( ) 이끌 **휴**( )

☞ 정답은 32쪽에서 확인하세요.

무 순 앞에서 익힌 40자를 순서 없이 배열했습니다. 빈칸에 漢字를 쓰세요.

1

누를 **압**( ) 벗 **붕**( ) 낄 **옹**( ) 돋울 **도**( )

저물 **모**( ) 밝을 **소**( ) 갤 **청**( ) 이 **사**( )

안을 **포**( ) 뽑을 **추**( ) 도타울 **돈**( ) 가물 **한**( )

바꿀 **체**( ) 새벽 **효**( ) 가로 **왈**( ) 노략질할 **략**( )

날 **근**( ) 잡을 **착**( ) 걸 **패**( ) 민첩할 **민**( )

2

새벽 **신**( ) 이미 **기**( ) 어조사 **어**( ) 어두울 **혼**( )

잔 **배**( ) 넓힐 **확**( ) 버릴 **사**( ) 화창할 **창**( )

물리칠 **척**( ) 더울 **서**( ) 예 **석**( ) 흔들 **요**( )

찾을 **수**( ) 쪼갤 **석**( ) 이끌 **휴**( ) 뿌릴 **파**( )

졸할 **졸**( ) 펼 **서**( ) 다스릴 **섭**( ) 초하루 **삭**( )

☞ 정답은 32쪽에서 확인하세요.

한자	획순								용례
枕 (베개 침)	木 木 杧 材 枕 枕								枕木(침목)　木枕(목침) 高枕短命(고침단명)
枯 (마를 고)	木 木 杧 枯 枯 枯								枯渴(고갈)　枯死(고사) 枯木生花(고목생화) 榮枯盛衰(영고성쇠)
某 (아무 모)	一 卄 甘 甘 苷 某 某								某氏(모씨)　某種(모종) 某處(모처)
梨 (배 리)	丿 千 禾 利 利 梨 梨								梨花(이화) 烏飛梨落(오비이락)
棄 (버릴 기)	亠 亠 亠 产 杏 棄								棄却(기각)　棄權(기권) 放棄(방기)　投棄(투기) 破棄(파기)　廢棄(폐기) 自暴自棄(자포자기)
楊 (버들 양)	木 木 杤 杨 楊 楊								楊柳(양류)
欺 (속일 기)	卄 甘 其 其 欺 欺								欺罔(기망) 欺世盜名(기세도명)
殃 (재앙 앙)	一 歹 歹 殃 殃 殃								殃禍(앙화)　災殃(재앙) 殃及池魚(앙급지어)
殉 (따라죽을 순)	一 歹 歹 殉 殉 殉								殉敎(순교)　殉國(순국) 殉葬(순장)　殉職(순직) 殉國先烈(순국선열)
毀 (헐 훼)	亠 白 皀 皇 毀								毀損(훼손) 毀節(훼절)

2단계・한자 쓰기　99

한자	필순							용례
毫 가는털 호	亠士亭亳毫							毫末(호말)　毫髮(호발) 秋毫(추호)　揮毫(휘호)
汝 너 여	氵汝汝							汝:矣島(여의도)
汚 더러울 오	氵汁汗汚							汚:名(오명)　汚:物(오물) 汚:水(오수)　汚:辱(오욕) 汚:點(오점) 貪官汚吏(탐관오리)
泊 머무를 박	氵泊泊							淡泊(담박) 宿泊(숙박)
泣 울 읍	氵泣泣							泣訴(읍소)　泣血(읍혈) 感:泣(감읍)
泳 헤엄칠 영	氵泳泳							水泳(수영)　背:泳(배영) 遊泳(유영)　平泳(평영) 混:泳(혼영)
涉 건널 섭	氵汢洪涉							涉外(섭외)　干涉(간섭) 交涉(교섭)
涯 물가 애	氵沪沪涯							生涯(생애) 天涯(천애)
添 더할 첨	氵沃添添							添加(첨가)　添杯(첨배) 添附(첨부)　添削(첨삭) 別添(별첨) 錦上添花(금상첨화)
淚 눈물 루	氵沪沪淚淚							感:淚(감루) 落淚(낙루)

漢字	筆順							用例
渴 (목마를 갈)	氵汀渴渴渴							渴望(갈망)　渴水(갈수) 渴症(갈증)　解:渴(해갈)
漫 (흩어질 만)	氵汩漫漫漫							漫:評(만평)　浪:漫(낭만) 散:漫(산만)
滴 (물방울 적)	氵汁浐滴滴							用例 없음
漂 (떠다닐 표)	氵氵漂漂漂							漂流(표류)　漂泊(표박) 漂白(표백)
濁 (흐릴 탁)	氵氵濁濁濁							濁流(탁류)　濁水(탁수) 濁音(탁음)　淸濁(청탁) 混:濁(혼탁) 上:濁下不淨(상탁하부정)
濯 (씻을 탁)	氵氵濯濯濯							濯足(탁족) 洗:濯(세탁)
濫 (넘칠 람)	氵氵泙濫濫							濫:讀(남독)　濫:發(남발) 濫:用(남용)　濫:獲(남획)
焉 (어찌 언)	下正正焉焉							於焉間(어언간) 終焉(종언) 焉敢生心(언감생심)
煩 (번거로울 번)	火灯炻煩煩							煩惱(번뇌)　煩多(번다) 煩雜(번잡)
燭 (촛불 촉)	火炉炉燭燭							燭光(촉광)　燭淚(촉루) 燈燭(등촉)　洞:燭(통촉)

한자	획순							용례
燥 (마를 조)	火 炉 炉 煤 煤 燥							乾燥(건조)
爵 (벼슬 작)	爫 罒 罗 爵 爵 爵							爵祿(작록) 爵位(작위) 高官大爵(고관대작)
牽 (이끌 견)	亠 玄 玄 牽 牽 牽							牽牛(견우) 牽引(견인) 牽制(견제) 牽强附會(견강부회)
狗 (개 구)	丿 犭 犭 犳 狗 狗							狗肉(구육) 走狗(주구) 海:狗(해구) 喪家之狗(상가지구) 羊頭狗肉(양두구육)
獵 (사냥 렵)	犭 犭 狎 猎 獵 獵							獵奇(엽기) 獵銃(엽총) 禁:獵(금렵) 密獵(밀렵) 涉獵(섭렵)
茲 (이 자)	亠 艹 兹 兹 兹 兹							今茲(금자)
畏 (두려워할 외)	口 田 罒 甼 畏 畏							畏:敬(외경) 畏:友(외우) 敬:畏心(경외심)
畓 (논 답)	亅 기 水 沓 沓 畓							田畓(전답) 天水畓(천수답)
癸 (천간 계)	丿 ク 癶 癶 癶 癸							用例 없음
皆 (다 개)	一 匕 比 比 皆 皆							皆骨山(개골산) 皆勤賞(개근상) 擧:皆(거개)

부수순

앞에서 익힌 40자를 부수순으로 배열했습니다. 빈칸에 漢字를 쓰세요.

1

베개 **침**(　　)　마를 **고**(　　)　아무 **모**(　　)　배 **리**(　　)

버릴 **기**(　　)　버들 **양**(　　)　속일 **기**(　　)　액 **앙**(　　)

따라죽을 **순**(　　)　헐 **훼**(　　)　가는털 **호**(　　)　너 **여**(　　)

더러울 **오**(　　)　머무를 **박**(　　)　울 **읍**(　　)　헤엄칠 **영**(　　)

건널 **섭**(　　)　물가 **애**(　　)　더할 **첨**(　　)　눈물 **루**(　　)

2

목마를 **갈**(　　)　흩어질 **만**(　　)　물방울 **적**(　　)　떠다닐 **표**(　　)

흐릴 **탁**(　　)　씻을 **탁**(　　)　넘칠 **람**(　　)　어찌 **언**(　　)

번거로울 **번**(　　)　촛불 **촉**(　　)　마를 **조**(　　)　벼슬 **작**(　　)

이끌 **견**(　　)　개 **구**(　　)　사냥 **렵**(　　)　이 **자**(　　)

두려워할 **외**(　　)　논 **답**(　　)　천간 **계**(　　)　다 **개**(　　)

☞ 정답은 37쪽에서 확인하세요.

가나다순

앞에서 익힌 40자를 가나다순으로 배열했습니다. 빈칸에 漢字를 쓰세요.

1

목마를 **갈**(　　)　다 **개**(　　)　이끌 **견**(　　)　천간 **계**(　　)

마를 **고**(　　)　개 **구**(　　)　속일 **기**(　　)　버릴 **기**(　　)

논 **답**(　　)　넘칠 **람**(　　)　사냥 **렵**(　　)　눈물 **루**(　　)

배 **리**(　　)　흩어질 **만**(　　)　아무 **모**(　　)　머무를 **박**(　　)

번거로울 **번**(　　)　건널 **섭**(　　)　따라죽을 **순**(　　)　액 **앙**(　　)

2

물가 **애**(　) 버들 **양**(　) 어찌 **언**(　) 너 **여**(　)

헤엄칠 **영**(　) 더러울 **오**(　) 두려워할 **외**(　) 울 **읍**(　)

이 **자**(　) 벼슬 **작**(　) 물방울 **적**(　) 마를 **조**(　)

더할 **첨**(　) 촛불 **촉**(　) 베개 **침**(　) 씻을 **탁**(　)

흐릴 **탁**(　) 떠다닐 **표**(　) 가는털 **호**(　) 헐 **훼**(　)

☞ 정답은 38쪽에서 확인하세요.

무 순 앞에서 익힌 40자를 순서 없이 배열했습니다. 빈칸에 漢字를 쓰세요.

1

베개 **침**(　) 두려워할 **외**(　) 머무를 **박**(　) 버릴 **기**(　)

이끌 **견**(　) 어찌 **언**(　) 촛불 **촉**(　) 흩어질 **만**(　)

배 **리**(　) 마를 **고**(　) 더할 **첨**(　) 흐릴 **탁**(　)

이 **자**(　) 개 **구**(　) 사냥 **렵**(　) 속일 **기**(　)

눈물 **루**(　) 버들 **양**(　) 따라죽을 **순**(　) 번거로울 **번**(　)

2

물가 **애**(　) 떠다닐 **표**(　) 물방울 **적**(　) 넘칠 **람**(　)

천간 **계**(　) 울 **읍**(　) 액 **앙**(　) 벼슬 **작**(　)

목마를 **갈**(　) 마를 **조**(　) 씻을 **탁**(　) 가는털 **호**(　)

헐 **훼**(　) 다 **개**(　) 너 **여**(　) 더러울 **오**(　)

아무 **모**(　) 건널 **섭**(　) 헤엄칠 **영**(　) 논 **답**(　)

☞ 정답은 38쪽에서 확인하세요.

한자	획순								용례
眉 (눈썹 미)	一ㄱ尸尸眉眉								眉間(미간)　眉目(미목) 白眉(백미) 擧:案齊眉(거안제미)
睡 (졸음 수)	目盯盱睡睡睡								睡眠(수면)　午:睡(오수) 寢:睡(침수) 昏睡狀態(혼수상태)
矢 (화살 시)	ノ┌ㅗ午矢								弓矢(궁시)
矣 (어조사 의)	ㅅ厶ㅿ乍矣矣								汝:矣島(여의도)
矯 (바로잡을 교)	矢妖矫矯矯矯								矯:正(교정) 矯:導所(교도소) 矯:角殺牛(교각살우)
祥 (상서 상)	ㄱㅈネ衤衤祥祥								祥雲(상운)　吉祥(길상) 發祥地(발상지) 不祥事(불상사)
禾 (벼 화)	一二千千禾								用例 없음
秒 (분초 초)	二千禾利秒秒								秒速(초속)　秒針(초침) 分秒(분초)
稻 (벼 도)	禾利稻稻稻								稻熱病(도열병) 立稻先賣(입도선매)
穫 (거둘 확)	禾利秳稚穫								收穫(수확)

한자	획순							용례
竊 훔칠 절	穴 突 竊 竊 竊							竊盜(절도) 剽竊(표절)
竝 나란히 병	丶 亠 立 竝 竝							竝:列(병렬)　竝:立(병립) 竝:設(병설)　竝:用(병용) 竝:置(병치)　竝:稱(병칭) 竝:行(병행)
竟 마침내 경	丶 亠 立 音 音 竟							竟:夜(경야)　究竟(구경) 畢竟(필경)
篤 도타울 독	𠂉 竹 管 篤 篤							篤實(독실)　危篤(위독) 篤志家(독지가)
粟 조 속	一 西 西 粟 粟							粟米(속미)
糾 얽힐 규	乙 幺 糸 糽 糾							糾明(규명)　糾彈(규탄) 糾合(규합)　紛糾(분규)
絃 악기줄 현	幺 糸 糸 紆 絃 絃							絃樂器(현악기) 管絃樂(관현악)
絹 비단 견	幺 糸 糸 絹 絹 絹							生絹(생견) 絹織物(견직물)
緯 씨 위	幺 糸 紆 絟 緯 緯							緯度(위도)　經緯(경위) 北緯(북위) 天經地緯(천경지위)
縣 고을 현	目 且 県 縣 縣							縣:監(현감)　縣:令(현령) 郡:縣(군현)

한자	필순								용례
繫 (맬 계)	車 軎 軗 軗 繫 繫								繫留(계류)
罔 (없을 망)	冂 冂 冈 冈 罔 罔								罔極(망극) 罔測(망측)
罷 (마칠 파)	罒 罒 罘 罷 罷 罷								罷漏(파루) 罷免(파면) 罷市(파시) 罷業(파업) 罷場(파장) 罷職(파직)
翁 (늙은이 옹)	八 公 公 슿 翁 翁								老翁(노옹) 不倒翁(부도옹)
而 (말이을 이)	一 厂 广 丙 而 而								用例 없음
耶 (어조사 야)	厂 Π 耳 耳 耶 耶								用例 없음
聘 (부를 빙)	丌 耳 耶 聃 聘 聘								聘禮(빙례) 聘母(빙모) 聘問(빙문) 聘丈(빙장) 報聘(보빙) 招聘(초빙)
聰 (귀밝을 총)	丌 耳 耶 聃 聰 聰								聰氣(총기) 聰明(총명) 聖聰(성총)
肩 (어깨 견)	丶 亠 户 肩 肩 肩								肩骨(견골) 肩輿(견여) 比肩(비견)
肯 (즐길 긍)	丨 卜 止 肯 肯								肯定(긍정) 首肯(수긍)

2단계 · 한자 쓰기

한자	훈음	획순							용례
脣	입술 순	厂厂辰 脣脣							脣音(순음) 脣齒(순치) 脣輕音(순경음) 脣亡齒寒(순망치한)
腰	허리 요	月月肝脾腰腰							腰痛(요통) 細:腰(세요) 腰折腹痛(요절복통)
臥	누울 와	丁下五臣臥							臥:病(와병)
臭	냄새 취	丶白自臭臭							惡臭(악취) 香臭(향취) 體臭(체취) 脫臭(탈취) 口:尙乳臭(구상유취)
舟	배 주	丿力舟舟							方舟(방주) 刻舟求劍(각주구검) 吳越同舟(오월동주) 一葉片舟(일엽편주)
苗	모 묘	十艹芍芎苗							苗:木(묘목) 苗:床(묘상) 種苗(종묘)
苟	진실로 구	十艹艻艻苟苟							苟:且(구차) 苟:命徒生(구명도생)
茫	아득할 망	十艹艻茫茫							茫茫大海(망망대해) 茫然自失(망연자실)
蔬	나물 소	艹芦蔬蔬							蔬食(소식) 蔬菜(소채) 菜:蔬(채소)
蔽	덮을 폐	艹艹芇葡蔽							隱蔽(은폐) 蔽:一言(폐일언)

부수순

앞에서 익힌 40자를 부수순으로 배열했습니다. 빈칸에 漢字를 쓰세요.

1

눈썹	미( )	졸음	수( )	화살	시( )	어조사	의( )
바로잡을	교( )	상서	상( )	벼	화( )	분초	초( )
벼	도( )	거둘	확( )	훔칠	절( )	나란히	병( )
마침내	경( )	도타울	독( )	조	속( )	얽힐	규( )
줄	현( )	비단	견( )	씨	위( )	고을	현( )

2

맬	계( )	없을	망( )	마칠	파( )	늙은이	옹( )
말이을	이( )	어조사	야( )	부를	빙( )	귀밝을	총( )
어깨	견( )	즐길	긍( )	입술	순( )	허리	요( )
누울	와( )	냄새	취( )	배	주( )	모	묘( )
진실로	구( )	아득할	망( )	나물	소( )	덮을	폐( )

☞ 정답은 43쪽에서 확인하세요.

가나다순

앞에서 익힌 40자를 가나다순으로 배열했습니다. 빈칸에 漢字를 쓰세요.

1

어깨	견( )	비단	견( )	마침내	경( )	맬	계( )
바로잡을	교( )	진실로	구( )	얽힐	규( )	즐길	긍( )
벼	도( )	도타울	독( )	아득할	망( )	없을	망( )
모	묘( )	눈썹	미( )	나란히	병( )	부를	빙( )
상서	상( )	나물	소( )	조	속( )	졸음	수( )

2

입술 **순**(　) 화살 **시**(　) 어조사 **야**(　) 늙은이 **옹**(　)

누울 **와**(　) 허리 **요**(　) 씨 **위**(　) 어조사 **의**(　)

말이을 **이**(　) 훔칠 **절**(　) 배 **주**(　) 분초 **초**(　)

귀밝을 **총**(　) 냄새 **취**(　) 마칠 **파**(　) 덮을 **폐**(　)

줄 **현**(　) 고을 **현**(　) 벼 **화**(　) 거둘 **확**(　)

☞ 정답은 44쪽에서 확인하세요.

무 순 앞에서 익힌 40자를 순서 없이 배열했습니다. 빈칸에 漢字를 쓰세요.

1

눈썹 **미**(　) 진실로 **구**(　) 도타울 **독**(　) 바로잡을 **교**(　)

누울 **와**(　) 귀밝을 **총**(　) 즐길 **긍**(　) 없을 **망**(　)

어조사 **의**(　) 졸음 **수**(　) 씨 **위**(　) 말이을 **이**(　)

모 **묘**(　) 냄새 **취**(　) 배 **주**(　) 벼 **화**(　)

상서 **상**(　) 고을 **현**(　) 벼 **도**(　) 비단 **견**(　)

2

어깨 **견**(　) 늙은이 **옹**(　) 마칠 **파**(　) 부를 **빙**(　)

나물 **소**(　) 조 **속**(　) 분초 **초**(　) 허리 **요**(　)

맬 **계**(　) 입술 **순**(　) 어조사 **야**(　) 훔칠 **절**(　)

거둘 **확**(　) 덮을 **폐**(　) 나란히 **병**(　) 마침내 **경**(　)

화살 **시**(　) 줄 **현**(　) 얽힐 **규**(　) 아득할 **망**(　)

☞ 정답은 44쪽에서 확인하세요.

漢字	筆順								用例
薦 천거할 천	艹 产 芦 薦 薦 薦								薦:擧(천거)　公薦(공천) 推薦(추천)　自薦(자천) 他薦(타천)
蜂 벌 봉	口 虫 蚁 蛟 蜂 蜂								蜂起(봉기)　養:蜂(양봉) 女王蜂(여왕봉)
蜜 꿀 밀	宀 宓 宓 密 蜜 蜜								蜜蜂(밀봉)　蜜月(밀월) 口:蜜腹劍(구밀복검)
蝶 나비 접	虫 虹 蚶 蝶 蝶								蝶泳(접영) 胡蝶之夢(호접지몽)
螢 반딧불 형	⺍ 炏 炏 螢 螢								螢光(형광)　螢光燈(형광등) 螢雪之功(형설지공) 螢窓雪案(형창설안)
訂 바로잡을 정	一 言 言 訂								訂正(정정)　改:訂(개정) 校:訂(교정)　修訂(수정)
詠 읊을 영	言 訁 訂 詠 詠								詠:歌(영가)　詠:史(영사) 詠:歎(영탄)
詐 속일 사	言 訁 訐 訮 詐								詐欺(사기)　詐術(사술) 詐取(사취)　詐稱(사칭)
該 갖출 해	言 言 該 該								該當(해당) 該博(해박)
誓 맹세할 서	扌 打 折 誓 誓								誓:約(서약)　誓:願(서원) 盟誓(맹서)

한자	훈음	필순							용례
誦	욀 송	言訂訂誦							誦:讀(송독) 誦:詩(송시) 誦:詠(송영) 背:誦(배송) 暗:誦(암송) 愛:誦(애송)
誕	낳을 탄	言訂訂誕誕							誕:降(탄강) 誕:生(탄생) 誕:辰(탄신) 虛誕(허탄)
誰	누구 수	言訂誰誰							誰何(수하)
諒	살펴알 량	言訂諒諒							諒知(양지) 諒解(양해) 海:諒(해량)
謁	뵐 알	言訝謁謁							謁廟(알묘) 謁聖(알성) 謁見(알현) 拜:謁(배알) 謁聖及第(알성급제)
謹	삼갈 근	言訲謹謹							謹:封(근봉) 謹:愼(근신) 謹:嚴(근엄) 謹:弔(근조) 謹:賀新年(근하신년)
豈	어찌 기	山岀豈豈							用例 없음
豚	돼지 돈	月肝肝肠豚							豚肉(돈육) 養:豚(양돈)
貝	조개 패	丨冂冃目貝							魚貝類(어패류)
貪	탐낼 탐	人今令含貪							貪慾(탐욕) 小:貪大失(소탐대실) 貪官汚吏(탐관오리)

한자	필순							용례
販 (팔 판)	冂目貝貝貯販販							販禁(판금) 販路(판로) 販賣(판매) 販促(판촉) 市:販(시판) 總:販(총판) 自販機(자판기)
賓 (손 빈)	宀宀宀宊宨賓賓							賓客(빈객) 國賓(국빈) 貴:賓(귀빈) 來:賓(내빈) 外:賓(외빈)
賜 (줄 사)	目貝貝貯貯賜賜							賜:姓(사성) 下:賜(하사) 御:賜花(어사화)
贈 (줄 증)	目貝貝貯贈贈贈							贈與(증여) 贈職(증직) 寄贈(기증) 追贈(추증)
赴 (다다를 부)	土キ丰走赴赴							赴:任(부임)
跳 (뛸 도)	口昰昱趴趴跳跳							跳躍
躍 (뛸 약)	昰昱跟跟踞躍躍							躍動(약동) 躍進(약진) 跳躍(도약) 飛躍(비약) 一躍(일약)
軌 (바퀴자국 궤)	冖旦車車勒軌							軌:道(궤도) 軌:迹(궤적) 常軌(상궤)
軒 (집 헌)	冖旦車車軒軒							軒燈(헌등) 東軒(동헌)
輝 (빛날 휘)	屮半半光焙煇輝							光輝(광휘)

漢字	筆順						用例
輿 수레 여	﹅ 匍 卣 卣 與 輿						輿:梁(여량)　輿:論(여론) 輿:望(여망) 輿:地圖(여지도)
辛 매울 신	亠 亠 ㇒ 立 辛 辛						辛苦(신고)　辛勝(신승) 香辛料(향신료) 千辛萬苦(천신만고)
辨 분별할 변	立 亨 킄 亨 辨 辨						辨:明(변명)　辨:別(변별) 辨:償(변상)　辨:說(변설) 辨:證(변증)　分辨(분변)
返 돌이킬 반	厂 反 反 返 返 返						返:納(반납)　返:送(반송) 返:信(반신)　返:品(반품) 返:還(반환)
迷 미혹할 미	丶 丷 半 米 迷 迷						迷:宮(미궁)　迷:路(미로) 迷:信(미신)　迷:兒(미아) 迷:惑(미혹)
逝 갈 서	扌 打 折 折 逝 逝						用例 없음
逐 쫓을 축	一 丁 豖 豖 豖 逐						逐客(축객)　逐次(축차) 逐出(축출)　角逐(각축) 中原逐鹿(중원축록)
逮 잡을 체	彐 聿 肀 隶 逮 逮						逮捕(체포)
遂 드디어 수	丶 ㇒ 豕 豕 豕 遂						遂行(수행)　未:遂(미수) 完遂(완수)
遍 두루 편	丶 户 启 扁 扁 遍						遍在(편재)　遍布(편포) 普:遍(보편)

부수순
앞에서 익힌 40자를 부수순으로 배열했습니다. 빈칸에 漢字를 쓰세요.

1

천거할 천( )	벌 봉( )	꿀 밀( )	나비 접( )
반딧불 형( )	바로잡을 정( )	읊을 영( )	속일 사( )
갖출 해( )	맹세할 서( )	욀 송( )	낳을 탄( )
누구 수( )	살펴알 량( )	뵐 알( )	삼갈 근( )
어찌 기( )	돼지 돈( )	조개 패( )	탐낼 탐( )

2

팔 판( )	손 빈( )	줄 사( )	줄 증( )
다다를 부( )	떨 도( )	뛸 약( )	바퀴자국 궤( )
집 헌( )	빛날 휘( )	수레 여( )	매울 신( )
분별할 변( )	돌이킬 반( )	미혹할 미( )	갈 서( )
쫓을 축( )	잡을 체( )	드디어 수( )	두루 편( )

☞ 정답은 49쪽에서 확인하세요.

가나다순
앞에서 익힌 40자를 가나다순으로 배열했습니다. 빈칸에 漢字를 쓰세요.

1

바퀴자국 궤( )	삼갈 근( )	어찌 기( )	떨 도( )
돼지 돈( )	살펴알 량( )	미혹할 미( )	꿀 밀( )
돌이킬 반( )	분별할 변( )	벌 봉( )	다다를 부( )
손 빈( )	줄 사( )	속일 사( )	갈 서( )
맹세할 서( )	욀 송( )	누구 수( )	드디어 수( )

2

매울 **신**(   ) 빌 **알**(   ) 뛸 **약**(   ) 수레 **여**(   )

읊을 **영**(   ) 나비 **접**(   ) 바로잡을 **정**(   ) 줄 **증**(   )

천거할 **천**(   ) 잡을 **채**(   ) 쫓을 **축**(   ) 낳을 **탄**(   )

탐낼 **탐**(   ) 팔 **판**(   ) 조개 **패**(   ) 두루 **편**(   )

갖출 **해**(   ) 집 **헌**(   ) 반딧불 **형**(   ) 빛날 **휘**(   )

☞ 정답은 50쪽에서 확인하세요.

무 순 앞에서 익힌 40자를 순서 없이 배열했습니다. 빈칸에 漢字를 쓰세요.

1

천거할 **천**(   ) 쫓을 **축**(   ) 살펴알 **량**(   ) 반딧불 **형**(   )

분별할 **변**(   ) 바퀴자국 **궤**(   ) 빛날 **휘**(   ) 손 **빈**(   )

나비 **접**(   ) 벌 **봉**(   ) 조개 **패**(   ) 다다를 **부**(   )

갈 **서**(   ) 돌이킬 **반**(   ) 미혹할 **미**(   ) 읊을 **영**(   )

바로잡을 **정**(   ) 탐낼 **탐**(   ) 갖출 **해**(   ) 돼지 **돈**(   )

2

집 **헌**(   ) 줄 **증**(   ) 줄 **사**(   ) 뛸 **약**(   )

드디어 **수**(   ) 빌 **알**(   ) 속일 **사**(   ) 매울 **신**(   )

팔 **판**(   ) 뛸 **도**(   ) 수레 **여**(   ) 욀 **송**(   )

맹세할 **서**(   ) 두루 **편**(   ) 낳을 **탄**(   ) 누구 **수**(   )

꿀 **밀**(   ) 어찌 **기**(   ) 삼갈 **근**(   ) 잡을 **체**(   )

☞ 정답은 50쪽에서 확인하세요.

한자	획순								용례
違 (어긋날 위)	彑 芦 咅 韋 違								違反(위반) 違背(위배) 違法(위법) 違約(위약) 違言(위언) 違憲(위헌) 非:違(비위) 違和感(위화감)
遞 (갈릴 체)	厂 厃 庐 虍 虒 遞								遞減(체감) 郵遞局(우체국)
遣 (보낼 견)	口 屮 吂 肯 盲 遣								派遣(파견)
遙 (멀 요)	夕 夕 奎 名 遙								遙遠(요원)
遵 (좇을 준)	䒑 片 酋 尊 遵								遵:據(준거) 遵:守(준수) 遵:法(준법)
遲 (더딜 지)	尸 尸 屄 犀 遲								遲刻(지각) 遲延(지연) 遲遲不進(지지부진)
邦 (나라 방)	一 三 丰 邦 邦								邦畵(방화) 邦國(방국) 萬:邦(만방) 盟邦(맹방) 聯邦(연방) 友:邦(우방) 異:邦人(이방인)
那 (어찌 나)	丁 刀 尹 那 那								刹那(찰나)
郊 (들 교)	亠 六 交 交 郊								郊外(교외) 近:郊(근교)
郭 (외성 곽)	亠 言 享 亨 郭								城郭(성곽) 外:郭(외곽)

한자	훈음	필순							용례
鄰	이웃 린	米粦粦舞鄰							鄰近(인근)　鄰接(인접) 交鄰(교린)　近:鄰(근린) 善:鄰(선린)
酉	닭 유	一冂西酉酉							酉時(유시)
酌	술부을 작	冂西酉酌酌							酌定(작정)　對:酌(대작) 獨酌(독작)　參酌(참작) 無酌定(무작정)
醜	추할 추	冂酉酋醜醜							醜聞(추문)　醜惡(추악) 醜雜(추잡)　醜態(추태) 醜行(추행)　美:醜(미추)
鈍	둔할 둔	𠂉𠂉金鈍鈍							鈍:感(둔감)　鈍:器(둔기) 鈍:才(둔재)　鈍:濁(둔탁) 鈍:化(둔화)　老:鈍(노둔) 愚鈍(우둔)
銳	날카로울 예	𠂉金鉛銳銳							銳:角(예각)　銳:利(예리) 銳:敏(예민)　精銳(정예)
閏	윤달 윤	丨尸門門閏							閏:年(윤년) 閏:月(윤월)
閱	볼 열	尸門門問閱							閱讀(열독)　閱覽(열람) 檢閱(검열)　校:閱(교열)
隸	종 례	士奉隸隸隸							隸:書(예서)　隸:屬(예속) 奴隸(노예)
雁	기러기 안	厂厈厊厊雁雁							雁:書(안서)　雁:行(안행) 歸:雁(귀안)

한자	필순								용례
雖 비록 수	口 吊 虽 虽 雖 雖								用例 없음
零 떨어질 령	一 帀 雨 霏 零 零								零度(영도)　零落(영락) 零細(영세)　零點(영점)
霧 안개 무	雨 雫 霏 霧 霧 霧								霧散(무산)　雲霧(운무) 五里霧中(오리무중)
須 모름지기 수	彡 彳 沂 須 須								必須(필수)
頗 자못 파	厂 皮 皮 頗 頗								頗多(파다) 偏頗的(편파적)
頻 자주 빈	止 步 步 頻 頻								頻度(빈도)　頻發(빈발) 頻繁(빈번)
顧 돌아볼 고	戶 雇 雇 顧 顧								顧客(고객)　顧問(고문) 一顧(일고)　回顧錄(회고록) 四顧無親(사고무친) 左顧右眄(좌고우면)
飜 번역할 번	釆 番 番 飜 飜								飜覆(번복)　飜案(번안) 飜譯(번역)　飜意(번의)
飢 주릴 기	勺 今 食 飣 飢								飢渴(기갈)　飢餓(기아) 飢寒(기한)　虛飢(허기)
飽 배부를 포	勺 食 飣 飽 飽								飽滿(포만)　飽食(포식) 飽和(포화) 飽食暖衣(포식난의)

한자	필순							용례
餓 주릴 아	𠆢 食 飠 飠 餓 餓							餓鬼(아귀) 餓死(아사)
騰 오를 등	月 肝 朕 騰 騰 騰							騰貴(등귀)　急騰(급등) 沸騰(비등)
騷 떠들 소	𠀆 馬 馭 駸 騷							騷客(소객)　騷壇(소단) 騷動(소동)　騷亂(소란) 騷音(소음) 騷人墨客(소인묵객)
驅 몰 구	𠀆 馬 馬 馬 驅 驅							驅迫(구박)　驅步(구보) 驅除(구제)　驅逐(구축) 驅蟲(구충)　先驅者(선구자)
鴻 기러기 홍	氵 江 汩 鴻 鴻 丶							鴻毛(홍모)　鴻儒(홍유) 鴻志(홍지)
鹿 사슴 록	广 庐 唐 鹿 鹿							鹿角(녹각) 鹿血(녹혈)
龜 거북 귀	𠂊 龟 龜 龜							龜鑑(귀감)　龜甲(귀갑) 龜裂(균열) 龜毛兔角(귀모토각) 龜背刮毛(귀배괄모)

부수순

앞에서 익힌 37자를 부수순으로 배열했습니다. 빈칸에 漢字를 쓰세요.

1

어긋날 **위**(　　)　갈릴 **체**(　　)　보낼 **견**(　　)　멀 **요**(　　)

좇을 **준**(　　)　더딜 **지**(　　)　나라 **방**(　　)　어찌 **나**(　　)

들 **교**(　　)　외성 **곽**(　　)　이웃 **린**(　　)　닭 **유**(　　)

술부을 **작**(　　)　추할 **추**(　　)　둔할 **둔**(　　)　날카로울 **예**(　　)

윤달 **윤**(　　)　볼 **열**(　　)　종 **례**(　　)　기러기 **안**(　　)

2

비록 **수**(　　)　떨어질 **령**(　　)　안개 **무**(　　)　모름지기 **수**(　　)

자못 **파**(　　)　자주 **빈**(　　)　돌아볼 **고**(　　)　번역할 **번**(　　)

주릴 **기**(　　)　배부를 **포**(　　)　주릴 **아**(　　)　오를 **등**(　　)

떠들 **소**(　　)　몰 **구**(　　)　기러기 **홍**(　　)　사슴 **록**(　　)

거북 **귀**(　　)

☞ 정답은 55쪽에서 확인하세요.

가나다순

앞에서 익힌 37자를 가나다순으로 배열했습니다. 빈칸에 漢字를 쓰세요.

1

보낼 **견**(　　)　돌아볼 **고**(　　)　외성 **곽**(　　)　들 **교**(　　)

몰 **구**(　　)　거북 **귀**(　　)　주릴 **기**(　　)　어찌 **나**(　　)

둔할 **둔**(　　)　오를 **등**(　　)　떨어질 **령**(　　)　종 **례**(　　)

사슴 **록**(　　)　이웃 **린**(　　)　안개 **무**(　　)　나라 **방**(　　)

번역할 **번**(　　)　자주 **빈**(　　)　떠들 **소**(　　)　모름지기 **수**(　　)

2

비록 **수**(　　) 주릴 **아**(　　) 기러기 **안**(　　) 볼 **열**(　　)

날카로울 **예**(　　) 멀 **요**(　　) 어긋날 **위**(　　) 닭 **유**(　　)

윤달 **윤**(　　) 술부을 **작**(　　) 좇을 **준**(　　) 더딜 **지**(　　)

갈릴 **체**(　　) 추할 **추**(　　) 자못 **파**(　　) 배부를 **포**(　　)

기러기 **홍**(　　)

☞ 정답은 56쪽에서 확인하세요.

무 순
앞에서 익힌 37자를 순서 없이 배열했습니다. 빈칸에 **漢字**를 쓰세요.

1

어긋날 **위**(　　) 거북 **귀**(　　) 추할 **추**(　　) 좇을 **준**(　　)

떠들 **소**(　　) 번역할 **번**(　　) 배부를 **포**(　　) 떨어질 **령**(　　)

멀 **요**(　　) 갈릴 **체**(　　) 종 **례**(　　) 자못 **파**(　　)

사슴 **록**(　　) 몰 **구**(　　) 기러기 **홍**(　　) 나라 **방**(　　)

기러기 **안**(　　) 더딜 **지**(　　) 들 **교**(　　) 주릴 **기**(　　)

2

볼 **열**(　　) 모름지기 **수**(　　) 안개 **무**(　　) 돌아볼 **고**(　　)

둔할 **둔**(　　) 어찌 **나**(　　) 오를 **등**(　　) 비록 **수**(　　)

자주 **빈**(　　) 주릴 **아**(　　) 이웃 **린**(　　) 외성 **곽**(　　)

닭 **유**(　　) 술부을 **작**(　　) 보낼 **견**(　　) 윤달 **윤**(　　)

날카로울 **예**(　　)

☞ 정답은 56쪽에서 확인하세요.

부수순 앞에서 익힌 3급 한자를 모두 부수순으로 배열했습니다. 빈칸에 漢字를 쓰세요.

1

소 축( )	또 차( )	둥글 환( )	이에 내( )
어조사 호( )	어조사 야( )	빌 걸( )	마칠 료( )
나 여( )	어조사 우( )	이를 운( )	서로 호( )
돼지 해( )	형통할 형( )	누릴 향( )	펼 신( )
닮을 사( )	도울 좌( )	나 여( )	짝 반( )
업신여길 모( )	제후 후( )	준걸 준( )	본뜰 방( )
함께 구( )	곁 방( )	거만할 오( )	겨우 근( )
동료 료( )	어조사 혜( )	무릅쓸 모( )	어두울 명( )
엉길 응( )	못할 렬( )		

☞ 정답은 57쪽에서 확인하세요.

2

모을 모( )	짝 필( )	점 복( )	토끼 묘( )
물리칠 각( )	벼슬 경( )	액 액( )	그 궐( )
또 우( )	배반할 반( )	다만 지( )	부르짖을 규( )
부를 소( )	나 오( )	읊을 음( )	어조사 재( )
다 함( )	오직 유( )	슬플 오( )	맛볼 상( )
가둘 수( )	땅 곤( )	묻을 매( )	둑 제( )
칠할 도( )	흙덩이 괴( )	무덤 분( )	떨어질 타( )
담 장( )	오랑캐 이( )	어찌 내( )	어찌 해( )
온당할 타( )	첩 첩( )		

☞ 정답은 57쪽에서 확인하세요.

부수순 3급 한자 모두에 대한 부수순 익히기가 계속됩니다. 빈칸에 漢字를 쓰세요.

3

조카	질( )	혼인	인( )	간음할	간( )	즐길	오( )
싫어할	혐( )	누구	숙( )	마땅	의( )	재상	재( )
범	인( )	찾을	심( )	뾰족할	첨( )	더욱	우( )
병풍	병( )	여러	루( )	큰산	악( )	무너질	붕( )
뱀	사( )	거리	항( )	진칠	둔( )	폭	폭( )
화폐	폐( )	몇	기( )	별	경( )	떳떳할	용( )
여러	서( )	청렴할	렴( )	사당	묘( )	조상할	조( )
클	홍( )	돌	순( )	바쁠	망( )	꺼릴	기( )
잊을	망( )	게으를	태( )				

☞ 정답은 58쪽에서 확인하세요.

4

방자할	자( )	생각할	유( )	번뇌할	뇌( )	부끄러울	괴( )
나을	유( )	참혹할	참( )	거만할	만( )	슬퍼할	개( )
부끄러울	참( )	불쌍히여길	련( )	민망할	민( )	징계할	징( )
두려워할	구( )	천간	무( )	개	술( )	맡길	탁( )
잡을	파( )	뽑을	초( )	누를	압( )	뽑을	추( )
졸할	졸( )	안을	포( )	돋울	도( )	잡을	착( )
노략질할	략( )	버릴	사( )	걸	괘( )	찾을	수( )
흔들	요( )	이끌	휴( )	뿌릴	파( )	낄	옹( )
넓힐	확( )	다스릴	섭( )				

☞ 정답은 58쪽에서 확인하세요.

부수순 3급 한자 모두에 대한 부수순 익히기가 계속됩니다. 빈칸에 漢字를 쓰세요.

5

펼 서( )	민첩할 민( )	도타울 돈( )	날 근( )
물리칠 척( )	이 사( )	어조사 어( )	이미 기( )
가물 한( )	예 석( )	어두울 혼( )	밝을 소( )
새벽 신( )	갤 청( )	더울 서( )	화창할 창( )
저물 모( )	새벽 효( )	가로 왈( )	바꿀 체( )
벗 붕( )	초하루 삭( )	잔 배( )	쪼갤 석( )
베개 침( )	마를 고( )	아무 모( )	배 리( )
버릴 기( )	버들 양( )	속일 기( )	액 앙( )
따라죽을 순( )	헐 훼( )		

6

가는털 호( )	너 여( )	더러울 오( )	머무를 박( )
울 읍( )	헤엄칠 영( )	건널 섭( )	물가 애( )
더할 첨( )	눈물 루( )	목마를 갈( )	흩어질 만( )
물방울 적( )	떠다닐 표( )	흐릴 탁( )	씻을 탁( )
넘칠 람( )	어찌 언( )	번거로울 번( )	촛불 촉( )
마를 조( )	벼슬 작( )	이끌 견( )	개 구( )
사냥 렵( )	이 자( )	두려워할 외( )	논 답( )
천간 계( )	다 개( )	눈썹 미( )	졸음 수( )
화살 시( )	어조사 의( )		

부수순
3급 한자 모두에 대한 부수순 익히기가 계속됩니다. 빈칸에 漢字를 쓰세요.

7

바로잡을 교( )	상서 상( )	벼 화( )	분초 초( )
벼 도( )	거둘 확( )	훔칠 절( )	나란히 병( )
마침내 경( )	도타울 독( )	조 속( )	얽힐 규( )
줄 현( )	비단 견( )	씨 위( )	고을 현( )
맬 계( )	없을 망( )	마칠 파( )	늙은이 옹( )
말이을 이( )	어조사 야( )	부를 빙( )	귀밝을 총( )
어깨 견( )	즐길 긍( )	입술 순( )	허리 요( )
누울 와( )	냄새 취( )	배 주( )	모 묘( )
진실로 구( )	아득할 망( )		

☞ 정답은 60쪽에서 확인하세요.

8

나물 소( )	덮을 폐( )	천거할 천( )	벌 봉( )
꿀 밀( )	나비 접( )	반딧불 형( )	바로잡을 정( )
읊을 영( )	속일 사( )	갖출 해( )	맹세할 서( )
욀 송( )	낳을 탄( )	누구 수( )	살펴알 량( )
빌 알( )	삼갈 근( )	어찌 기( )	돼지 돈( )
조개 패( )	탐낼 탐( )	팔 판( )	손 빈( )
줄 사( )	줄 증( )	다다를 부( )	뛸 도( )
뛸 약( )	바퀴자국 궤( )	집 헌( )	빛날 휘( )
수레 여( )	매울 신( )		

☞ 정답은 60쪽에서 확인하세요.

부수순 3급 한자 모두에 대한 부수순 익히기가 계속됩니다. 빈칸에 漢字를 쓰세요.

9

분별할 변( )	돌이킬 반( )	미혹할 미( )	갈 서( )
쫓을 축( )	잡을 체( )	드디어 수( )	두루 편( )
어긋날 위( )	갈릴 체( )	보낼 견( )	멀 요( )
좇을 준( )	더딜 지( )	나라 방( )	어찌 나( )
들 교( )	외성 곽( )	이웃 린( )	닭 유( )
술부을 작( )	추할 추( )	둔할 둔( )	날카로울 예( )
윤달 윤( )	볼 열( )	종 례( )	기러기 안( )
비록 수( )	떨어질 령( )	안개 무( )	모름지기 수( )
자못 파( )	자주 빈( )		

10

돌아볼 고( )	번역할 번( )	주릴 기( )	배부를 포( )
주릴 아( )	오를 등( )	떠들 소( )	몰 구( )
기러기 홍( )	사슴 록( )	거북 귀( )	

가나다순

앞에서 익힌 3급 한자를 모두 가나다순으로 배열했습니다. 빈칸에 **漢字**를 쓰세요.

1

물리칠 **각**( )	간음할 **간**( )	목마를 **갈**( )	다 **개**( )
슬퍼할 **개**( )	빌 **걸**( )	비단 **견**( )	이끌 **견**( )
어깨 **견**( )	보낼 **견**( )	벼슬 **경**( )	별 **경**( )
마침내 **경**( )	천간 **계**( )	맬 **계**( )	마를 **고**( )
돌아볼 **고**( )	땅 **곤**( )	외성 **곽**( )	걸 **괘**( )
부끄러울 **괴**( )	흙덩이 **괴**( )	바로잡을 **교**( )	들 **교**( )
개 **구**( )	몰 **구**( )	두려워할 **구**( )	함께 **구**( )
진실로 **구**( )	그 **궐**( )	바퀴자국 **궤**( )	거북 **귀**( )
부르짖을 **규**( )	얽힐 **규**( )		

☞ 정답은 62쪽에서 확인하세요.

3

삼갈 **근**( )	날 **근**( )	겨우 **근**( )	즐길 **긍**( )
주릴 **기**( )	어찌 **기**( )	꺼릴 **기**( )	몇 **기**( )
이미 **기**( )	버릴 **기**( )	속일 **기**( )	어찌 **나**( )
이에 **내**( )	어찌 **내**( )	번뇌할 **뇌**( )	논 **답**( )
벼 **도**( )	돋울 **도**( )	떨 **도**( )	칠할 **도**( )
도타울 **독**( )	도타울 **돈**( )	돼지 **돈**( )	진칠 **둔**( )
둔할 **둔**( )	오를 **등**( )	넘칠 **람**( )	노략질할 **략**( )
살펴알 **량**( )	불쌍히여길 **련**( )	못할 **렬**( )	청렴할 **렴**( )
사냥 **렵**( )	떨어질 **령**( )		

☞ 정답은 62쪽에서 확인하세요.

3

종 례( )	사슴 록( )	동료 료( )	마칠 료( )
눈물 루( )	여러 루( )	배 리( )	이웃 린( )
흩어질 만( )	거만할 만( )	잊을 망( )	아득할 망( )
바쁠 망( )	없을 망( )	묻을 매( )	어두울 명( )
업신여길 모( )	무릅쓸 모( )	아무 모( )	저물 모( )
모을 모( )	모 묘( )	사당 묘( )	토끼 묘( )
천간 무( )	안개 무( )	눈썹 미( )	미혹할 미( )
민망할 민( )	민첩할 민( )	꿀 밀( )	머무를 박( )
배반할 반( )	짝 반( )		

4

돌이킬 반( )	곁 방( )	나라 방( )	본뜰 방( )
잔 배( )	번역할 번( )	번거로울 번( )	분별할 변( )
나란히 병( )	병풍 병( )	점 복( )	벌 봉( )
다다를 부( )	무덤 분( )	벗 붕( )	무너질 붕( )
자주 빈( )	손 빈( )	부를 빙( )	속일 사( )
이 사( )	줄 사( )	닮을 사( )	뱀 사( )
버릴 사( )	초하루 삭( )	맛볼 상( )	상서 상( )
여러 서( )	펼 서( )	더울 서( )	갈 서( )
맹세할 서( )	쪼갤 석( )		

가나다순
3급 한자 모두에 대한 가나다순 익히기가 계속됩니다. 빈칸에 漢字를 쓰세요.

5

예	석( )	다스릴	섭( )	건널	섭( )	나물	소( )
떠들	소( )	부를	소( )	밝을	소( )	조	속( )
욀	송( )	모름지기	수( )	비록	수( )	졸음	수( )
찾을	수( )	드디어	수( )	누구	수( )	가둘	수( )
누구	숙( )	따라죽을	순( )	입술	순( )	돌	순( )
개	술( )	화살	시( )	매울	신( )	새벽	신( )
펼	신( )	찾을	심( )	주릴	아( )	큰산	악( )
기러기	안( )	뵐	알( )	누를	압( )	액	앙( )
물가	애( )	액	액( )				

☞ 정답은 64쪽에서 확인하세요.

6

어조사	야( )	어조사	야( )	뛸	약( )	버들	양( )
어조사	어( )	어찌	언( )	나	여( )	나	여( )
너	여( )	수레	여( )	볼	열( )	읊을	영( )
헤엄칠	영( )	날카로울	예( )	슬플	오( )	나	오( )
거만할	오( )	즐길	오( )	더러울	오( )	낄	옹( )
늙은이	옹( )	누울	와( )	가로	왈( )	두려워할	외( )
멀	요( )	허리	요( )	흔들	요( )	떳떳할	용( )
어조사	우( )	또	우( )	더욱	우( )	이를	운( )
씨	위( )	어긋날	위( )				

☞ 정답은 64쪽에서 확인하세요.

가나다순 3급 한자 모두에 대한 가나다순 익히기가 계속됩니다. 빈칸에 漢字를 쓰세요.

7

닭	유( )	생각할	유( )	나을	유( )	오직	유( )
윤달	윤( )	읊을	음( )	울	읍( )	엉길	응( )
어조사	의( )	마땅	의( )	오랑캐	이( )	말이을	이( )
범	인( )	혼인	인( )	이	자( )	방자할	자( )
벼슬	작( )	술부을	작( )	담	장( )	재상	재( )
어조사	재( )	물방울	적( )	훔칠	절( )	나비	접( )
바로잡을	정( )	둑	제( )	조상할	조( )	마를	조( )
졸할	졸( )	도울	좌( )	배	주( )	준걸	준( )
좇을	준( )	줄	증( )				

☞ 정답은 65쪽에서 확인하세요.

8

다만	지( )	더딜	지( )	조카	질( )	징계할	징( )
또	차( )	잡을	착( )	부끄러울	참( )	참혹할	참( )
화창할	창( )	물리칠	척( )	천거할	천( )	뾰족할	첨( )
더할	첨( )	첩	첩( )	갤	청( )	잡을	체( )
바꿀	체( )	갈릴	체( )	분초	초( )	뽑을	초( )
촛불	촉( )	귀밝을	총( )	추할	추( )	뽑을	추( )
쫓을	축( )	소	축( )	냄새	취( )	베개	침( )
온당할	타( )	떨어질	타( )	흐릴	탁( )	씻을	탁( )
맡길	탁( )	낳을	탄( )				

☞ 정답은 65쪽에서 확인하세요.

가나다순 3급 한자 모두에 대한 가나다순 익히기가 계속됩니다. 빈칸에 漢字를 쓰세요.

9

탐낼 **탐**( )	게으를 **태**( )	마칠 **파**( )	자못 **파**( )
잡을 **파**( )	뿌릴 **파**( )	팔 **판**( )	조개 **패**( )
두루 **편**( )	덮을 **폐**( )	화폐 **폐**( )	안을 **포**( )
배부를 **포**( )	폭 **폭**( )	떠다닐 **표**( )	짝 **필**( )
가물 **한**( )	다 **함**( )	거리 **항**( )	갖출 **해**( )
어찌 **해**( )	돼지 **해**( )	누릴 **향**( )	집 **헌**( )
고을 **현**( )	줄 **현**( )	싫어할 **혐**( )	형통할 **형**( )
반딧불 **형**( )	어조사 **혜**( )	서로 **호**( )	가는털 **호**( )
어조사 **호**( )	어두울 **혼**( )		

☞ 정답은 66쪽에서 확인하세요.

10

기러기 **홍**( )	클 **홍**( )	벼 **화**( )	거둘 **확**( )
넓힐 **확**( )	둥글 **환**( )	새벽 **효**( )	제후 **후**( )
헐 **훼**( )	빛날 **휘**( )	이끌 **휴**( )	

☞ 정답은 66쪽에서 확인하세요.

써보세요 무순 앞에서 익힌 3급 한자를 모두 순서 없이 배열했습니다. 빈칸에 漢字를 쓰세요.

1

이미 기( )	돋울 도( )	나란히 병( )	부를 빙( )
쪼갤 석( )	욀 송( )	소 축( )	종 례( )
사당 묘( )	속일 기( )	마땅 의( )	집 헌( )
점 복( )	화폐 폐( )	꿀 밀( )	물방울 적( )
개 술( )	살펴알 량( )	형통할 형( )	새벽 신( )
맡길 탁( )	훔칠 절( )	오를 등( )	속일 사( )
어찌 내( )	눈물 루( )	덮을 폐( )	떠들 소( )
기러기 홍( )	미혹할 미( )	여러 루( )	폭 폭( )
사슴 록( )	모 묘( )		

☞ 정답은 67쪽에서 확인하세요.

2

무너질 붕( )	기러기 안( )	어조사 호( )	엉길 응( )
겨우 근( )	거리 항( )	별 경( )	저물 모( )
뾰족할 첨( )	갈릴 체( )	어조사 혜( )	맬 계( )
떨 도( )	돌 순( )	징계할 징( )	또 우( )
팔 판( )	떠다닐 표( )	가는털 호( )	주릴 아( )
액 앙( )	제후 후( )	빛날 휘( )	물리칠 척( )
마칠 파( )	가로 왈( )	흔들 요( )	즐길 긍( )
너 여( )	이에 내( )	뛸 약( )	오직 유( )
마을 고( )	벼슬 작( )		

☞ 정답은 67쪽에서 확인하세요.

무순 3급 한자 모두에 대한 무순 익히기가 계속됩니다. 빈칸에 **漢字**를 쓰세요.

3

또 **차**( )	나 **여**( )	다 **개**( )	이끌 **견**( )
버릴 **기**( )	더울 **서**( )	비록 **수**( )	참혹할 **참**( )
둑 **제**( )	베개 **침**( )	함께 **구**( )	바퀴자국 **궤**( )
더할 **첨**( )	자주 **빈**( )	밝을 **소**( )	예 **석**( )
볼 **열**( )	가둘 **수**( )	마를 **조**( )	혼인 **인**( )
잡을 **착**( )	누를 **압**( )	말이을 **이**( )	넓힐 **확**( )
클 **홍**( )	청렴할 **렴**( )	돌이킬 **반**( )	누구 **숙**( )
새벽 **효**( )	들 **교**( )	추할 **추**( )	냄새 **취**( )
누울 **와**( )	꺼릴 **기**( )		

☞ 정답은 68쪽에서 확인하세요.

4

어찌 **기**( )	노략질할 **략**( )	민망할 **민**( )	다다를 **부**( )
버릴 **사**( )	건널 **섭**( )	늙은이 **옹**( )	씻을 **탁**( )
짝 **필**( )	간음할 **간**( )	못할 **렬**( )	나물 **소**( )
첩 **첩**( )	잡을 **파**( )	얽힐 **규**( )	싫어할 **혐**( )
모을 **모**( )	빌 **걸**( )	찾을 **심**( )	슬플 **오**( )
울 **읍**( )	날 **근**( )	안개 **무**( )	모름지기 **수**( )
자못 **파**( )	촛불 **촉**( )	외성 **곽**( )	줄 **사**( )
아무 **모**( )	짝 **반**( )	어조사 **야**( )	배 **리**( )
큰산 **악**( )	배반할 **반**( )		

☞ 정답은 68쪽에서 확인하세요.

써보세요 무순

3급 한자 모두에 대한 무순 익히기가 계속됩니다. 빈칸에 **漢字**를 쓰세요.

5

조 속( )	줄 현( )	방자할 자( )	액 액( )
안을 포( )	부끄러울 괴( )	넘칠 람( )	맛볼 상( )
주릴 기( )	벌 봉( )	재상 재( )	갤 청( )
비단 견( )	뱀 사( )	나 여( )	이끌 휴( )
읊을 음( )	어조사 재( )	화창할 창( )	오랑캐 이( )
동료 료( )	맹세할 서( )	도울 좌( )	배 주( )
묻을 매( )	두려워할 구( )	본뜰 방( )	다만 지( )
잊을 망( )	분초 초( )	떳떳할 용( )	민첩할 민( )
더욱 우( )	천간 무( )		

☞ 정답은 69쪽에서 확인하세요.

6

반딧불 형( )	헐 훼( )	도타울 독( )	진칠 둔( )
칠할 도( )	분별할 변( )	상서 상( )	여러 서( )
마침내 경( )	어긋날 위( )	부끄러울 참( )	준걸 준( )
흐릴 탁( )	줄 증( )	다스릴 섭( )	물가 애( )
거만할 오( )	고을 현( )	돌아볼 고( )	번역할 번( )
어두울 혼( )	없을 망( )	더러울 오( )	물리칠 각( )
벗 붕( )	이 사( )	어조사 야( )	낄 옹( )
뽑을 초( )	뽑을 추( )	날카로울 예( )	윤달 윤( )
어찌 해( )	읊을 영( )		

☞ 정답은 69쪽에서 확인하세요.

2단계 • 한자 쓰기 135

무순

3급 한자 모두에 대한 무순 익히기가 계속됩니다. 빈칸에 漢字를 쓰세요.

7

범 **인**( )	보낼 **견**( )	둔할 **둔**( )	이웃 **린**( )
갈 **서**( )	술부을 **작**( )	불쌍히여길 **련**( )	부르짖을 **규**( )
흩어질 **만**( )	생각할 **유**( )	거둘 **확**( )	누릴 **향**( )
마칠 **료**( )	머무를 **박**( )	바로잡을 **정**( )	뵐 **알**( )
잡을 **체**( )	아득할 **망**( )	떨어질 **타**( )	목마를 **갈**( )
매울 **신**( )	수레 **여**( )	그 **궐**( )	가물 **한**( )
천간 **계**( )	어두울 **명**( )	벼 **도**( )	버들 **양**( )
즐길 **오**( )	걸 **괘**( )	허리 **요**( )	두루 **편**( )
어깨 **견**( )	바쁠 **망**( )		

☞ 정답은 70쪽에서 확인하세요.

8

헤엄칠 **영**( )	씨 **위**( )	나을 **유**( )	천거할 **천**( )
손 **빈**( )	어찌 **나**( )	번뇌할 **뇌**( )	업신여길 **모**( )
졸음 **수**( )	두려워할 **외**( )	더딜 **지**( )	배부를 **포**( )
갖출 **해**( )	진실로 **구**( )	좇을 **준**( )	드디어 **수**( )
슬퍼할 **개**( )	땅 **곤**( )	무릅쓸 **모**( )	곁 **방**( )
부를 **소**( )	무덤 **분**( )	쫓을 **축**( )	이를 **운**( )
낳을 **탄**( )	화살 **시**( )	담 **장**( )	사냥 **렵**( )
거북 **귀**( )	어조사 **어**( )	다 **함**( )	멀 **요**( )
개 **구**( )	찾을 **수**( )		

☞ 정답은 70쪽에서 확인하세요.

무순 — 3급 한자 모두에 대한 무순 익히기가 계속됩니다. 빈칸에 **漢字**를 쓰세요.

9

나라 **방**( )	초하루 **삭**( )	나 **오**( )	어조사 **우**( )
벼슬 **경**( )	돼지 **돈**( )	서로 **호**( )	탐낼 **탐**( )
바꿀 **체**( )	몇 **기**( )	거만할 **만**( )	삼갈 **근**( )
병풍 **병**( )	뿌릴 **파**( )	벼 **화**( )	누구 **수**( )
어찌 **언**( )	돼지 **해**( )	닭 **유**( )	어조사 **의**( )
졸할 **졸**( )	따라죽을 **순**( )	잔 **배**( )	이 **자**( )
눈썹 **미**( )	펼 **서**( )	둥글 **환**( )	논 **답**( )
귀밝을 **총**( )	조개 **패**( )	입술 **순**( )	흙덩이 **괴**( )
떨어질 **령**( )	번거로울 **번**( )		

10

닮을 **사**( )	도타울 **돈**( )	펼 **신**( )	게으를 **태**( )
바로잡을 **교**( )	조상할 **조**( )	나비 **접**( )	온당할 **타**( )
조카 **질**( )	몰 **구**( )	토끼 **묘**( )	

3단계
단어 및 성어 익히기

단어(單語) 익히기

성어(成語) 익히기

[학습 포인트]

⊙ 하단의 해답을 가리고 단어의 뜻풀이를 생각하며 독음을 쓰세요.
⊙ 3급 응시자는 하단의 한자 쓰기를 미루어 두어도 됩니다.
⊙ 2급 이상 응시자는 하단의 한자 쓰기를 반드시 익히세요.
⊙ 한자 쓰기를 할 때는 윗부분을 가리고 쓰세요.
⊙ 독음을 쓸 때는 장음 표지(:)는 쓰지 않습니다.

단어 익히기

丑時 (　　　　)
▶ 12時의 둘째 시. 오전 1시부터 3시까지.

且:置 (　　　　)
▶ 내버려두고 문제 삼지 아니함.

重:且大 (　　　　)
▶ 매우 중대하다. ¶국가의 존망이 걸린 ~한 문제.

況:且 (　　　　)
▶ 하물며.

丸藥 (　　　　)
▶ 약재를 가루로 만들어 반죽하여 작고 둥글게 빚은 약.

彈:丸 (　　　　)
▶ 탄알.

砲:丸 (　　　　)
▶ ①대포의 탄알. ②포환던지기에 쓰는 기구.

斷乎 (　　　　)
▶ (태도나 입장이) 매우 과단성 있고 엄하다.

於是乎 (　　　　)
▶ 이제야. 또는 이에 있어서.

及其也 (　　　　)
▶ 마지막에 가서는. ¶~ 일을 내고 말았다.

乞客 (　　　　)
▶ 몰락한 양반으로서 의관을 갖추고 다니며 얻어먹는 사람.

乞食 (　　　　)
▶ 음식 따위를 빌어먹음. 또는 먹을 것을 빎.

乞人 (　　　　)
▶ =거지.

求乞 (　　　　)
▶ 돈이나 곡식, 물건 따위를 거저 달라고 빎.

了解 (　　　　)
▶ 깨달아 알아냄. ㊅理:解.

滿了 (　　　　)
▶ 기한이 다 차서 끝남. ¶임기 ~.

修了 (　　　　)
▶ 일정한 학과를 다 배워 끝냄. ¶박사 과정 ~.

完了 (　　　　)
▶ 완전히 끝마침. ¶준비 ~.

終了 (　　　　)
▶ 어떤 행동이나 일 따위를 끝마침. ㊉開始.

于今 (　　　　)
▶ 지금에 이르기까지. ¶고향을 떠난 지 ~ 20년.

于先 (　　　　)
▶ ①어떤 일에 앞서서. ②아쉬운 대로.

云云 (　　　　)
▶ 글이나 말을 인용하거나 생략할 때에, 이러이러하다고 말함의 뜻으로 쓰는 말.

互:選 (　　　　)
▶ 어떤 조직의 구성원들이 서로 투표하여 그 조직 구성원 가운데에서 어떠한 사람을 뽑음.

互:用 (　　　　)
▶ 서로 넘나들면서 이쪽으로도 쓰고 저쪽으로도 씀.

한자로 써 보세요

축시 (　　)	차:치 (　　)	중:차대(　　)	황:차 (　　)	환약 (　　)
탄:환 (　　)	포:환 (　　)	단호 (　　)	어시호 (　　)	급기야 (　　)
걸객 (　　)	걸식 (　　)	걸인 (　　)	구걸 (　　)	요해 (　　)
만료 (　　)	수료 (　　)	완료 (　　)	종료 (　　)	우금 (　　)
우선 (　　)	운운 (　　)	호:선 (　　)	호:용 (　　)	

互:惠　(　　　　　)
▶서로 특별한 혜택을 주고받는 일. ¶～ 평등.

互:換　(　　　　　)
▶서로 교환함. ¶～ 기능.

相互　(　　　　　)
▶상대가 되는 이쪽과 저쪽 모두. ¶～ 작용.

亥:時　(　　　　　)
▶12時의 열두째 시. 밤 9시부터 11시까지이다.

亨通　(　　　　　)
▶모든 일이 뜻과 같이 잘되어 감.

享:年　(　　　　　)
▶한평생 살아 누린 나이. 죽을 때의 나이를 말할 때 쓴다. ¶～ 83세를 一期로 별세하다.

享:樂　(　　　　　)
▶쾌락을 누림. ¶～ 산업.

享:壽　(　　　　　)
▶오래 사는 복을 누림. ¶할머니께서는 구십을 ～ 하시고 세상을 떠나셨다.

享:有　(　　　　　)
▶누리어 가짐. ¶물질적 ～.

配:享　(　　　　　)
▶공신이나 학덕이 있는 사람의 신주를 문묘나 사당, 서원 등에 모시는 일.

祭:享　(　　　　　)
▶나라에서 지내는 제사.

伸張　(　　　　　)
▶세력이나 권리 따위가 늘어남. 또는 늘어나게 함.

伸縮　(　　　　　)
▶늘고 줆. 또는 늘이고 줄임. ¶～성이 뛰어나다.

屈伸　(　　　　　)
▶팔, 다리 따위를 굽혔다 폈다 함.

追伸　(　　　　　)
▶뒤에 덧붙여 말한다는 뜻으로, 편지의 끝에 더 쓰고 싶은 것이 있을 때에 그 앞에 쓰는 말.

似:而非　(　　　　　)
▶겉으로는 비슷하나 속은 완전히 다름. 또는 그런 것. ¶～ 종교.

近:似　(　　　　　)
▶거의 같다. ¶계산이 ～하게 맞아떨어지다.

近:似値　(　　　　　)
▶근삿값. 근사계산에 의하여 얻어진 수치로 참값에 가까운 값.

相似　(　　　　　)
▶서로 모양이 비슷함.

類:似　(　　　　　)
▶서로 비슷함. ¶다시는 이와 ～한 일이 벌어지지 않도록 노력하자.

補:佐　(　　　　　)
▶상관을 도와 일을 처리함.

伴:侶者　(　　　　　)
▶짝이 되는 사람. ¶인생의 ～를 찾다.

同伴　(　　　　　)
▶일을 하거나 길을 가는 따위의 행동을 할 때 함께 짝을 함. 또는 그 짝.

隨伴　(　　　　　)
▶①붙좇아서 따름. ②어떤 일과 더불어 생김.

侮:蔑　(　　　　　)
▶업신여기고 얕잡아 봄. ¶～에 찬 비난의 눈길.

한자로써보세요

호:혜 (　　)	호:환 (　　)	상호 (　　)	해:시 (　　)	형통 (　　)
향:년 (　　)	향:락 (　　)	향:수 (　　)	향:유 (　　)	배:향 (　　)
제:향 (　　)	신장 (　　)	신축 (　　)	굴신 (　　)	추신 (　　)
사:이비 (　　)	근:사 (　　)	근:사치 (　　)	상사 (　　)	유:사 (　　)
보:좌 (　　)	반:려자 (　　)	동반 (　　)	수반 (　　)	모:멸 (　　)

侮:辱　(　　　　　)
▶깔보고 욕되게 함. ¶~을 느끼다.

受侮　(　　　　　)
▶모욕을 받음. ¶온갖 ~를 겪다.

諸侯　(　　　　　)
▶봉건 시대에 일정한 영토를 가지고 그 영내의 백성을 지배하는 권력을 가지던 사람.

俊:傑　(　　　　　)
▶재주와 슬기가 매우 뛰어남. 또는 그런 사람.

俊:秀　(　　　　　)
▶才智나 풍채가 빼어나다. ¶~한 용모.

俊:才　(　　　　　)
▶아주 뛰어난 재주. 또는 재주가 뛰어난 사람.

英俊　(　　　　　)
▶英敏하고 준수함. 또는 그런 사람.

模倣　(　　　　　)
▶다른 것을 본뜨거나 본받음. ¶분별없는 ~.

俱存　(　　　　　)
▶부모가 모두 살아 계심.

傍系　(　　　　　)
▶직접적이고 主된 계통에서 갈라져 나가거나 벗어나 있는 관련 계통. ¶~ 조직.

傍觀　(　　　　　)
▶어떤 일에 직접 나서서 관여하지 않고 곁에서 보기만 함. 凹放置(방치). 凹坐視(좌시).

傍助　(　　　　　)
▶곁에서 도와줌.

傍祖　(　　　　　)
▶六代祖 이상이 되는, 직계가 아닌 방계의 조상.

傍證　(　　　　　)
▶주변의 상황을 밝힘으로써 간접적으로 증명에 도움을 주는 증거. ¶~ 자료.

傍聽　(　　　　　)
▶정식 성원이 아니거나 직접적인 관계가 없는 사람이 회의, 토론, 방송 따위에 참석하여 들음.

傲:氣　(　　　　　)
▶능력은 부족하면서도 남에게 지기 싫어하는 마음. ¶~가 생기다.

傲:慢　(　　　　　)
▶태도나 행동이 건방지거나 거만함. 또는 그 태도나 행동. 凹驕慢(교만).

僅:僅　(　　　　　)
▶어렵사리 겨우. ¶~이 살아가다.

僅:少　(　　　　　)
▶아주 적다. ¶~한 양.

閣僚　(　　　　　)
▶한 나라의 내각을 구성하는 각 장관.

官僚　(　　　　　)
▶직업적인 관리. 또는 그들의 집단.

同僚　(　　　　　)
▶같은 직장이나 같은 부문에서 함께 일하는 사람.

幕僚　(　　　　　)
▶중요한 계획의 입안이나 시행 따위의 일을 보좌하는 사람.

冒頭　(　　　　　)
▶이야기나 글의 첫머리.

冒險　(　　　　　)
▶①위험을 무릅씀. ②성공할 가망이 적은 일을 요행을 바라며 해봄.

한자로 써 보세요

모:욕 (　　)	수모 (　　)	제후 (　　)	준:걸 (　　)	준:수 (　　)
준:재 (　　)	영준 (　　)	모방 (　　)	구존 (　　)	방계 (　　)
방관 (　　)	방조 (　　)	방조 (　　)	방증 (　　)	방청 (　　)
오:기 (　　)	오:만 (　　)	근:근 (　　)	근:소 (　　)	각료 (　　)
관료 (　　)	동료 (　　)	막료 (　　)	모두 (　　)	모험 (　　)

冥福 (　　　　　)
▶죽은 뒤 저승에서 받는 복. ¶삼가 고인의 ~을 빕니다.

冥想 (　　　　　)
▶고요히 눈을 감고 깊이 생각함. 또는 그런 생각.

凝:結 (　　　　　)
▶엉겨서 맺히는 것.

凝:固 (　　　　　)
▶액체 따위가 엉겨서 뭉쳐 딱딱하게 굳어짐.

凝:視 (　　　　　)
▶눈길을 모아 한곳을 똑바로 바라봄.

凝:集 (　　　　　)
▶한군데에 엉겨서 뭉침.

凝:縮 (　　　　　)
▶한데 엉겨 굳어서 줄어듦.

劣等 (　　　　　)
▶보통의 수준이나 등급보다 낮음. 또는 그런 등급. 반優等.

劣等感 (　　　　　)
▶자기를 남보다 못하거나 무가치한 인간으로 낮추어 평가하는 감정. ¶~을 느끼다.

劣勢 (　　　　　)
▶상대편보다 힘이나 세력이 약함. 또는 그 힘이나 세력. 반優勢.

劣惡 (　　　　　)
▶품질·형편·성질 따위가 몹시 나쁨. ¶~한 상품.

優劣 (　　　　　)
▶나음과 못함. ¶~에 따라 자리를 배정하다.

拙劣 (　　　　　)
▶서투르고 보잘것없다. 정도가 낮고 나쁘다.

募金 (　　　　　)
▶기부금이나 성금 따위를 모음. ¶갑작스런 사고를 당한 이웃을 위하여 ~ 운동이 벌어졌다.

募集 (　　　　　)
▶사람이나 작품, 물품 따위를 일정한 조건 아래 널리 알려 뽑아 모음. ¶합창단원 ~.

公募 (　　　　　)
▶일반에게 널리 공개하여 모집함. ¶~로 선발하다.

應:募 (　　　　　)
▶모집에 응하거나 지원함. ¶지원자가 없어서 ~ 기간을 연장하였다.

匹敵 (　　　　　)
▶능력이나 세력이 엇비슷하여 서로 맞섬.

馬:匹 (　　　　　)
▶①말 몇 마리. ②말. ¶마부는 ~을 잘 다루어야 한다.

配:匹 (　　　　　)
▶부부로서의 짝. ¶~로 삼다.

卜術 (　　　　　)
▶점을 치는 방법이나 기술.

卜債 (　　　　　)
▶점을 쳐 준 값으로 점쟁이에게 주는 돈. ¶~를 받다.

卯:時 (　　　　　)
▶12時의 넷째 시. 오전 5시에서 7시까지이다.

却說 (　　　　　)
▶주로 글 따위에서, 화제를 돌려 다른 이야기를 꺼낼 때 첫머리에 쓰는 말.

忘却 (　　　　　)
▶어떤 사실을 잊어버림. ¶~의 세월.

한자로써보세요

명복 (　　)	명상 (　　)	응:결 (　　)	응:고 (　　)	응:시 (　　)
응:집 (　　)	응:축 (　　)	열등 (　　)	열등감 (　　)	열세 (　　)
열악 (　　)	우열 (　　)	졸렬 (　　)	모금 (　　)	모집 (　　)
공모 (　　)	응:모 (　　)	필적 (　　)	마:필 (　　)	배:필 (　　)
복술 (　　)	복채 (　　)	묘:시 (　　)	각설 (　　)	망각 (　　)

賣:却 (　　　)
▶물건을 팔아 버림. ¶부동산 ~.

燒却 (　　　)
▶불에 태워 없애 버림.

退:却 (　　　)
▶뒤로 물러감. ¶~ 명령. 비後:退.

卿大夫 (　　　)
▶높은 관직에 있는 벼슬아치를 이르던 말.

厄運 (　　　)
▶액을 당할 운수. ¶~이 들다. 반吉運.

厄禍 (　　　)
▶액으로 입는 재앙. ¶~를 면하다.

災厄 (　　　)
▶재앙으로 인한 불운. ¶~이 닥치다.

橫厄 (　　　)
▶뜻밖에 닥쳐오는 불행. ¶사람은 좋은데 어쩌다가 그런 ~을 만났을까.

厥者 (　　　)
▶'그'를 낮잡아 이르는 말. ¶~가 뭔데 상관이야.

叛:起 (　　　)
▶배반하여 일어남.

叛:徒 (　　　)
▶반란을 꾀하거나 그에 가담한 무리. ¶~ 섬멸.

叛:亂 (　　　)
▶정부나 지도자 따위에 반대하여 내란을 일으킴. ¶~ 사건.

叛:逆 (　　　)
▶①나라와 겨레를 배반함. ¶민족 ~ 행위. ②통치자에게서 나라를 다스리는 권한을 빼앗으려고 함.

謀叛 (　　　)
▶①배반을 꾀함. ②국가나 군주의 전복을 꾀함. ¶~에 가담하다.

背:叛 (　　　)
▶믿음과 의리를 저버리고 돌아섬. ¶~ 행위.

但:只 (　　　)
▶다만. 다른 것이 아니라 오로지.

絶叫 (　　　)
▶있는 힘을 다하여 절절하고 애타게 부르짖음. ¶피맺힌 ~.

召集 (　　　)
▶단체나 조직체의 구성원을 불러서 모음. ¶간부 ~.

吾等 (　　　)
▶'우리'를 文語的으로 이르는 말.

吟味 (　　　)
▶어떤 사물 또는 개념의 속 내용을 새겨서 느끼거나 생각함.

吟遊 (　　　)
▶시를 지어 읊으며 여기저기 떠돌아다님.

吟詠 (　　　)
▶시가 따위를 읊음. ¶~ 시인. 비吟誦(음송).

快哉 (　　　)
▶일 따위가 마음먹은 대로 잘되어 만족스럽게 여김. 또는 그럴 때 나는 소리. ¶~를 부르다.

哀:哉 (　　　)
▶'슬프도다'의 뜻으로, 슬퍼서 울고 싶은 상태일 때 하는 말. ¶오호, ~라!

咸池 (　　　)
▶해가 진다고 하는 서쪽의 큰 못.

한자로 써 보세요

매:각 (　　　)　소각 (　　　)　퇴:각 (　　　)　경대부 (　　　)　액운 (　　　)
액화 (　　　)　재액 (　　　)　횡액 (　　　)　궐자 (　　　)　반:기 (　　　)
반:도 (　　　)　반:란 (　　　)　반:역 (　　　)　모반 (　　　)　배:반 (　　　)
단:지 (　　　)　절규 (　　　)　소집 (　　　)　오등 (　　　)　음미 (　　　)
음유 (　　　)　음영 (　　　)　쾌재 (　　　)　애:재 (　　　)　함지 (　　　)

唯物論 (　　　　　)
▶만물의 근원을 물질로 보고, 모든 정신 현상도 물질의 작용이나 그 산물이라고 주장하는 이론.

唯心論 (　　　　　)
▶우주의 본체를 정신적인 것으로 보며 물질적 현상도 정신적인 것의 발현이라는 이론.

唯一神 (　　　　　)
▶오직 하나밖에 없는 신. ¶~ 사상.

嗚呼 (　　　　　)
▶슬플 때나 탄식할 때 내는 소리. ¶~라, 원통하고 恨스럽도다.

未:嘗不 (　　　　　)
▶아닌 게 아니라 과연.

囚役 (　　　　　)
▶죄수에게 일을 시킴. 또는 그 일.

囚衣 (　　　　　)
▶죄수가 입는 옷. ¶~를 입은 죄수.

囚人 (　　　　　)
▶옥에 갇힌 사람. 비罪:囚.

罪:囚 (　　　　　)
▶죄를 지어 교도소에 수감된 사람. ¶~ 호송.

垂楊 (　　　　　)
▶수양버들.

垂訓 (　　　　　)
▶후세에 전하는 교훈.

懸:垂幕 (　　　　　)
▶선전문·구호문 따위를 적어 드리운 막.

坤殿 (　　　　　)
▶'王妃'를 높여 이르던 말.

埋立 (　　　　　)
▶우묵한 땅이나 하천, 바다 등을 돌이나 흙 따위로 채움. '메움'으로 순화. ¶하천 ~.

埋沒 (　　　　　)
▶보이지 않게 파묻거나 파묻힘. ¶농경지 ~.

埋藏 (　　　　　)
▶①묻어서 감춤. ②지하자원 따위가 땅속에 묻혀 있음. ¶석유의 ~ 여부가 큰 관심거리이다.

埋葬 (　　　　　)
▶시체나 유골 따위를 땅속에 묻음.

暗:埋葬 (　　　　　)
▶남몰래 시신을 파묻음.

堤防 (　　　　　)
▶물가에 흙이나 돌, 콘크리트 따위로 쌓은 둑. ¶~ 공사.

塗料 (　　　　　)
▶물건의 겉에 칠하여 그것을 썩지 않게 하거나 외관상 아름답게 하는 재료.

塗色 (　　　　　)
▶색칠. ¶~ 작업.

塗炭 (　　　　　)
▶진구렁에 빠지고 숯불에 탄다는 뜻으로, 몹시 곤궁하여 고통스러운 지경을 이르는 말.

防波堤 (　　　　　)
▶파도를 막기 위하여 항만에 쌓은 둑.

塊根 (　　　　　)
▶덩이뿌리.

塊鐵 (　　　　　)
▶철광을 녹여서 얻은 쇠를 응결하여 만든 쇠의 덩어리.

한자로써보세요

유물론 (　　)	유심론 (　　)	유일신 (　　)	오호 (　　)	미:상불 (　　)
수역 (　　)	수의 (　　)	수인 (　　)	죄:수 (　　)	수양 (　　)
수훈 (　　)	현:수막 (　　)	곤전 (　　)	매립 (　　)	매몰 (　　)
매장 (　　)	매장 (　　)	암:매장 (　　)	제방 (　　)	도료 (　　)
도색 (　　)	도탄 (　　)	방파제 (　　)	괴근 (　　)	괴철 (　　)

塊炭　(　　　　　)
▶덩어리로 된 석탄.

金塊　(　　　　　)
▶①금덩이. ②금화의 바탕이 되는 황금.

墳墓　(　　　　　)
▶무덤. ¶~에 가서 분향재배하다.

古:墳　(　　　　　)
▶고대에 만들어진 무덤. ¶~ 발굴.

封墳　(　　　　　)
▶흙을 둥글게 쌓아 올려서 무덤을 만듦. 또는 그 무덤.

墮:落　(　　　　　)
▶올바른 길에서 벗어나 잘못된 길로 빠지는 일. ¶~ 선거.

東夷　(　　　　　)
▶예전에, 동쪽의 오랑캐라는 뜻으로, 중국 사람이 그들의 동쪽에 사는 나라들을 낮잡아 이르던 말.

奈落　(　　　　　)
▶①지옥. ②벗어나기 어려운 절망적인 상황을 비유적으로 이르는 말.

奏:樂　(　　　　　)
▶음악을 연주함. 또는 그 음악. ¶~을 멈추다.

奏:請　(　　　　　)
▶임금에게 아뢰어 청하던 일. ¶신하들의 ~을 들어주다.

奚琴　(　　　　　)
▶속이 빈 둥근 나무에 짐승의 가죽을 메우고 긴 나무를 꽂아 줄을 활 모양으로 건 악기.

妥:結　(　　　　　)
▶의견이 대립된 양편에서 서로 양보하여 일을 마무름.

妥:當　(　　　　　)
▶'타당하다'의 어근. 사리에 맞아 마땅하다.

妥:協　(　　　　　)
▶어떤 일을 서로 양보하여 협의함. ¶~을 보다.

臣妾　(　　　　　)
▶여자가 임금을 상대하여 자기를 낮추어 이르던 일인칭 대명사.

妻妾　(　　　　　)
▶아내와 첩을 아울러 이르는 말. ¶~을 거느리다.

小:妾　(　　　　　)
▶부인이 남편을 상대하여 자기를 낮추어 이르던 일인칭 대명사.

姪女　(　　　　　)
▶조카딸.

姪婦　(　　　　　)
▶조카며느리. ¶얼마 전에 ~가 인사를 왔다.

叔姪　(　　　　　)
▶아저씨와 조카를 아울러 이르는 말. ¶~ 사이.

姻戚　(　　　　　)
▶혼인에 의하여 맺어진 친척. ¶~ 관계.

婚姻　(　　　　　)
▶남자와 여자가 부부가 되는 일. 비結婚.

姦:臣　(　　　　　)
▶간사한 신하를 이른다. 奸臣.

姦:凶　(　　　　　)
▶간사하고 흉악함. 또는 그런 사람.

娛:樂　(　　　　　)
▶쉬는 시간에 여러 가지 방법으로 기분을 즐겁게 하는 일. ¶건전한 ~.

한자로써보세요

괴탄 (　　　) 금괴 (　　　) 분묘 (　　　) 고:분 (　　　) 봉분 (　　　)
타:락 (　　　) 동이 (　　　) 나락 (　　　) 주:악 (　　　) 주:청 (　　　)
해금 (　　　) 타:결 (　　　) 타:당 (　　　) 타:협 (　　　) 신첩 (　　　)
처첩 (　　　) 소:첩 (　　　) 질녀 (　　　) 질부 (　　　) 숙질 (　　　)
인척 (　　　) 혼인 (　　　) 간:신 (　　　) 간:흉 (　　　) 오:락 (　　　)

嫌忌 (　　　　　)
▶싫어하고 꺼림.

嫌惡 (　　　　　)
▶싫어하고 미워함. ¶~ 식품.

嫌疑 (　　　　　)
▶범죄를 저지른 사실이 있을 가능성. ¶범죄 ~.

宜當 (　　　　　)
▶사물의 이치에 따라 마땅히.

便宜 (　　　　　)
▶형편이나 조건 따위가 편하고 좋음. ¶~ 시설.

宰:相 (　　　　　)
▶임금을 돕고 모든 관원을 지휘하고 감독하는 일을 맡아보던 이품 이상의 벼슬. 또는 그 벼슬에 있던 벼슬아치.

主宰 (　　　　　)
▶어떤 일을 중심이 되어 맡아 처리함. ¶국무총리 ~로 가뭄 대책 회의를 열었다.

寅時 (　　　　　)
▶12時의 셋째 시. 오전 3시에서 5시까지이다.

尋訪 (　　　　　)
▶방문하여 찾아봄.

尋常 (　　　　　)
▶대수롭지 않고 예사롭다. 범상하다. ¶기미가 ~치 않다.

尖端 (　　　　　)
▶①물체의 뾰족한 끝. ②시대사조, 학문, 유행 따위의 맨 앞장. ¶~ 과학.

尖兵 (　　　　　)
▶행군의 맨 앞에서 경계·수색하는 임무를 맡은 병사. 또는 그런 부대.

尖銳 (　　　　　)
▶날카롭고 뾰족하다.

尖塔 (　　　　　)
▶뾰족한 탑. ¶~이 솟아올라 있다.

尤甚 (　　　　　)
▶더욱 심하다.

屛風 (　　　　　)
▶바람을 막거나 무엇을 가리거나 또는 장식용으로 방 안에 치는 물건.

屢:年 (　　　　　)
▶여러 해 동안.

屢:代 (　　　　　)
▶여러 대. ¶~로 살아온 집.

屢:次 (　　　　　)
▶여러 차례. ¶~로 반복하다.

山岳 (　　　　　)
▶높고 험준하게 솟은 산들. ¶~ 안내인.

冠岳山 (　　　　　)
▶서울특별시와 경기도 시흥시 사이에 있는 산. 높이는 629미터.

崩壞 (　　　　　)
▶무너지고 깨어짐. ¶그 아파트는 건축한지 오래되어 ~ 위험이 있다.

崩御 (　　　　　)
▶임금이 세상을 떠남.

巳:時 (　　　　　)
▶12時의 여섯째 시. 오전 9시부터 11시까지이다.

巷:間 (　　　　　)
▶일반 사람들 사이. ¶~에 떠도는 소문.

한자로써보세요

혐기 (　　)	혐오 (　　)	혐의 (　　)	의당 (　　)	편의 (　　)
재:상 (　　)	주재 (　　)	인시 (　　)	심방 (　　)	심상 (　　)
첨단 (　　)	첨병 (　　)	첨예 (　　)	첨탑 (　　)	우심 (　　)
병풍 (　　)	누:년 (　　)	누:대 (　　)	누:차 (　　)	산악 (　　)
관악산 (　　)	붕괴 (　　)	붕어 (　　)	사:시 (　　)	항:간 (　　)

巷:說 (　　　　　)
▶여러 사람의 입에서 입으로 옮겨지는 말. ¶그의 주변에는 갖가지 ~이 분분하다.

屯兵 (　　　　　)
▶군사가 주둔함. 또는 그 군사.

屯營 (　　　　　)
▶군사가 주둔하고 있는 군영.

大:幅 (　　　　　)
▶큰 폭이나 범위. ¶모집 인원을 ~ 늘리다.

路:幅 (　　　　　)
▶길의 너비. ¶~이 좁다.

步:幅 (　　　　　)
▶걸음을 걸을 때 앞발 뒤축에서 뒷발 뒤축까지의 거리. ¶~이 넓다.

增幅 (　　　　　)
▶사물의 범위가 늘어나 커짐. 또는 사물의 범위를 넓혀 크게 함. ¶갈등 ~.

振:幅 (　　　　　)
▶진동하고 있는 물체가 정지 또는 평형 위치에서 최대 변위까지 이동하는 거리.

幣:物 (　　　　　)
▶선사하는 물건.

幣:帛 (　　　　　)
▶신부가 처음으로 시부모를 뵐 때 큰절을 하고 올리는 물건. ¶~을 드리다.

紙幣 (　　　　　)
▶종이에 인쇄를 하여 만든 화폐. ¶동전을 모두 ~로 바꾸었다.

貨:幣 (　　　　　)
▶상품 교환 가치의 척도가 되며 그것의 교환을 매개하는 일반화된 수단.

幾微 (　　　　　)
▶낌새. ¶~가 보이다.

庚方 (　　　　　)
▶24方位의 하나.

庸劣 (　　　　　)
▶(사람이) 변변하지 못하고 졸렬하다.

庸才 (　　　　　)
▶평범하고 졸렬한 재주.

庸拙 (　　　　　)
▶용렬(庸劣)하고 졸렬(拙劣)함.

中庸 (　　　　　)
▶지나치거나 모자라지도 아니하고 한쪽으로 치우치지도 아니한 상태나 정도.

庶:務 (　　　　　)
▶특별한 명목이 없는 여러 가지 일반적인 사무. 또는 그런 일을 맡은 사람.

庶:民 (　　　　　)
▶경제적으로 중류 이하의 넉넉지 못한 생활을 하는 사람.

庶:人 (　　　　　)
▶아무 벼슬이나 신분적 특권을 갖지 못한 일반인.

廉價 (　　　　　)
▶매우 싼 값. ¶~로 판매하다. 凾賤:價.

廉潔 (　　　　　)
▶청렴(淸廉)하고 결백(潔白)함.

廉恥 (　　　　　)
▶체면을 차릴 줄 알며 부끄러움을 아는 마음.

廉探 (　　　　　)
▶몰래 남의 사정을 살피고 조사함. ¶~을 나가다.

한자로 써 보세요

항:설 (　)	둔병 (　)	둔영 (　)	대:폭 (　)	노:폭 (　)
보:폭 (　)	증폭 (　)	진:폭 (　)	폐:물 (　)	폐:백 (　)
지폐 (　)	화:폐 (　)	기미 (　)	경방 (　)	용렬 (　)
용재 (　)	용졸 (　)	중용 (　)	서:무 (　)	서:민 (　)
서:인 (　)	염가 (　)	염결 (　)	염치 (　)	염탐 (　)

淸廉　(　　　　　)
▶성품과 행실이 높고 맑으며, 탐욕이 없음. ¶그는 ~ 강직한 사람이다. 回淸白.

低:廉　(　　　　　)
▶물건 따위의 값이 싸다. ¶~한 가격.

廟:堂　(　　　　　)
▶종묘와 명당을 아울러 이르는 말.

宗廟　(　　　　　)
▶조선 시대에, 역대 임금과 왕비의 위패를 모시던 왕실의 사당.

弔:旗　(　　　　　)
▶①半:旗. ¶~를 달다. ②남의 죽음을 슬퍼하는 뜻을 나타내기 위하여 다는 기.

弔:辭　(　　　　　)
▶죽은 사람을 슬퍼하여 조상(弔喪)의 뜻을 표하는 글이나 말.

弔:喪　(　　　　　)
▶남의 죽음에 대하여 슬퍼하는 뜻을 드러내어 喪主를 위문함. 또는 그 위문. ¶~을 가다.

弔:慰金　(　　　　　)
▶죽은 사람을 조상하고 유가족을 위문하는 뜻을 나타내기 위하여 내는 돈. 回賻儀金(부의금).

弔:意　(　　　　　)
▶남의 죽음을 슬퍼하는 뜻. ¶삼가 ~를 표합니다.

弔:鍾　(　　　　　)
▶죽은 사람을 애도하는 뜻으로 치는 종.

慶弔事　(　　　　　)
▶경사스러운 일과 불행한 일.

弘道　(　　　　　)
▶道를 널리 펴는 일.

循次　(　　　　　)
▶차례를 좇는 것.

循行　(　　　　　)
▶①여러 곳으로 돌아다님. ②명령을 좇아 행함.

循環　(　　　　　)
▶일련의 변화 과정을 되풀이하는 것. ¶대기의 ~.

透徹　(　　　　　)
▶깊은 속까지 환히 트이게 철저하고 정확하다. ¶사명감이 ~하다.

忙中閑　(　　　　　)
▶바쁜 가운데 잠깐 얻어 낸 틈.

忌日　(　　　　　)
▶해마다 돌아오는 제삿날. ¶아버지 ~.

忌中　(　　　　　)
▶喪制의 몸으로 있는 동안.

忌避　(　　　　　)
▶꺼리거나 싫어하여 피함.

禁:忌　(　　　　　)
▶마음에 꺼려서 하지 않거나 피함. ¶~ 사항.

忘却　(　　　　　)
▶어떤 사실을 잊어버림. ¶~의 세월.

健:忘症　(　　　　　)
▶어느 시기 동안의 일을 전혀 기억하지 못하거나 또는 드문드문 기억하기도 하는 기억 장애.

備:忘錄　(　　　　　)
▶잊지 않으려고 중요한 골자를 적어 둔 것. 또는 그런 책자.

怠慢　(　　　　　)
▶열심히 하려는 마음이 없고 게으름. ¶직무 ~.

한자로써보세요

청렴 (　　)	저:염 (　　)	묘:당 (　　)	종묘 (　　)	조:기 (　　)
조:사 (　　)	조:상 (　　)	조:위금(　　)	조:의 (　　)	조:종 (　　)
경조사(　　)	홍도 (　　)	순차 (　　)	순행 (　　)	순환 (　　)
투철 (　　)	망중한(　　)	기일 (　　)	기중 (　　)	기피 (　　)
금:기 (　　)	망각 (　　)	건:망증(　　)	비:망록(　　)	태만 (　　)

怠業 (　　　　)
▶노동 쟁의 행위의 하나. ¶~ 중단.

過:怠料 (　　　　)
▶공법에서, 의무 이행을 태만히 한 사람에게 벌로 물게 하는 돈. ¶~를 부과하다.

恣:意的 (　　　　)
▶방자하게 굶. 또는 방자한 모양. ¶~인 행동.

恣:行 (　　　　)
▶제멋대로 해 나감. 또는 삼가는 태도가 없이 건방지게 행동함.

放:恣 (　　　　)
▶삼가는 태도가 없이 건방지다. ¶~한 태도.

惟獨 (　　　　)
▶많은 것 가운데 홀로 두드러지게.

思惟 (　　　　)
▶개념, 구성, 판단, 추리 따위를 행하는 인간의 이성 작용.

苦惱 (　　　　)
▶괴로워하고 번뇌함. ¶~에 빠져들다.

愧:色 (　　　　)
▶부끄러워하는 얼굴빛.

慘劇 (　　　　)
▶처참한 사건. ¶수십 명의 사상자가 난 ~.

慘變 (　　　　)
▶뜻밖에 당하는 끔찍하고 비참한 재앙이나 사고.

慘事 (　　　　)
▶비참하고 끔찍한 일. ¶불의의 ~를 당하다.

慘狀 (　　　　)
▶비참하고 끔찍한 상태나 상황. ¶전쟁의 ~.

慘敗 (　　　　)
▶싸움이나 경기 따위에서 참혹할 만큼 크게 패배하거나 실패함.

慘禍 (　　　　)
▶비참하고 끔찍한 재난이나 변고. ¶전쟁의 ~를 딛고 눈부신 발전을 했다.

無慘 (　　　　)
▶비할 바 없이 끔찍하고 참혹하다.

悲:慘 (　　　　)
▶더할 수 없이 슬프고 끔찍함. ¶~한 末路.

驕慢 (　　　　)
▶잘난 체하며 뽐내고 건방짐. ¶~을 부리다. 비傲慢(오만). 반謙遜(겸손).

自慢 (　　　　)
▶자신이나 자신과 관련 있는 것을 스스로 자랑하며 뽐냄. ¶~에 빠지다.

慨:歎 (　　　　)
▶분하거나 못마땅하게 여겨 한탄함. '탄식'으로 순화. ¶~의 소리가 높다.

憤:慨 (　　　　)
▶몹시 분하게 여김. ¶기울어가는 국운에 ~하여 눈물을 흘렸다.

慙愧 (　　　　)
▶매우 부끄러워함.

憐憫 (　　　　)
▶불쌍하고 가련하게 여김. ¶~의 정을 느끼다.

哀:憐 (　　　　)
▶어리거나 약한 사람을 가엾게 여기어 사랑함.

憫:然 (　　　　)
▶민망하다. 열없고 딱하다.

한 자 로 써 보 세 요

태업 (　　)	과:태료(　　)	자:의적(　　)	자:행 (　　)	방:자 (　　)
유독 (　　)	사유 (　　)	고뇌 (　　)	괴:색 (　　)	참극 (　　)
참변 (　　)	참사 (　　)	참상 (　　)	참패 (　　)	참화 (　　)
무참 (　　)	비:참 (　　)	교만 (　　)	자만 (　　)	개:탄 (　　)
분:개 (　　)	참괴 (　　)	연민 (　　)	애:련 (　　)	민:연 (　　)

懲戒 (　　　　　)
▶①허물이나 잘못을 뉘우치도록 나무라며 경계함. ②부정이나 부당한 행위에 대하여 제재를 가함.

懲罰 (　　　　　)
▶죄를 지은 데 대하여 벌을 줌. 또는 그 벌.

懲役 (　　　　　)
▶죄인을 교도소에 가두어 노동을 시키는 형벌.

懲治 (　　　　　)
▶징계하여 다스림.

疑懼心 (　　　　　)
▶믿지 못하고 두려워하는 마음. ¶~이 들다.

戌時 (　　　　　)
▶12時의 열한 째 시. 오후 7시부터 9시까지이다.

依:托 (　　　　　)
▶어떤 것에 몸이나 마음을 의지하여 맡김.

把握 (　　　　　)
▶①손으로 잡아 쥠. ②어떤 대상의 내용이나 본질을 확실하게 이해하여 앎.

把持 (　　　　　)
▶꽉 움키어 쥐고 있음.

抄錄 (　　　　　)
▶필요한 부분만을 뽑아서 적음. 또는 그런 기록.

抄本 (　　　　　)
▶원본에서 필요한 부분만 뽑아서 베낀 문서.

押送 (　　　　　)
▶피고인 또는 죄인을 어느 한 곳에서 다른 곳으로 호송하는 일.

押收 (　　　　　)
▶①물건의 점유를 취득하는 강제 처분. ②물건 따위를 강제로 빼앗음.

差押 (　　　　　)
▶법률에서, 집행 기관에 의하여 채무자의 특정 재산에 대한 처분이 제한되는 강제 집행.

抽象 (　　　　　)
▶여러 가지 사물이나 개념에서 공통되는 특성이나 속성 따위를 추출하여 파악하는 작용.

抽象畫 (　　　　　)
▶사물의 사실적 재현이 아니고 순수한 점·선·면·색채에 의한 표현을 목표로 한 그림.

抽出 (　　　　　)
▶전체 속에서 어떤 물건, 생각, 요소 따위를 뽑아냄.

拙稿 (　　　　　)
▶자기나 자기와 관련된 사람의 원고를 겸손하게 이르는 말.

拙速 (　　　　　)
▶어설프고 빠름. 또는 그런 태도. ¶시간에 쫓겨 ~으로 처리하였다.

拙作 (　　　　　)
▶①솜씨가 서투르고 보잘것없는 작품. 凹傑作. ②자기의 작품을 겸손하게 이르는 말.

拙著 (　　　　　)
▶자기의 저술을 겸손하게 이르는 말.

稚拙 (　　　　　)
▶유치하고 졸렬함.

抱:卵 (　　　　　)
▶조류의 암컷이 부화하기 위하여 암새가 알을 품어 따뜻하게 하는 일.

抱:負 (　　　　　)
▶마음속에 지니고 있는, 미래에 대한 계획이나 희망. ¶~가 크다.

한자로 써 보세요

징계 (　　)	징벌 (　　)	징역 (　　)	징치 (　　)	의구심 (　　)
술시 (　　)	의:탁 (　　)	파악 (　　)	파지 (　　)	초록 (　　)
초본 (　　)	압송 (　　)	압수 (　　)	차압 (　　)	추상 (　　)
추상화 (　　)	추출 (　　)	졸고 (　　)	졸속 (　　)	졸작 (　　)
졸저 (　　)	치졸 (　　)	포:란 (　　)	포:부 (　　)	

懷抱　(　　　　　)
▶마음속에 품은 생각이나 情.

挑發　(　　　　　)
▶남을 집적거려 일이 일어나게 함. ¶전쟁 ~.

挑戰　(　　　　　)
▶①싸움을 걺. ②어려운 사업이나 기록 경신 따위에 맞섬을 비유적으로 이르는 말. ¶신기록 ~.

捕:捉　(　　　　　)
▶어떤 기회나 정세를 알아차림.

掠取　(　　　　　)
▶훔쳐서 빼돌려 가지거나 약탈하여 가짐.

掠奪　(　　　　　)
▶폭력을 써서 남의 것을 억지로 빼앗음.

侵:掠　(　　　　　)
▶침범하여 빼앗음. ¶일제의 경제 ~.

喜捨　(　　　　　)
▶어떤 목적을 위하여 기꺼이 돈이나 물건을 내놓음.

掛念　(　　　　　)
▶마음에 두고 걱정하거나 잊지 않음. ¶급한 일이 있으면 ~치 말고 가 보게.

掛圖　(　　　　　)
▶벽에 걸어 놓고 보는 학습용 그림이나 지도.

掛意　(　　　　　)
▶마음에 두고 걱정하거나 잊지 않음. 동掛心.

掛鍾　(　　　　　)
▶시간마다 종이 울리는 시계. 보통 벽에 걸어 둔다. ¶거실에 걸린 ~이 느릿느릿 네 번 쳤다.

搜查　(　　　　　)
▶찾아서 조사함. ¶공개 ~.

搜索　(　　　　　)
▶구석구석 뒤지어 찾음. ¶실종자 ~에 나서다.

搖動　(　　　　　)
▶흔들리어 움직임. 또는 흔들어 움직임.

動:搖　(　　　　　)
▶생각이나 처지가 확고하지 못하고 흔들림. ¶뉴스를 듣고 갑자기 ~하기 시작했다.

携帶　(　　　　　)
▶손에 들거나 몸에 지니고 다님. ¶이제는 ~ 전화기가 보편화 되었다.

提携　(　　　　　)
▶행동을 함께 하기 위하여 서로 붙들어 도와줌.

播種　(　　　　　)
▶논밭에 곡식의 씨앗을 뿌리는 일. ¶일요일에는 꽃밭에 꽃씨를 ~하였다.

播遷　(　　　　　)
▶임금이 도성을 떠나 다른 곳으로 避:亂하던 일. ¶고종황제의 아관 ~.

傳播　(　　　　　)
▶전하여 널리 퍼뜨림. ¶대중문화의 ~.

直播　(　　　　　)
▶모내기를 아니하고 논밭에 직접 씨를 뿌리는 일.

擁:立　(　　　　　)
▶임금으로 받들어 모심. ¶이성계를 ~하여 조선왕조를 세우다.

擁:護　(　　　　　)
▶두둔하고 편들어 지킴. ¶인권 ~.

抱:擁　(　　　　　)
▶①사람을 또는 사람끼리 품에 껴안음. ②남을 아량으로 너그럽게 품어 줌.

한자로써보세요

회포 (　　)	도발 (　　)	도전 (　　)	포:착 (　　)	약취 (　　)
약탈 (　　)	침:략 (　　)	희사 (　　)	괘념 (　　)	괘도 (　　)
괘의 (　　)	괘종 (　　)	수사 (　　)	수색 (　　)	요동 (　　)
동:요 (　　)	휴대 (　　)	제휴 (　　)	파종 (　　)	파천 (　　)
전파 (　　)	직파 (　　)	옹:립 (　　)	옹:호 (　　)	포:옹 (　　)

擴大　　（　　　　　）
▶모양이나 규모 따위를 더 크게 함. 凹縮小(축소).

擴散　　（　　　　　）
▶흩어져 널리 퍼짐. ¶전염병의 ~.

擴聲器　（　　　　　）
▶소리를 크게 하여 멀리까지 들리게 하는 기구.

擴張　　（　　　　　）
▶범위, 규모, 세력 따위를 늘려서 넓힘.

擴充　　（　　　　　）
▶늘리고 넓혀 충실하게 함. ¶교육 예산의 ~.

攝理　　（　　　　　）
▶자연계를 지배하고 있는 원리와 법칙. ¶자연의 ~.

攝生　　（　　　　　）
▶병에 걸리지 아니하도록 건강관리를 잘하여 오래 살기를 꾀함.

攝政　　（　　　　　）
▶군주가 직접 통치할 수 없을 때에 군주를 대신하여 나라를 다스림.

攝取　　（　　　　　）
▶①좋은 요소를 받아들임. ②생물에서, 생물체가 양분 따위를 몸속에 빨아들이는 일.

包:攝　　（　　　　　）
▶상대편을 자기편으로 감싸 끌어들임. ¶~ 공작.

敍:景　　（　　　　　）
▶자연의 경치를 글로 나타냄. ¶배어난 ~ 묘사.

敍:事詩（　　　　　）
▶문학 역사적 사실이나 신화, 전설, 영웅의 사적 따위를 서사적 형태로 쓴 시.

敍:述　　（　　　　　）
▶사건이나 생각 따위를 차례대로 말하거나 적음.

自敍傳　（　　　　　）
▶작자 자신의 일생을 소재로 스스로 짓거나, 남에게 구술하여 쓰게 한 전기. ¶~을 쓰다.

追敍　　（　　　　　）
▶죽은 뒤에 관등을 올리거나 훈장 따위를 줌.

敏感　　（　　　　　）
▶감각이 예민하다. ¶~한 반응을 보이다.

敏活　　（　　　　　）
▶날쌔고 활달하다. ¶~한 행동.

過:敏　　（　　　　　）
▶감각이나 감정이 지나치게 예민함. ¶~ 반응.

機敏　　（　　　　　）
▶동작이 날쌔고 눈치가 빠르다. ¶~한 몸놀림.

不敏　　（　　　　　）
▶어리석고 둔하여 민첩하지 못하다. ¶~한 소치.

英敏　　（　　　　　）
▶슬기롭고 민첩하다. ¶사람이 ~하다.

敦篤　　（　　　　　）
▶인정이 두텁다. ¶우의가 매우 ~하다. 凹敦厚.

敦化門　（　　　　　）
▶창덕궁의 정문. 서울에 남아 있는 가장 오래된 목조 건물 가운데 하나이다. 보물 제383호.

斤兩　　（　　　　　）
▶무게를 나타내는 단위인 근과 냥을 아울러 이르는 말.

斤數　　（　　　　　）
▶저울에 단 무게의 수. ¶~를 달다.

한 자 로 써 보 세 요

확대 （　　）	확산 （　　）	확성기（　　）	확장 （　　）	확충 （　　）
섭리 （　　）	섭생 （　　）	섭정 （　　）	섭취 （　　）	포:섭 （　　）
서:경 （　　）	서:사시（　　）	서:술 （　　）	자서전（　　）	추서 （　　）
민감 （　　）	민활 （　　）	과:민 （　　）	기민 （　　）	불민 （　　）
영민 （　　）	돈독 （　　）	돈화문（　　）	근량 （　　）	근수 （　　）

斥邪　（　　　　　）
▶간사한 것을 물리침. ¶개화사상과 ~ 사상.

斥候　（　　　　　）
▶적의 형편이나 지형 따위를 정찰하고 탐색함.

排:斥　（　　　　　）
▶따돌리거나 거부하여 밀어 내침. ¶수입물품 ~.

斯界　（　　　　　）
▶해당되는 분야. 또는 그런 사회. ¶~의 권위자.

斯文　（　　　　　）
▶유학의 도의나 문화를 이르는 말.

於中間　（　　　　　）
▶거의 중간쯤 되는 곳. 또는 그런 상태.

於此彼　（　　　　　）
▶이렇게 하든지 저렇게 하든지. 또는 이렇게 되든지 저렇게 되든지.

甚:至於　（　　　　　）
▶더욱 심하다 못하여 나중에는.

旣決　（　　　　　）
▶이미 결정함. ¶~ 서류. 凹未:決.

旣得權　（　　　　　）
▶특정한 자연인, 법인, 국가가 정당한 절차를 밟아 이미 차지한 권리. ¶~을 주장하다.

旣望　（　　　　　）
▶음력으로 매달 16일. ¶팔월 ~.

旣成服　（　　　　　）
▶일정한 기준 치수에 맞추어서 대량으로 미리 지어 놓은 옷.

旣約　（　　　　　）
▶①이미 해 놓은 약속. ②더 이상 약분이 안 됨.

旣往　（　　　　　）
▶이미 지나간 이전. 기왕에. ¶~ 해 놓은 밥이니 우리끼리라도 먹자. 凹已往(이왕).

旣存　（　　　　　）
▶이미 존재함. ¶~의 세력.

旣婚　（　　　　　）
▶이미 결혼함. ¶~ 여성. 凹未:婚.

旱:災　（　　　　　）
▶가뭄으로 인하여 생기는 재앙. ¶~로 농작물이 모두 말라죽었다.

旱:害　（　　　　　）
▶가뭄으로 인하여 입은 재해. ¶거듭된 ~로 농작물의 피해가 컸다.

耐:旱　（　　　　　）
▶가물을 견딤.

昔者　（　　　　　）
▶이미 많은 세월이 지난 오래 전 때.

昏迷　（　　　　　）
▶의식이 흐림. 또는 그런 상태.

昏絶　（　　　　　）
▶정신이 아찔하여 까무러침. ¶갑작스런 비보에 ~을 하였다. 凹氣絶.

黃昏　（　　　　　）
▶해가 지고 어스름해질 때.

昭代　（　　　　　）
▶나라가 잘 다스려져 태평하고 밝은 세상.

昭詳　（　　　　　）
▶분명하고 자세함. ¶그동안 있었던 일을 ~히 밝히도록 하라.

한자로써보세요

척사 (	)	척후 (	)	배:척 (	)	사계 (	)	사문 (	)
어중간 (	)	어차피 (	)	심:지어 (	)	기결 (	)	기득권 (	)
기망 (	)	기성복 (	)	기약 (	)	기왕 (	)	기존 (	)
기혼 (	)	한:재 (	)	한:해 (	)	내:한 (	)	석자 (	)
혼미 (	)	혼절 (	)	황혼 (	)	소대 (	)	소상 (	)

晨星　(　　　)
▶샛별.

晨省　(　　　)
▶아침 일찍 부모의 침소에 가서 밤사이의 안부를 살피는 일.

快晴　(　　　)
▶하늘이 구름 한 점 없이 상쾌하도록 맑다.

暴暑　(　　　)
▶매우 심한 더위. ¶살인적인 ~가 계속되다.

避:暑　(　　　)
▶더위를 피하여 시원한 곳으로 옮김. ¶~ 인파.

暢:達　(　　　)
▶거침없이 쑥쑥 뻗어 나감. 또는 그렇게 되게 함. ¶민족 문화의 ~.

流暢　(　　　)
▶말을 하거나 글을 읽는 것이 물 흐르듯이 거침이 없다. ¶~한 말솜씨.

和暢　(　　　)
▶(날씨 또는 마음이) 온화하고 맑다. ¶~한 봄날.

暮:年　(　　　)
▶晩:年. 나이가 들어 늙어 가는 시기.

暮:春　(　　　)
▶늦봄.

歲:暮　(　　　)
▶한 해가 끝날 무렵.

曉:星　(　　　)
▶①샛별. ②매우 드문 존재를 비유적으로 이르는 말.

曉:月　(　　　)
▶새벽달.

曉:天　(　　　)
▶새벽하늘.

替換　(　　　)
▶대신하여 갈아서 바꿈.

交替　(　　　)
▶사람이나 사물을 다른 사람이나 사물로 대신하여 바꿈. ¶세대 ~.

代:替　(　　　)
▶다른 것으로 대신함. ¶~ 방안.

移替　(　　　)
▶서로 갈리고 바뀜. 또는 서로 바꿈. ¶대부분의 공과금은 자동 ~로 납부한다.

朋黨　(　　　)
▶조선 시대에, 이념과 이해에 따라 이루어진 사람의 집단을 이르던 말.

朋友　(　　　)
▶벗. ¶먼 곳에서 ~가 찾아오다.

朔望　(　　　)
▶음력 초하룻날과 보름날을 아울러 이르는 말.

朔風　(　　　)
▶겨울철에 북쪽에서 불어오는 찬바람.

滿朔　(　　　)
▶아이 낳을 달이 다 참. 또는 달이 차서 배가 몹시 부름.

乾杯　(　　　)
▶건강, 행복 따위를 빌면서 서로 술잔을 들어 마심. ¶~를 들다.

苦杯　(　　　)
▶쓴 술잔이란 뜻으로, 쓰라린 경험을 비유적으로 이르는 말. ¶시험 낙방이라는 ~를 마셨다.

한자로 써보세요

신성 (　　)	신성 (　　)	쾌청 (　　)	폭서 (　　)	피:서 (　　)
창:달 (　　)	유창 (　　)	화창 (　　)	모:년 (　　)	모:춘 (　　)
세:모 (　　)	효:성 (　　)	효:월 (　　)	효:천 (　　)	체환 (　　)
교체 (　　)	대:체 (　　)	이체 (　　)	붕당 (　　)	붕우 (　　)
삭망 (　　)	삭풍 (　　)	만삭 (　　)	건배 (　　)	고배 (　　)

祝杯　（　　　　　）
▶축하하는 뜻으로 마시는 술. 또는 그런 술잔.

分析　（　　　　　）
▶얽혀 있거나 복잡한 것을 풀어서 개별적인 요소나 성질로 나눔. ¶심리 ~.

解:析　（　　　　　）
▶사물을 자세히 풀어서 논리적으로 밝힘.

枕:木　（　　　　　）
▶선로 아래에 까는 나무나 콘크리트로 된 토막.

木枕　（　　　　　）
▶나무토막으로 만든 베개. ¶~을 베고 자다.

枯渴　（　　　　　）
▶①물이 말라서 없어짐. ②돈이나 물건 따위가 거의 없어져 매우 귀해짐.

枯淡　（　　　　　）
▶①청렴결백하여 욕심이 없음 ②서화, 문장, 인품 등이 저속하지 않고 아취가 있음.

枯死　（　　　　　）
▶나무나 풀 따위가 말라죽음.

枯葉　（　　　　　）
▶마른 잎. 시든 잎.

某:氏　（　　　　　）
▶'아무개'의 존칭. ¶金 ~.

某:種　（　　　　　）
▶〔흔히 '모종의' 꼴로 쓰여〕어떠한 종류.

某:處　（　　　　　）
▶어떠한 곳. ¶~에서 둘이 만난 적이 있다.

梨花　（　　　　　）
▶배꽃.

棄却　（　　　　　）
▶소송을 수리한 법원이 소송이 이유가 없거나 적법하지 않다고 판단하여 무효를 선고하는 일.

棄權　（　　　　　）
▶투표, 의결, 경기 따위에 참가할 수 있는 권리를 스스로 포기하고 행사하지 아니함.

放:棄　（　　　　　）
▶내버리고 아예 돌아보지 아니함. ¶의무의 ~.

投棄　（　　　　　）
▶내던져 버림. ¶쓰레기 불법 ~.

破:棄　（　　　　　）
▶①깨뜨리거나 찢어서 내버림. ②계약, 조약, 약속 따위를 깨뜨려 버림. ¶계약 ~.

廢:棄　（　　　　　）
▶①못 쓰게 된 것을 버림. ¶시설의 ~. ②조약, 법령, 약속 따위를 무효로 함. ¶계약의 ~.

廢:論　（　　　　　）
▶논의를 그만둠.

廢:止　（　　　　　）
▶실시하여 오던 제도나 법규, 일 따위를 그만두거나 없앰.

楊柳　（　　　　　）
▶버드나무.

欺罔　（　　　　　）
▶欺瞞(기만). 남을 속여 넘김.

殃禍　（　　　　　）
▶어떤 일로 인하여 생기는 재난. ¶~가 미치다.

災殃　（　　　　　）
▶뜻하지 않게 생긴 불행한 변고. 또는 천재지변으로 인한 불행한 사고.

한자로 써보세요

축배 （　　）	분석 （　　）	해:석 （　　）	침:목 （　　）	목침 （　　）
고갈 （　　）	고담 （　　）	고사 （　　）	고엽 （　　）	모:씨 （　　）
모:종 （　　）	모:처 （　　）	이화 （　　）	기각 （　　）	기권 （　　）
방:기 （　　）	투기 （　　）	파:기 （　　）	폐:기 （　　）	폐:론 （　　）
폐:지 （　　）	양류 （　　）	기망 （　　）	앙화 （　　）	재앙 （　　）

殉教 (　　　)
▶모든 압박과 박해를 물리치고 자기가 믿는 신앙을 지키기 위하여 목숨을 바치는 일.

殉國 (　　　)
▶나라를 위하여 목숨을 바침. ¶유관순의 ~ 정신.

殉葬 (　　　)
▶한 집단의 지배층 계급에 속하는 사람이 죽었을 때 산 사람을 함께 묻던 장례법.

殉職 (　　　)
▶직무를 다하다가 목숨을 잃음.

毁:慕 (　　　)
▶몸이 상하도록, 죽은 어버이를 사모(思慕)함.

毁:傷 (　　　)
▶헐어 상하게 함.

毁:損 (　　　)
▶①체면이나 명예를 손상함. ¶명예에 ~을 입다.
②헐거나 깨뜨려 못 쓰게 만듦. ¶문화유산 ~.

毁:節 (　　　)
▶절개나 지조를 깨뜨림.

毫末 (　　　)
▶털끝. 아주 작은 일이나 적은 양을 비유적으로 이르는 말. 비一毫. 비秋毫. 비毫釐(호리).

毫髮 (　　　)
▶가늘고 짧은 털. 곧 아주 작은 물건을 이른다.

秋毫 (　　　)
▶가을에 짐승의 털이 아주 가늘다는 뜻으로, 아주 적거나 조금인 것을 비유적으로 이르는 말.

揮毫 (　　　)
▶붓을 휘두른다는 뜻으로, 글씨를 쓰거나 그림을 그림을 이르는 말.

汚:名 (　　　)
▶더러워진 이름이나 명예. ¶~을 입다.

汚:物 (　　　)
▶지저분하고 더러운 물건. 쓰레기나 배설물 따위를 이른다.

汚:水 (　　　)
▶구정물.

汚:染 (　　　)
▶①더럽게 물듦. ②핵무기 따위의 방사성 물질이 목표물이나 대기 속에 머무르는 상태.

汚:辱 (　　　)
▶명예를 더럽히고 욕되게 함. ¶~의 세월.

汚:點 (　　　)
▶①더러운 점. ②명예롭지 못한 흠이나 결점.

淡泊 (　　　)
▶①욕심이 없고 마음이 깨끗하다. ②맛이나 빛이 산뜻하다. ¶~한 맛.

宿泊 (　　　)
▶여관이나 호텔 따위에서 잠을 자고 머무름.

泣訴 (　　　)
▶눈물을 흘리며 간절히 하소연함.

泣血 (　　　)
▶눈물을 흘리며 슬프게 욺.

感:泣 (　　　)
▶감격하여 목메어 욺.

哭泣 (　　　)
▶소리를 내어 슬피 욺.

水泳 (　　　)
▶스포츠나 놀이로서 물속을 헤엄치는 일.

한자로 써보세요

순교 (　)	순국 (　)	순장 (　)	순직 (　)	훼:모 (　)
훼:상 (　)	훼:손 (　)	훼:절 (　)	호말 (　)	호발 (　)
추호 (　)	휘호 (　)	오:명 (　)	오:물 (　)	오:수 (　)
오:염 (　)	오:욕 (　)	오:점 (　)	담박 (　)	숙박 (　)
읍소 (　)	읍혈 (　)	감:읍 (　)	곡읍 (　)	수영 (　)

背:泳 (   )
▶위를 향하여 반듯이 누워 양팔과 발을 이용하여 나아가는 수영법.

遊泳 (   )
▶물속에서 헤엄치며 놂.

平泳 (   )
▶개구리처럼 물과 수평을 이루며, 두 발과 양팔을 오므렸다가 펴는 수영법.

混:泳 (   )
▶일정한 거리를 몇 개의 구간으로 나누어 한 사람이 여러 가지 수영 방법으로 헤엄치는 일.

涉外 (   )
▶①연락을 취하여 의논함. ¶출연자 ~. ②어떤 법률 사항이 內:外國에 관계되고 연락되는 일.

干涉 (   )
▶직접 관계가 없는 남의 일에 부당하게 참견함. ¶남의 일에 지나친 ~을 하지 마라.

交涉 (   )
▶어떤 일을 이루기 위하여 서로 의논하고 절충함. ¶~이 결렬되다.

生涯 (   )
▶살아 있는 한평생의 기간. ¶~ 최고의 날.

天涯 (   )
▶①하늘의 끝. ②까마득하게 멀리 떨어져 있는 곳을 비유적으로 이르는 말.

添加 (   )
▶이미 있는 것에 덧붙이거나 보탬. 🔁削除.

添杯 (   )
▶술이 들어 있는 잔에 술을 더 따름.

添附 (   )
▶안건이나 문서 따위를 덧붙임. ¶~ 서류.

添削 (   )
▶詩文이나 답안 따위의 내용 일부를 보태거나 삭제하여 고침. ¶~ 지도.

別添 (   )
▶서류 따위를 따로 덧붙임. ¶~ 자료.

淚誦 (   )
▶눈물을 흘리며 시나 문장을 읊거나 노래를 부름.

感:淚 (   )
▶매우 감격하여 흘리는 눈물.

落淚 (   )
▶눈물을 흘림. 또는 그 눈물.

渴望 (   )
▶간절히 바람. ¶배움에 대한 ~.

渴水 (   )
▶오랫동안 비가 내리지 아니하여 강물 따위의 물이 마름.

渴症 (   )
▶목이 말라 물을 마시고 싶은 느낌. ¶~ 해소.

解:渴 (   )
▶①목마름을 해소함. ②비가 내려 가뭄을 겨우 벗어남. ¶비가 내렸지만 아직도 ~은 멀었다.

漫:評 (   )
▶일정한 주의나 체계 없이 생각나는 대로 비평함. 또는 그런 비평.

浪:漫 (   )
▶실현성이 적고 매우 정서적이며 이상적으로 사물을 파악하는 심리 상태. 또는 그런 심리 상태로 인한 감미로운 분위기.

散:漫 (   )
▶질서나 통일성이 없이 어수선하다. ¶장난이 심하고 주의가 ~한 아동.

한자로써보세요

배:영 ( )	유영 ( )	평영 ( )	혼:영 ( )	섭외 ( )
간섭 ( )	교섭 ( )	생애 ( )	천애 ( )	첨가 ( )
첨배 ( )	첨부 ( )	첨삭 ( )	별첨 ( )	누송 ( )
감:루 ( )	낙루 ( )	갈망 ( )	갈수 ( )	갈증 ( )
해:갈 ( )	만:평 ( )	낭:만 ( )	산:만 ( )	

漂流　(　　　　　)
▶①물 위에 떠서 정처 없이 흘러감. ②정처 없이 돌아다님.

漂泊　(　　　　　)
▶풍랑을 만난 배가 물 위에 정처 없이 떠돎. 비漂流.

漂白　(　　　　　)
▶종이나 피륙 따위를 바래거나 화학 약품으로 탈색하여 희게 함.

濁流　(　　　　　)
▶흘러가는 흐린 물. 또는 그런 흐름.

濁水　(　　　　　)
▶흐리고 더러운 물. 빤淸水.

濁音　(　　　　　)
▶발음할 때, 목청이 떨려 울리는 소리. 국어의 모든 모음과 자음의 'ㄴ・ㄹ・ㅁ・ㅇ' 따위가 있다.

濁酒　(　　　　　)
▶막걸리. 우리나라 고유한 술의 하나.

淸濁　(　　　　　)
▶①맑음과 흐림을 아울러 이르는 말. ②옳고 그름 또는 착함과 악함을 비유적으로 이르는 말.

混:濁　(　　　　　)
▶불순물이 섞이어 깨끗하지 못하고 흐림.

濯足　(　　　　　)
▶발을 씻음.

洗:濯　(　　　　　)
▶빨래.

濫:讀　(　　　　　)
▶책의 내용이나 수준 따위를 가리지 않고 아무 책이나 닥치는 대로 마구 읽음.

濫:發　(　　　　　)
▶법령이나 지폐, 증서 따위를 마구 공포하거나 발행함.

濫:伐　(　　　　　)
▶나무를 함부로 베어 냄.

濫:用　(　　　　　)
▶①일정한 기준이나 한도를 넘어서 함부로 씀. ②권리나 권한 따위를 함부로 행사함.

濫:獲　(　　　　　)
▶짐승이나 물고기 따위를 마구 잡음.

於焉間　(　　　　　)
▶알지 못하는 동안에 어느덧.

終焉　(　　　　　)
▶없어지거나 죽어서 존재가 사라짐.

煩惱　(　　　　　)
▶마음이 시달려서 괴로움. 또는 그런 괴로움.

煩多　(　　　　　)
▶번거롭게 많다. ¶~한 雜務(잡무).

煩雜　(　　　　　)
▶번거롭게 뒤섞여 어수선함. ¶~한 도심.

燭光　(　　　　　)
▶빛의 세기를 나타내는 단위.

燭臺　(　　　　　)
▶촛대.

燭淚　(　　　　　)
▶초가 불에 녹아 흘러내리는 것을 흐르는 눈물에 비유하여 이르는 말.

燈燭　(　　　　　)
▶등불과 촛불을 아울러 이르는 말.

한자로써보세요

표류 (　　) 표박 (　　) 표백 (　　) 탁류 (　　) 탁수 (　　)
탁음 (　　) 탁주 (　　) 청탁 (　　) 혼:탁 (　　) 탁족 (　　)
세:탁 (　　) 남:독 (　　) 남:발 (　　) 남:벌 (　　) 남:용 (　　)
남:획 (　　) 어언간 (　　) 종언 (　　) 번뇌 (　　) 번다 (　　)
번잡 (　　) 촉광 (　　) 촉대 (　　) 촉루 (　　) 등촉 (　　)

洞:燭　(　　　　)
▶윗사람이 아랫사람의 사정이나 형편 따위를 깊이 헤아려 살핌.

燥渴　(　　　　)
▶입술이나 입 안, 목 따위가 타는 듯이 몹시 마름.

乾燥　(　　　　)
▶물기나 습기가 말라서 없어짐. 또는 물기나 습기를 말려서 없앰.

爵祿　(　　　　)
▶官爵(관작)과 俸祿(봉록)을 아울러 이르는 말.

爵位　(　　　　)
▶벼슬과 지위를 통틀어 이르는 말.

牽聯　(　　　　)
▶서로 얽히어 관계를 가짐. 또는 그렇게 관계시킴.

牽牛　(　　　　)
▶견우직녀 설화에 나오는 남자 주인공.

牽引　(　　　　)
▶끌어서 당김. ¶~ 차량.

牽制　(　　　　)
▶일정한 작용을 가함으로써 상대편이 지나치게 세력을 펴거나 자유롭게 행동하지 못하게 억누름.

狗肉　(　　　　)
▶개고기.

走狗　(　　　　)
▶①사냥할 때 부리는 개. ②앞잡이.

海:狗　(　　　　)
▶물개.

獵奇　(　　　　)
▶비정상적이고 괴이한 일이나 사물에 흥미를 느끼고 찾아다님.

禁:獵　(　　　　)
▶사냥을 못하게 함. ¶~ 구역.

密獵　(　　　　)
▶허가를 받지 않고 몰래 사냥함. ¶무분별한 ~으로 멧돼지의 수가 점점 줄어들고 있다.

涉獵　(　　　　)
▶물을 건너 찾아다닌다는 뜻으로, 많은 책을 널리 읽거나 여기저기 찾아다니며 경험함을 이르는 말.

今玆　(　　　　)
▶올해.

畏:敬　(　　　　)
▶공경하면서 두려워함.

畏:懼　(　　　　)
▶무서워하고 두려워함.

畏:友　(　　　　)
▶아끼고 존경하는 벗.

敬:畏心　(　　　　)
▶공경하면서 두려워하는 마음. ¶기암괴석들은 자연에 대한 ~을 불러일으키기에 충분했다.

田畓　(　　　　)
▶논밭. ¶김씨는 고향을 떠날 마음으로 손바닥만한 ~도 모두 팔아버렸다.

天水畓　(　　　　)
▶천둥지기. 빗물에 의해서만 벼를 심어 재배할 수 있는 논.

皆骨山　(　　　　)
▶겨울의 '금강산'을 이르는 말.

皆勤賞　(　　　　)
▶학교나 직장 따위에 일정한 기간 동안 하루도 빠짐없이 출석하거나 출근한 사람에게 주는 상.

한자로써보세요

통:촉 (　　)	조갈 (　　)	건조 (　　)	작록 (　　)	작위 (　　)
견련 (　　)	견우 (　　)	견인 (　　)	견제 (　　)	구육 (　　)
주구 (　　)	해:구 (　　)	엽기 (　　)	금:렵 (　　)	밀렵 (　　)
섭렵 (　　)	금자 (　　)	외:경 (　　)	외:구 (　　)	외:우 (　　)
경:외심 (　　)	전답 (　　)	천수답 (　　)	개골산 (　　)	개근상 (　　)

擧:皆　(　　　　)
▶거의 모두.

眉間　(　　　　)
▶양미간. 두 눈썹의 사이. ¶~을 찡그리다.

眉目　(　　　　)
▶얼굴 모습을 이르는 말. ¶화랑들은 모두가 ~이 수려한 젊은이였다.

白眉　(　　　　)
▶흰 눈썹이라는 뜻으로, 여럿 가운데에서 가장 뛰어난 사람이나 물건을 비유적으로 이르는 말.

睡眠　(　　　　)
▶잠을 자는 일. ¶~ 부족.

午:睡　(　　　　)
▶낮잠. ¶~에 빠지다.

寢:睡　(　　　　)
▶'잠'의 높임말. ¶왕은 벌써 ~에 들었다.

弓矢　(　　　　)
▶활과 화살을 아울러 이르는 말.

汝:矣島　(　　　　)
▶서울시 영등포구에 속한, 한강 가운데 있는 섬.

矯:導所　(　　　　)
▶行刑(행형) 사무를 맡아보는 기관.

矯:正　(　　　　)
▶틀어지거나 잘못된 것을 바로잡음. ¶척추측만증을 ~받았다.

祥雲　(　　　　)
▶복되고 좋은 일이 있을 조짐이 보이는 구름.

吉祥　(　　　　)
▶운수가 좋을 조짐. ㉘吉兆.

發祥地　(　　　　)
▶역사적으로 큰 가치가 있는 어떤 일이나 사물이 처음 나타난 곳. ¶고대 문명의 ~. ㉘發源地.

不祥事　(　　　　)
▶상서롭지 못한 일. ¶생각지도 못한 ~가 일어나 모두가 당황했다.

祿邑　(　　　　)
▶신라에서 고려 초기까지, 벼슬아치에게 직무의 대가로 일정 지역의 受租權(수조권)을 주던 일.

秒速　(　　　　)
▶1초를 단위로 하여 잰 속도.

秒針　(　　　　)
▶시계에서 秒를 가리키는 바늘.

分秒　(　　　　)
▶시간의 단위인 분과 초를 아울러 이르는 말.

稻熱病　(　　　　)
▶벼 품종에 많이 생기는 병의 하나. ¶벼에는 ~으로 갈색 반점이 생겼다.

收穫　(　　　　)
▶①익은 농작물을 거두어들임. ②어떤 일을 하여 얻은 성과를 비유적으로 이르는 말.

竊盜　(　　　　)
▶남의 물건을 몰래 훔침. 또는 그런 사람.

剽竊　(　　　　)
▶시나 글, 노래 따위를 지을 때에 남의 작품의 일부를 몰래 따다 씀.

竝:列　(　　　　)
▶나란히 늘어섬. 또는 나란히 늘어놓음.

竝:立　(　　　　)
▶나란히 섬.

한자로써보세요

거:개 (　)	미간 (　)	미목 (　)	백미 (　)	수면 (　)
오:수 (　)	침:수 (　)	궁시 (　)	여:의도(　)	교:도소(　)
교:정 (　)	상운 (　)	길상 (　)	발상지(　)	불상사 (　)
녹읍 (　)	초속 (　)	초침 (　)	분초 (　)	도열병 (　)
수확 (　)	절도 (　)	표절 (　)	병:렬 (　)	병:립 (　)

竝:設　（　　　　　）
▶두 가지 이상을 아울러 한곳에 갖추거나 세움.

竝:用　（　　　　　）
▶아울러 같이 씀. ¶한글과 한자의 ~.

竝:置　（　　　　　）
▶두 가지 이상의 것을 한곳에 나란히 두거나 설치함.

竝:稱　（　　　　　）
▶둘 이상을 한데 아울러서 칭함.

竝:行　（　　　　　）
▶①둘 이상의 사물이 나란히 감. ②둘 이상의 일을 한꺼번에 행함.

究竟　（　　　　　）
▶가장 지극한 깨달음.

畢竟　（　　　　　）
▶끝장에 가서는. ¶그도 ~ 구속되었으리라.

篤實　（　　　　　）
▶인정이 두텁고 하는 일에 정성스럽다.

篤志家　（　　　　　）
▶남을 위한 자선 사업이나 사회사업에 물심양면으로 참여하여 지원하는 사람.

危篤　（　　　　　）
▶(병세가 매우 중하여) 생명이 위태하다.

粟米　（　　　　　）
▶좁쌀.

糾明　（　　　　　）
▶어떤 사실을 자세히 따져서 바로 밝힘.

糾彈　（　　　　　）
▶잘못이나 옳지 못한 일을 잡아내어 따지고 나무람. ¶~ 운동.

糾合　（　　　　　）
▶어떤 일을 꾸미려고 세력이나 사람을 모음.

紛糾　（　　　　　）
▶이해나 주장이 뒤얽혀서 말썽이 많고 시끄러움. ¶~ 해결.

絃樂器　（　　　　　）
▶현을 켜거나 타서 소리를 내는 악기. 가야금, 거문고, 바이올린, 첼로, 비올라 따위이다.

管絃樂　（　　　　　）
▶관악기, 타악기, 현악기 따위로 함께 연주하는 음악. ¶~ 반주곡.

續絃　（　　　　　）
▶거문고와 비파의 끊어진 줄을 다시 잇는다는 뜻으로, 아내를 여읜 뒤에 다시 새 아내를 맞는 일을 비유적으로 이르는 말.

絹絲　（　　　　　）
▶깁이나 비단을 짜는 명주실.

絹織物　（　　　　　）
▶명주실로 짠 피륙.

生絹　（　　　　　）
▶삶지 아니한 生絲로 바탕을 조금 거칠게 짠 비단.

緯度　（　　　　　）
▶지구 위의 위치를 나타내는 좌표축 중에서 가로로 된 것.

經緯　（　　　　　）
▶①일이 진행되어 온 과정. ¶사건의 ~를 알다. ②지리에서 經度와 緯度를 아울러 이르는 말.

北緯　（　　　　　）
▶적도로부터 북극까지 0도에서 90도까지 나누어 놓은 위도.

한자로써보세요

병:설 （　　　）	병:용 （　　　）	병:치 （　　　）	병:칭 （　　　）	병:행 （　　　）
구경 （　　　）	필경 （　　　）	독실 （　　　）	독지가（　　　）	위독 （　　　）
속미 （　　　）	규명 （　　　）	규탄 （　　　）	규합 （　　　）	분규 （　　　）
현악기（　　　）	관현악（　　　）	속현 （　　　）	견사 （　　　）	견직물（　　　）
생견 （　　　）	위도 （　　　）	경위 （　　　）	북위 （　　　）	

縣:監　(　　　)
▶조선 시대에 둔, 작은 縣의 으뜸 벼슬.

縣:令　(　　　)
▶신라 때부터 조선 시대까지 둔, 큰 縣의 으뜸 벼슬.

郡:縣　(　　　)
▶군현 제도에서의 郡과 縣을 아울러 이르는 말.

繫:留　(　　　)
▶①일정한 곳을 벗어나지 못하도록 밧줄 같은 것으로 붙잡아 매어 놓음. ②어떤 사건이 해결되지 않고 걸려 있음. ¶그 사건은 법원에 ~ 중이다.

罔:極　(　　　)
▶(어버이나 임금의 은혜가) 그지없다.

罔:測　(　　　)
▶이치에 맞지 않아 어이없거나 차마 보기가 어렵다.

罷:漏　(　　　)
▶조선 시대에, 서울에서 통행금지를 해제하기 위하여 종각의 종을 서른 세 번 치던 일.

罷:免　(　　　)
▶잘못을 저지른 사람에게 직무나 직업을 그만두게 함.

罷:市　(　　　)
▶중국에서, 도시의 상인이 일제히 가게를 닫고 매매를 중지하는 일.

罷:業　(　　　)
▶①하던 일을 중지함. ②동맹 파업. ¶~ 강행.

罷:場　(　　　)
▶科場, 白日場, 市場 따위가 끝남. 또는 그런 때.

罷:職　(　　　)
▶관직에서 물러나게 함.

老:翁　(　　　)
▶늙은 남자. 凹老:婆(노파).

不倒翁　(　　　)
▶오뚝이.

聘禮　(　　　)
▶婚禮(혼례).

聘母　(　　　)
▶丈母.

聘問　(　　　)
▶예를 갖추어 방문함.

聘丈　(　　　)
▶丈人. ¶~ 어른은 안녕하신가?

招聘　(　　　)
▶예를 갖추어 불러 맞아들임. ¶식장에는 ~된 인사들이 하나둘 자리를 차지하고 앉았다.

聰氣　(　　　)
▶①총명한 기운. ②좋은 기억력.

聰明　(　　　)
▶썩 영리하고 재주가 있음.

聖:聰　(　　　)
▶임금의 총명.

肩骨　(　　　)
▶어깨뼈.

肩輿　(　　　)
▶큰 상여를 쓰는 行喪에서, 좁은 길을 지날 때 임시로 쓰는 간단한 상여.

肩章　(　　　)
▶군인, 경찰관 등이 제복의 어깨에 붙이는, 직위나 계급을 밝히는 표장.

한 자 로 써 보 세 요

현:감 (　)	현:령 (　)	군:현 (　)	계:류 (　)	망:극 (　)
망:측 (　)	파:루 (　)	파:면 (　)	파:시 (　)	파:업 (　)
파:장 (　)	파:직 (　)	노:옹 (　)	부도옹 (　)	빙례 (　)
빙모 (　)	빙문 (　)	빙장 (　)	초빙 (　)	총기 (　)
총명 (　)	성:총 (　)	견골 (　)	견여 (　)	견장 (　)

比:肩　（　　　　　　）
▶낫고 못할 것이 없이 정도가 서로 비슷함을 이르는 말.

肯:定　（　　　　　　）
▶그러하다고 생각하여 옳다고 인정함. 閉 좀:定.

首肯　（　　　　　　）
▶옳다고 인정함. ¶그의 말이 전혀 ~이 안 된다.

脣輕音　（　　　　　　）
▶고어에서, 입술을 거쳐 나오는 가벼운 소리.

脣音　（　　　　　　）
▶두 입술 사이에서 나는 소리. 국어의 'ㅂ, ㅃ, ㅍ, ㅁ'이 여기에 해당한다. 양순음.

脣齒　（　　　　　　）
▶입술과 이처럼 이해관계가 밀접한 둘 사이를 비유적으로 이르는 말.

腰痛　（　　　　　　）
▶허리와 엉덩이 부위가 아픈 증상.

細腰　（　　　　　　）
▶가는허리, 또는 허리가 가늘고 날씬한 여자.

臥:病　（　　　　　　）
▶병으로 자리에 누움. 또는 병을 앓고 있음.

惡臭　（　　　　　　）
▶나쁜 냄새. ¶빈 방에서는 ~가 심하게 났다.

香臭　（　　　　　　）
▶향내. ¶~를 풍기다.

體臭　（　　　　　　）
▶①몸에서 나는 냄새. ②어떤 개인이나 작품에서 풍겨 나오는 특유의 느낌.

脫臭　（　　　　　　）
▶냄새를 빼어 없앰.

方舟　（　　　　　　）
▶①네모진 모양의 배. ②두 척의 배를 나란히 함. 또는 그런 배.

苗:木　（　　　　　　）
▶옮겨 심는 어린 나무.

苗:床　（　　　　　　）
▶꽃, 나무, 채소 따위의 모종을 키우는 자리.

種苗　（　　　　　　）
▶식물의 씨나 싹을 심어서 가꿈. 또는 그런 모종이나 묘목.

苟:且　（　　　　　　）
▶①살림이 몹시 가난함. ②말이나 행동이 떳떳하거나 버젓하지 못함.

蔬食　（　　　　　　）
▶채소 반찬뿐인 밥.

蔬菜　（　　　　　　）
▶심어 가꾸는 온갖 푸성귀와 나물을 통틀어 이르는 말.

菜:蔬　（　　　　　　）
▶밭에서 기르는 농작물. ¶무공해 ~.

蔽一言　（　　　　　　）
▶이러니저러니 할 것 없이 한 마디 말로 휩싸서 말하다.

隱蔽　（　　　　　　）
▶덮어 감추거나 가리어 숨김.

薦:擧　（　　　　　　）
▶어떤 일을 맡아 할 수 있는 사람을 그 자리에 쓰도록 소개하거나 추천함.

公薦　（　　　　　　）
▶공인된 정당에서 선거에 출마할 당원을 공식적으로 추천하는 일.

한 자 로 써 보 세 요

비:견 (　　)	긍:정 (　　)	수긍 (　　)	순경음 (　　)	순음 (　　)
순치 (　　)	요통 (　　)	세요 (　　)	와:병 (　　)	악취 (　　)
향취 (　　)	체취 (　　)	탈취 (　　)	방주 (　　)	묘:목 (　　)
묘:상 (　　)	종묘 (　　)	구:차 (　　)	소식 (　　)	소채 (　　)
채:소 (　　)	폐:일언 (　　)	은폐 (　　)	천:거 (　　)	공천 (　　)

推薦 (　　　)
▶어떤 조건에 적합한 대상을 책임지고 소개함. ¶~ 의뢰서.

自薦 (　　　)
▶자기를 추천함. 凹他薦.

他薦 (　　　)
▶남이 추천함. 凹自薦.

藍色 (　　　)
▶푸른색과 자주색의 중간색. 또는 그런 색의 물감.

蜂起 (　　　)
▶벌떼처럼 떼 지어 세차게 일어남. ¶농민들의 ~.

蜂蜜 (　　　)
▶벌꿀.

蜂蝶 (　　　)
▶벌과 나비.

養:蜂 (　　　)
▶꿀을 얻기 위하여 벌을 기름.

女王蜂 (　　　)
▶알을 낳는 능력이 있는 암벌.

蜜蜂 (　　　)
▶꿀벌.

蜜月 (　　　)
▶꿀같이 달콤한 달이라는 뜻으로, 결혼 직후의 즐겁고 달콤한 시기를 비유적으로 이르는 말.

蝶泳 (　　　)
▶두 손을 동시에 앞으로 뻗치고 양다리를 모아 상하로 움직이며 물을 치면서 나아가는 수영법.

螢光 (　　　)
▶①반딧불. ②어떤 종류의 물체가 X선이나 전자빔 따위를 받았을 때에 내는 고유한 빛.

螢光燈 (　　　)
▶진공 유리관 속에 수은과 아르곤을 넣고 안쪽 벽에 형광 물질을 바른 방전등.

裂傷 (　　　)
▶피부가 찢어져서 생긴 상처. ¶응급실에 온 환자들 대부분 ~이 깊었다.

訂正 (　　　)
▶글자나 글 따위의 잘못을 고쳐서 바로잡음.

改:訂 (　　　)
▶글자나 글의 틀린 곳을 고쳐 바로잡음.

校:訂 (　　　)
▶남의 문장 또는 출판물의 잘못된 글자나 글귀 따위를 바르게 고침.

修訂 (　　　)
▶글이나 글자의 잘못된 점을 고침. ¶대본 ~. 비訂正(정정).

詠:歌 (　　　)
▶국악에서, 종교적인 노래의 하나.

詠:史 (　　　)
▶역사적인 사실을 주제로 하여 詩歌를 적음.

詠:歎 (　　　)
▶감탄.

詐欺 (　　　)
▶나쁜 꾀로 남을 속임. ¶~를 당한 충격으로 몸져 누웠다.

詐術 (　　　)
▶남을 속이는 수단. ¶얄팍한 ~로 남을 속이는 것은 더 이상 통하지 않는다.

詐取 (　　　)
▶남의 것을 거짓으로 속여서 빼앗음.

한 자 로 써 보 세 요

추천 (　)	자천 (　)	타천 (　)	남색 (　)	봉기 (　)
봉밀 (　)	봉접 (　)	양:봉 (　)	여왕봉 (　)	밀봉 (　)
밀월 (　)	접영 (　)	형광 (　)	형광등 (　)	열상 (　)
정정 (　)	개:정 (　)	교:정 (　)	수정 (　)	영:가 (　)
영:사 (　)	영:탄 (　)	사기 (　)	사술 (　)	사취 (　)

詐稱　(　　　　　)
▶이름, 직업, 나이, 주소 따위를 거짓으로 속여 이름. ¶공무원 ~.

該當　(　　　　　)
▶①무엇에 관계되는 바로 그것. ¶~ 부서. ②어떤 범위나 조건 따위에 바로 들어맞음. ¶~ 사항.

該博　(　　　　　)
▶여러 방면으로 학식이 넓다. ¶그는 야생식물 분야에 ~한 지식을 갖고 있다.

誓:約　(　　　　　)
▶맹세하고 약속함. ¶~을 깨다.

誓:願　(　　　　　)
▶神佛(신불)이나 자기 마음속에 맹세하여 소원을 세움. 또는 그 소원.

盟誓　(　　　　　)
▶맹세의 원말 : 일정한 약속이나 목표를 꼭 실천하겠다고 다짐함.

誦:讀　(　　　　　)
▶소리를 내어 글을 읽음. 回讀誦.

誦:詩　(　　　　　)
▶시를 외어 읊음.

誦:詠　(　　　　　)
▶詩歌를 외어 읊조림.

朗:誦　(　　　　　)
▶음악에서 시나 이야기 등을 소리 내어 읊는 일.

暗:誦　(　　　　　)
▶글을 보지 아니하고 입으로 욈. ¶영어 ~ 시험에서 최우수상을 받았다.

愛:誦　(　　　　　)
▶詩歌나 문장 따위를 즐겨 욈.

誕:降　(　　　　　)
▶임금이나 聖人(성인)이 태어남. ¶세종대왕의 ~을 기념하여 성대한 행사가 열렸다.

誕:生　(　　　　　)
▶①聖人(성인) 또는 귀인이 태어남을 높여 이르는 말. ②조직, 제도, 사업체 따위가 새로 생김.

誕:辰　(　　　　　)
▶임금이나 성인이 태어남.

虛誕　(　　　　　)
▶허망하다. 어이가 없고 허무하다.

誰何　(　　　　　)
▶야간 근무 중에 경계하는 자세로 상대편의 정체나 아군끼리 약속한 암호를 확인함.

諒知　(　　　　　)
▶살피어 앎. 回察知.

諒察　(　　　　　)
▶다른 사람의 사정 따위를 잘 헤아려 살핌.

諒解　(　　　　　)
▶남의 사정을 잘 헤아려 너그러이 받아들임.

海:諒　(　　　　　)
▶바다와 같은 넓은 마음으로 너그럽게 양해함.

謁廟　(　　　　　)
▶종묘나 사당에 배알함.

謁聖　(　　　　　)
▶임금이 성균관 문묘의 공자 신위에 참배하던 일.

謁見　(　　　　　)
▶지체가 높고 귀한 사람을 찾아가 뵘.

拜:謁　(　　　　　)
▶지위가 높거나 존경하는 사람을 찾아가 뵘.

한자로써보세요

사칭 (　　)	해당 (　　)	해박 (　　)	서:약 (　　)	서:원 (　　)
맹서 (　　)	송:독 (　　)	송:시 (　　)	송:영 (　　)	낭:송 (　　)
암:송 (　　)	애:송 (　　)	탄:강 (　　)	탄:생 (　　)	탄:신 (　　)
허탄 (　　)	수하 (　　)	양지 (　　)	양찰 (　　)	양해 (　　)
해:양 (　　)	알묘 (　　)	알성 (　　)	알현 (　　)	배:알 (　　)

謹:封 (　　　　　)
▶삼가 봉한다는 뜻으로, 편지 겉봉의 봉한 자리에 쓰는 말.

謹:愼 (　　　　　)
▶①말이나 행동을 삼가고 조심함. ②벌로 일정 기간 동안 출근이나 등교, 집무 따위의 활동을 하지 않고 말이나 행동을 삼감.

謹:嚴 (　　　　　)
▶조심성이 있고 점잖으며 엄격하다. ¶~한 표정.

謹:弔 (　　　　　)
▶사람의 죽음에 대하여 삼가 슬픈 마음을 나타냄.

豚兒 (　　　　　)
▶어리석고 철이 없는 아이라는 뜻으로, 남에게 자기(自己)의 아들을 낮추어 부르는 겸사말

豚肉 (　　　　　)
▶돼지고기.

養:豚 (　　　　　)
▶돼지를 먹여 기름. 또는 그 돼지. ¶구제역으로 ~ 농가의 피해가 막심하다.

魚貝類 (　　　　　)
▶魚類와 貝:類를 아울러 이르는 말.

貪慾 (　　　　　)
▶지나치게 탐하는 욕심. ¶~을 채우다.

販禁 (　　　　　)
▶어떤 상품의 판매를 법으로 금지하는 일.

販路 (　　　　　)
▶상품이 팔리는 방면이나 길. ¶새 제품의 ~ 개척에 바쁘다.

販賣 (　　　　　)
▶상품 따위를 팖. ¶염가 ~. 🔄發賣.

販促 (　　　　　)
▶여러 가지 방법을 써서 수요를 불러일으키고 자극하여 판매가 늘도록 유도하는 일. ¶~ 활동.

街:販 (　　　　　)
▶길거리에 벌여 놓고 팔거나 길거리를 돌아다니며 파는 일. 街頭販賣(가두판매)

市:販 (　　　　　)
▶'시중 판매'를 줄여 이르는 말. ¶휘발유 ~ 가격.

自販機 (　　　　　)
▶자동판매기. ¶라면 ~.

總:販 (　　　　　)
▶어떤 상품을 한데 합쳐서 도맡아 팖.

賓客 (　　　　　)
▶귀한 손님. ¶~을 정중하게 모시다.

國賓 (　　　　　)
▶나라에서 정식으로 초대한 외국 손님. ¶~ 대접.

貴:賓 (　　　　　)
▶귀한 손님. ¶~을 모시다.

來:賓 (　　　　　)
▶모임에 공식적으로 초대를 받고 온 사람.

外:賓 (　　　　　)
▶외부나 외국에서 온 귀한 손님. ¶~ 접대.

賜:藥 (　　　　　)
▶사형의 일종으로 임금이 죄를 진 왕족이나 신하에게 독약을 내림. 또는 그 약.

下:賜 (　　　　　)
▶임금이 신하에게 물건을 줌.

贈與 (　　　　　)
▶선물이나 기념으로 남에게 물품을 거저 줌.

한 자 로 써 보 세 요

근:봉 (　　)	근:신 (　　)	근:엄 (　　)	근:조 (　　)	돈아 (　　)
돈육 (　　)	양:돈 (　　)	어패류 (　　)	탐욕 (　　)	판금 (　　)
판로 (　　)	판매 (　　)	판촉 (　　)	가:판 (　　)	시:판 (　　)
자판기 (　　)	총:판 (　　)	빈객 (　　)	국빈 (　　)	귀:빈 (　　)
내:빈 (　　)	외:빈 (　　)	사:약 (　　)	하:사 (　　)	증여 (　　)

贈職 (　　　　　)
▶죽은 뒤에 품계와 벼슬을 追贈하던 일.

寄贈 (　　　　　)
▶선물이나 기념으로 남에게 물품을 거저 줌.

赴:任 (　　　　　)
▶임명이나 발령을 받아 근무할 곳으로 감.

跳躍 (　　　　　)
▶①몸을 위로 솟구쳐 뛰는 일. ②더 높은 단계로 발전하는 것을 비유적으로 이르는 말.

躍動 (　　　　　)
▶생기 있고 활발하게 움직임.

躍進 (　　　　　)
▶힘차게 앞으로 뛰어 나아감.

飛躍 (　　　　　)
▶①지위나 수준이 갑자기 빠른 속도로 높아지거나 향상됨. ②논리나 사고방식 따위가 그 차례나 단계를 따르지 아니하고 뛰어넘음. ¶논리의 ~.

一躍 (　　　　　)
▶지위, 등급, 가격 따위가 단번에 높이 뛰어오르는 모양. ¶~ 스타가 되다.

軌:道 (　　　　　)
▶①수레가 지나간 바큇자국이 난 길. ②일이 발전하는 정상적이며 본격적인 방향과 단계.

軌:迹 (　　　　　)
▶①수레바퀴가 지나간 자국. ②선인의 행적. 또는 사람이나 어떠한 일을 더듬어 온 흔적.

常軌 (　　　　　)
▶언제나 따라야 하는 떳떳하고 올바른 길.

軒燈 (　　　　　)
▶처마에 다는 등.

東軒 (　　　　　)
▶지방 관아에서 고을 원이나 監司, 兵使, 水使 및 그 밖의 수령들이 公事를 처리하던 중심 건물.

光輝 (　　　　　)
▶환하고 아름답게 빛남. 또는 그 빛.

輿:梁 (　　　　　)
▶수레나 말이 다닐 수 있는 나무다리.

輿:論 (　　　　　)
▶사회 대중의 공통된 의견. ¶~ 정치.

輿:望 (　　　　　)
▶어떤 개인이나 사회에 대한 많은 사람의 기대를 받음. 또는 그 기대.

輿:地圖 (　　　　　)
▶종합적인 내용을 담은 일반 지도.

辛苦 (　　　　　)
▶어려운 일을 당하여 몹시 애씀. 또는 그런 고생.

辛勝 (　　　　　)
▶경기 따위에서 힘들게 겨우 이김. 凰樂勝(낙승).

香辛料 (　　　　　)
▶음식에 맵거나 향기로운 맛을 더하는 조미료.

辨:明 (　　　　　)
▶어떤 잘못이나 실수에 대하여 구실을 대며 그 까닭을 말함.

辨:別 (　　　　　)
▶사물의 옳고 그름이나 좋고 나쁨을 가림.

辨:償 (　　　　　)
▶남에게 끼친 손해를 물어 줌.

辨:說 (　　　　　)
▶옳고 그른 것을 가려 설명함.

한자로써보세요

증직 (　　)	기증 (　　)	부:임 (　　)	도약 (　　)	약동 (　　)
약진 (　　)	비약 (　　)	일약 (　　)	궤:도 (　　)	궤:적 (　　)
상궤 (　　)	헌등 (　　)	동헌 (　　)	광휘 (　　)	여:량 (　　)
여:론 (　　)	여:망 (　　)	여:지도 (　　)	신고 (　　)	신승 (　　)
향신료 (　　)	변:명 (　　)	변:별 (　　)	변:상 (　　)	변:설 (　　)

辨:證 (　　　　　)
▶직관 또는 경험에 의하지 않고, 개념을 논리적으로 분석하여 대상을 연구함.

分辨 (　　　　　)
▶세상 물정에 대한 바른 생각이나 판단. 分別.

返:納 (　　　　　)
▶도로 바침. 또는 도로 돌려줌. ¶재고품 ~.

返:送 (　　　　　)
▶도로 돌려보냄. ¶우편물의 ~.

返:信 (　　　　　)
▶회답하는 편지나 전보 따위의 통신. 비回信.

返:品 (　　　　　)
▶일단 사들인 물품을 되돌려 보냄. 또는 그 물품.

返:還 (　　　　　)
▶①빌리거나 차지했던 것을 되돌려 줌. ②되돌아감.

迷:宮 (　　　　　)
▶들어가면 나올 길을 쉽게 찾을 수 없게 되어 있는 곳.

迷:路 (　　　　　)
▶어지럽게 갈래가 져서, 한번 들어가면 다시 빠져 나오기 어려운 길.

迷:信 (　　　　　)
▶비과학적이고 종교적으로 망령되다고 판단되는 신앙. 또는 그런 신앙을 가지는 것.

迷:兒 (　　　　　)
▶길이나 집을 잃고 헤매는 아이. ¶행락철에는 ~ 발생률이 높다.

迷:惑 (　　　　　)
▶무엇에 홀려 정신을 차리지 못함. ¶~에 빠지다.

逝:去 (　　　　　)
▶죽어서 세상을 떠남.

急逝 (　　　　　)
▶갑자기 세상을 떠남.

逐客 (　　　　　)
▶손님을 푸대접하여 쫓아냄.

逐鹿 (　　　　　)
▶사슴을 쫓는다는 뜻으로, 정권 또는 지위를 얻기 위해 다툼을 이르는 말.

逐邪 (　　　　　)
▶요사스러운 기운이나 귀신을 물리쳐 내쫓음.

逐次 (　　　　　)
▶차례를 따라 함. 차례차례로.

逐出 (　　　　　)
▶쫓아내거나 몰아냄. ¶강제 ~.

角逐 (　　　　　)
▶서로 이기려고 다투며 덤벼듦. ¶구한말 조선은 외세의 ~장이었다.

逮捕 (　　　　　)
▶형법에서, 사람의 신체에 대하여 직접적이고 현실적인 구속을 가하여 행동의 자유를 빼앗는 일.

被:逮 (　　　　　)
▶남에게 붙잡힘.

遂行 (　　　　　)
▶생각하거나 계획한 대로 일을 해냄. ¶업무 ~.

未:遂 (　　　　　)
▶목적한 바를 시도하였으나 이루지 못함.

完遂 (　　　　　)
▶뜻한 바를 완전히 이루거나 다 해냄. ¶임무 ~.

한자로써보세요

변:증 (　　　)	분변 (　　　)	반:납 (　　　)	반:송 (　　　)	반:신 (　　　)
반:품 (　　　)	반:환 (　　　)	미:궁 (　　　)	미:로 (　　　)	미:신 (　　　)
미:아 (　　　)	미:혹 (　　　)	서:거 (　　　)	급서 (　　　)	축객 (　　　)
축록 (　　　)	축사 (　　　)	축차 (　　　)	축출 (　　　)	각축 (　　　)
체포 (　　　)	피:체 (　　　)	수행 (　　　)	미:수 (　　　)	완수 (　　　)

遍歷 (　　　　)
▶①이곳저곳을 돌아다님. ②여러 가지 경험을 함

遍在 (　　　　)
▶널리 퍼져 있음.

普:遍 (　　　　)
▶모든 것에 공통되거나 들어맞음. 또는 그런 것. ¶~의 원리. 비一般. 반特殊.

違反 (　　　　)
▶법률, 명령, 약속 따위를 지키지 않고 어김.

違背 (　　　　)
▶법률, 명령, 약속 따위를 지키지 않고 어김.

違法 (　　　　)
▶법률이나 명령 따위를 어김. 반適法.

違約 (　　　　)
▶①약속이나 계약을 어김. ②계약으로 정하여 놓은 의무를 이행하지 않는 일.

違憲 (　　　　)
▶법률 또는 명령, 규칙, 처분 따위가 헌법의 조항이나 정신에 위배되는 일. 반合憲.

違和感 (　　　　)
▶조화되지 아니하는 어설픈 느낌. ¶학교에서는 ~을 주는 옷은 삼가야 한다.

非:違 (　　　　)
▶법에 어긋남. 또는 그런 일. ¶공무상의 ~로 처벌을 받는 공직자가 없어야 한다.

遞減 (　　　　)
▶등수를 따라서 차례로 덜어 감. ¶한계 효용 ~의 법칙.

遞信 (　　　　)
▶우편이나 전신 따위의 통신.

郵遞局 (　　　　)
▶정보 통신부에 딸려 우편, 우편환, 우편 대체, 체신 예금, 체신 보험, 전신 전화 수탁 업무 따위를 맡아보는 기관.

派遣 (　　　　)
▶일정한 임무를 주어 사람을 보냄. ¶~ 근무.

遙遠 (　　　　)
▶까마득히 멀다. ¶~한 미래.

遵:據 (　　　　)
▶전례나 명령 따위에 의거하여 따름.

遵:守 (　　　　)
▶전례나 규칙, 명령 따위를 그대로 좇아서 지킴.

遵:法 (　　　　)
▶법률이나 규칙을 좇아 지킴.

遲刻 (　　　　)
▶정해진 시각보다 늦게 출근하거나 등교함.

遲鈍 (　　　　)
▶영민(英敏)하지 못하고 몹시 굼뜸.

遲延 (　　　　)
▶무슨 일을 더디게 끌어 시간을 늦춤. 또는 시간이 늦추어짐.

遲滯 (　　　　)
▶때를 늦추거나 질질 끎.

邦畫 (　　　　)
▶자기 나라에서 제작된 영화.

邦國 (　　　　)
▶國家. 나라.

萬:邦 (　　　　)
▶세계의 모든 나라. 萬:國.

한자로써보세요

편력 (　　)	편재 (　　)	보:편 (　　)	위반 (　　)	위배 (　　)
위법 (　　)	위약 (　　)	위헌 (　　)	위화감 (　　)	비:위 (　　)
체감 (　　)	체신 (　　)	우체국 (　　)	파견 (　　)	요원 (　　)
준:거 (　　)	준:수 (　　)	준:법 (　　)	지각 (　　)	지둔 (　　)
지연 (　　)	지체 (　　)	방화 (　　)	방국 (　　)	만:방 (　　)

盟邦　(　　　　)
▶同盟國. 서로 동맹 조약을 체결한 당사국.

聯邦　(　　　　)
▶자치권을 가진 다수의 나라가 공통의 정치 이념 아래에서 연합하여 구성하는 국가.

友:邦　(　　　　)
▶서로 우호적인 관계를 맺고 있는 나라.

異:邦人(　　　　)
▶다른 나라에서 온 사람. 비外:國人.

刹那　(　　　　)
▶①어떤 일이나 사물 현상이 일어나는 바로 그때. ②매우 짧은 시간.

郊外　(　　　　)
▶도시의 주변 지역.

近:郊　(　　　　)
▶도시의 가까운 변두리에 있는 마을이나 들. ¶주말이면 서울 ~로 기차여행을 떠난다.

城郭　(　　　　)
▶內:城과 外:城을 통틀어 이르는 말. ¶~을 쌓다.

外:郭　(　　　　)
▶바깥 테두리. ¶~ 도로. 반內:廓.

鄰近　(　　　　)
▶이웃한 가까운 곳. ¶~ 도로. 비近:處.

鄰接　(　　　　)
▶이웃하여 있음. 또는 옆에 닿아 있음. ¶~ 도시.

交鄰　(　　　　)
▶이웃 나라와의 사귐. ¶사대 ~ 정책.

近:鄰　(　　　　)
▶①가까운 이웃. ¶~ 관계를 유지하다. ②근처.

善:鄰　(　　　　)
▶이웃하고 있는 지역 또는 나라와 사이좋게 지냄. 또는 그런 이웃.

酉時　(　　　　)
▶12時의 열째 시. 오후 5시부터 7시까지.

酌定　(　　　　)
▶일의 사정을 잘 헤아려 결정함. 또는 그런 결정.

對:酌　(　　　　)
▶마주 대하고 술을 마심.

獨酌　(　　　　)
▶술을 따라 주거나 권하는 상대가 없이 혼자서 술을 마심.

無酌定(　　　　)
▶얼마라든지 혹은 어떻게 하리라고 미리 정한 것이 없음. ¶~ 화를 낼 일만은 아니네.

參酌　(　　　　)
▶이리저리 비추어 보아서 알맞게 고려함. ¶그동안의 정상을 ~하여 판결을 내렸다.

醜貌　(　　　　)
▶보기 흉한 용모.

醜聞　(　　　　)
▶추잡하고 좋지 못한 소문. ¶선거가 시작되자 후보자의 ~이 떠돌았다.

醜惡　(　　　　)
▶더럽고 좋지 않다. ¶~한 행위.

醜態　(　　　　)
▶더럽고 지저분한 태도나 짓. ¶행락객이 ~를 부려 눈살을 찌푸리게 했다.

醜行　(　　　　)
▶더럽고 지저분한 행동.

한자로써보세요

맹방 (　　)	연방 (　　)	우:방 (　　)	이:방인(　　)	찰나 (　　)
교외 (　　)	근:교 (　　)	성곽 (　　)	외:곽 (　　)	인근 (　　)
인접 (　　)	교린 (　　)	근:린 (　　)	선:린 (　　)	유시 (　　)
작정 (　　)	대:작 (　　)	독작 (　　)	무작정(　　)	참작 (　　)
추모 (　　)	추문 (　　)	추악 (　　)	추태 (　　)	추행 (　　)

美:醜 (   )
▶아름다움과 추함.

鈍:感 (   )
▶무딘 감정이나 감각. 凹敏感.

鈍:器 (   )
▶①무딘 연모나 병기. ②날이 없는 도구.

鈍:才 (   )
▶둔한 재주. 또는 재주가 둔한 사람.

鈍:濁 (   )
▶①성질이 굼뜨고 흐리터분하다. ②소리 따위가 둔하고 탁하다.

鈍:化 (   )
▶느리고 무디어짐. ¶증가율이 급격히 ~되고 있다.

老:鈍 (   )
▶늙어서 언행이 둔하다.

愚鈍 (   )
▶어리석고 둔함. ¶겉으로 ~해 보인다.

銳:角 (   )
▶직각보다 작은 각.

銳:利 (   )
▶①연장 따위가 날카롭다. ②두뇌나 판단력이 날카롭고 정확하다.

銳:敏 (   )
▶才智·감각 등이 날카롭고 민첩하다.

精銳 (   )
▶①썩 날래고 용맹스러움. 또는 그런 군사. ②능력이 우수하고 냅뜰 힘이 있음. 또는 그런 인재.

閏:年 (   )
▶윤달이나 윤일이 든 해.

閏:月 (   )
▶윤달.

閱讀 (   )
▶책이나 문서 따위를 죽 훑어 읽음.

閱覽 (   )
▶책이나 문서 따위를 죽 훑어보거나 조사하면서 봄. ¶관련 서적을 ~하다.

檢閱 (   )
▶어떤 행위나 사업 따위를 살펴 조사하는 일.

校:閱 (   )
▶문서나 원고의 내용 가운데 잘못된 것을 바로잡아 고치며 검열함. ¶~ 기자.

懸:隔 (   )
▶사이가 많이 벌어져 있음. 또는 차이가 매우 심함. ¶사고방식의 ~한 차이.

隸:書 (   )
▶한자 書體의 한 가지. 중국 秦(진)나라 때 程邈(정막)이 만든 서체임.

隸:屬 (   )
▶뜻대로 지배되어 따름. 남의 지배 아래 매임.

奴隸 (   )
▶지난날, 앉고 가축처럼 소유주의 재산이 되어 매여 지내고, 또 매매의 대상이 되었던 사람.

雁:書 (   )
▶먼 곳에서 소식을 전하는 편지.

雁:行 (   )
▶기러기의 행렬이란 뜻으로, 남의 형제를 높여 이르는 말.

歸:雁 (   )
▶봄이 되어 북쪽으로 돌아가는 기러기.

한자로써보세요

미:추 ( )	둔:감 ( )	둔:기 ( )	둔:재 ( )	둔:탁 ( )
둔:화 ( )	노:둔 ( )	우둔 ( )	예:각 ( )	예:리 ( )
예:민 ( )	정예 ( )	윤:년 ( )	윤:월 ( )	열독 ( )
열람 ( )	검열 ( )	교:열 ( )	현:격 ( )	예:서 ( )
예:속 ( )	노예 ( )	안:서 ( )	안:항 ( )	귀:안 ( )

雷聲　(　　　　　)
▶천둥소리. ¶~이 온 천지에 울려 퍼졌다.

零度　(　　　　　)
▶온도, 각도, 고도 따위의 度數를 세는 기점이 되는 자리.

零落　(　　　　　)
▶①초목의 잎이 시들어 떨어짐. ②세력이나 살림이 줄어들어 보잘것없이 됨. 回衰落.

零細　(　　　　　)
▶살림이 보잘것없고 몹시 가난함. ¶경기가 나빠져 ~ 사업자의 고충이 컸다.

霧:散　(　　　　　)
▶안개가 걷히듯 흩어져 없어짐.

雲霧　(　　　　　)
▶구름과 안개를 아울러 이르는 말. ¶초여름의 설악산은 ~에 싸여 신비감을 자아냈다.

必須　(　　　　　)
▶꼭 있어야 하거나 해야 함. ¶~ 조건.

頗多　(　　　　　)
▶아주 많다. 매우 많다. ¶항간에는 그에 대한 좋지 못한 소문이 ~하였다.

偏頗的　(　　　　　)
▶공평치 못하고 한쪽으로 치우치는 경향이 있는 (것). ¶~(인) 판정.

頻度　(　　　　　)
▶같은 현상이나 일이 반복되는 度數. ¶~가 낮다.

頻發　(　　　　　)
▶어떤 일이나 현상이 자주 일어남. ¶실수 ~.

頻繁　(　　　　　)
▶度數가 잦아 복잡하다. ¶한동안 남북간의 왕래가 ~하였다.

顧客　(　　　　　)
▶상점 따위에 물건을 사러 오는 손님.

顧問　(　　　　　)
▶어떤 분야에 대하여 전문적인 지식을 가지고 자문에 응하여 의견을 제시하고 조언을 하는 직책.

一顧　(　　　　　)
▶한 번 돌이켜 봄. 또는 잠깐 돌아봄.

回顧錄　(　　　　　)
▶지나간 일을 돌이켜 생각하며 적은 기록.

飜覆　(　　　　　)
▶이리저리 뒤쳐 고침.

飜案　(　　　　　)
▶원작의 내용이나 줄거리는 그대로 두고 인명, 지명 따위를 시대나 풍토에 맞게 바꾸어 고침.

飜譯　(　　　　　)
▶어떤 언어로 된 글을 다른 언어의 글로 옮김.

飜意　(　　　　　)
▶먹었던 마음을 뒤집음. ¶~를 종용하다.

飢渴　(　　　　　)
▶배고픔과 목마름을 아울러 이르는 말.

飢餓　(　　　　　)
▶굶주림. ¶수많은 사람이 ~에 허덕이고 있다.

飢寒　(　　　　　)
▶굶주리고 헐벗어 배고프고 추움.

虛飢　(　　　　　)
▶몹시 굶어서 배고픈 느낌. ¶퇴근 무렵이 되자 갑자기 ~를 느꼈다.

飽:滿　(　　　　　)
▶넘치도록 가득함. ¶~ 상태.

한자로 써 보세요

뇌성 (　　)	영도 (　　)	영락 (　　)	영세 (　　)	무:산 (　　)
운무 (　　)	필수 (　　)	파다 (　　)	편파적 (　　)	빈도 (　　)
빈발 (　　)	빈번 (　　)	고객 (　　)	고문 (　　)	일고 (　　)
회고록 (　　)	번복 (　　)	번안 (　　)	번역 (　　)	번의 (　　)
기갈 (　　)	기아 (　　)	기한 (　　)	허기 (　　)	포:만 (　　)

飽:食　（　　　　　　）
▶배부르게 먹음.

飽:和　（　　　　　　）
▶더 이상의 양을 수용할 수 없이 가득 참.

餓:鬼　（　　　　　　）
▶몸은 마르고 배가 엄청나게 큰데, 목구멍이 바늘구멍 같아서 음식을 먹을 수 없어 늘 굶주림으로 괴로워한다는 귀신.

餓:死　（　　　　　　）
▶굶어 죽음. ¶ ～ 직전에 놓여 있다.

騰貴　（　　　　　　）
▶물건 값이 뛰어오름.

急騰　（　　　　　　）
▶물가나 시세 따위가 갑자기 오름. ¶주가의 ～.

騷客　（　　　　　　）
▶詩人과 文士를 통틀어 이르는 말.

騷動　（　　　　　　）
▶사람들이 놀라거나 흥분하여 시끄럽게 법석거리고 떠들어대는 일.

騷亂　（　　　　　　）
▶시끄럽고 어수선함. ¶ ～을 피우지 마라.

騷音　（　　　　　　）
▶불규칙하게 뒤섞여 불쾌하고 시끄러운 소리.

驅迫　（　　　　　　）
▶못 견디게 괴롭힘. ¶갖은 ～을 받다.

驅步　（　　　　　　）
▶달리어 감. 또는 그런 걸음걸이. ¶ ～ 행군.

驅使　（　　　　　　）
▶말이나 수사법, 기교, 수단 따위를 능숙하게 마음대로 부려 씀.

驅除　（　　　　　　）
▶해충 따위를 몰아내어 없앰. ¶기생충 ～.

驅逐　（　　　　　　）
▶어떤 세력 따위를 몰아서 쫓아냄.

驅蟲　（　　　　　　）
▶약품 따위로 해충이나 기생충 따위를 없앰.

先驅者　（　　　　　　）
▶어떤 일이나 사상에서 다른 사람보다 앞선 사람.

鴻毛　（　　　　　　）
▶기러기의 털이라는 뜻으로, 매우 가벼운 사물을 이르는 말.

鴻雁　（　　　　　　）
▶큰 기러기와 작은 기러기를 아울러 이르는 말.

鴻志　（　　　　　　）
▶마음에 품은 큰 뜻. 大:志.

鹿角　（　　　　　　）
▶사슴의 머리에 난 뿔.

鹿血　（　　　　　　）
▶사슴의 피. 강장제로 쓴다.

龜鑑　（　　　　　　）
▶거울로 삼아 본받을 만한 모범. ¶ ～이 되다.

龜甲　（　　　　　　）
▶거북의 등딱지.

龜裂　（　　　　　　）
▶거북의 등에 있는 무늬처럼 갈라져 터짐.

한자로써보세요

포:식 (　　)	포:화 (　　)	아:귀 (　　)	아:사 (　　)	등귀 (　　)
급등 (　　)	소객 (　　)	소동 (　　)	소란 (　　)	소음 (　　)
구박 (　　)	구보 (　　)	구사 (　　)	구제 (　　)	구축 (　　)
구충 (　　)	선구자 (　　)	홍모 (　　)	홍안 (　　)	홍지 (　　)
녹각 (　　)	녹혈 (　　)	귀감 (　　)	귀갑 (　　)	균열 (　　)

성어 익히기

街:談巷說 (　　　　　)
▶ 거리나 항간에 떠도는 소문.

刻骨難忘 (　　　　　)
▶ [입은 은혜에 대한 고마움이] 뼈에 깊이 사무치어 결코 잊지 아니함.

刻舟求劍 (　　　　　)
▶ 융통성 없이 현실에 맞지 않는 낡은 생각을 고집하는 어리석음을 이르는 말.

感:慨無量 (　　　　　)
▶ 마음속에서 느끼는 감동이나 느낌이 끝이 없음. 또는 그 감동이나 느낌.

改:過遷善 (　　　　　)
▶ 지난날의 잘못이나 허물을 고쳐 올바르고 착하게 됨.

擧:案齊眉 (　　　　　)
▶ 밥상을 눈썹과 가지런하도록 공손히 들어 남편 앞에 가지고 간다는 뜻으로, 남편을 깍듯이 공경함을 이르는 말.

乾坤一色 (　　　　　)
▶ 눈이 내린 뒤에 온 세상이 한 가지 빛깔로 뒤덮인 듯함.

隔世之感 (　　　　　)
▶ 오래지 않은 동안에 몰라보게 변하여 아주 다른 세상이 된 것 같은 느낌.

牽强附會 (　　　　　)
▶ 이치에 맞지 않는 말을 억지로 끌어 붙여 자기에게 유리하게 함.

高官大爵 (　　　　　)
▶ 지위가 높고 훌륭한 벼슬. 또는 그런 위치에 있는 사람. 맨微:官末職.

枯木生花 (　　　　　)
▶ 말라죽은 나무에서 꽃이 핀다는 뜻으로, 곤궁한 처지에 빠졌던 사람이 행운을 만나서 잘됨을 비유적으로 이르는 말.

公卿大夫 (　　　　　)
▶ 삼공과 구경, 대부를 아울러 이르는 말.

公私多忙 (　　　　　)
▶ 공적사적인 일 따위로 매우 바쁨. ¶~ 중에도 이렇게 찾아와 주시니 감사하기 이를 데 없습니다.

矯:角殺牛 (　　　　　)
▶ 소의 뿔을 바로잡으려다가 소를 죽인다는 뜻으로, 잘못된 점을 고치려다가 그 방법이나 정도가 지나쳐 오히려 일을 그르침을 이르는 말.

苟:命徒生 (　　　　　)
▶ 구차스럽게 목숨을 부지하여 살아감. 동苟:命圖生.

한 자 로 써 보 세 요

가:담항설 (　　　) 각골난망 (　　　) 각주구검 (　　　) 감:개무량 (　　　)

개:과천선 (　　　) 거:안제미 (　　　) 건곤일색 (　　　) 격세지감 (　　　)

견강부회 (　　　) 고관대작 (　　　) 고목생화 (　　　) 공경대부 (　　　)

공사다망 (　　　) 교:각살우 (　　　) 구:명도생 (　　　)

口:蜜腹劍　　(　　　　　)
▶ 입에는 꿀이 있고 배속에는 칼이 있다는 뜻으로, 말로는 친한 듯하나 속으로는 해칠 생각이 있음을 이르는 말.

口:尙乳臭　　(　　　　　)
▶ 입에서 아직 젖내가 난다는 뜻으로, 말이나 행동이 유치함을 이르는 말.

救:荒作物　　(　　　　　)
▶ 흉년 따위로 기근이 심할 때 주식물 대신 먹을 수 있는 농작물.

勸:善懲惡　　(　　　　　)
▶ 착한 일을 권장하고 악한 일을 징계함. ¶고대 소설의 주제는 ~이 대부분이다.

閨房文學　　(　　　　　)
▶ 조선 시대에, 양반 부녀자의 생활을 그린 문학.

謹:賀新年　　(　　　　　)
▶ 삼가 새해를 축하한다는 뜻으로, 새해의 복을 비는 인사말.

錦上添花　　(　　　　　)
▶ 〔비단 위에 꽃을 보탠다는 뜻으로〕 좋은 일에 또 좋은 일이 더함.

今昔之感　　(　　　　　)
▶ 지금과 옛날의 차이가 너무 심하여 생기는 느낌. ¶삼십 년 만에 고향에 오니 ~을 금할 수 없다.

金枝玉葉　　(　　　　　)
▶ 금으로 된 가지와 옥으로 된 잎이라는 뜻으로, 귀한 자손을 이르는 말.

旣張之舞　　(　　　　　)
▶ 이미 시작하여 중간에 그만둘 수 없는 것을 이르는 말.

旣定事實　　(　　　　　)
▶ 이미 결정되어 있는 사실. ¶가족들은 노모의 죽음을 ~로 받아들이고 장례 절차를 논의했다.

幾何級數　　(　　　　　)
▶ 서로 이웃하는 항의 比가 일정한 급수.

道:聽塗說　　(　　　　　)
▶ 길거리에 퍼져 돌아다니는 뜬소문.

獨也靑靑　　(　　　　　)
▶ 남들이 모두 절개를 꺾는 상황에서도 홀로 절개를 굳세게 지키고 있음을 비유적으로 이르는 말.

棟梁之材　　(　　　　　)
▶ 한 집안이나 한 나라를 떠받치는 중대한 일을 맡을 만한 인재.

同病相憐　　(　　　　　)
▶ 같은 병을 앓는 사람끼리 서로 가엾게 여긴다는 뜻으로, 어려운 처지에 있는 사람끼리 서로 가엾게 여김을 이르는 말.

麻衣太子　　(　　　　　)
▶ 신라 敬順王의 太子. 敬順王이 王建에게 降書(항서)를 보내자 이를 반대하여 皆骨山으로 들어가 麻衣를 입고 여생을 보냄.

萬:事亨通　　(　　　　　)
▶ 모든 것이 뜻대로 잘됨. ¶그가 하면 무슨 일이든 ~이다.

한자로 써 보세요

구:밀복검 (　　　　)　구:상유취 (　　　　)　구:황작물 (　　　　)　권:선징악 (　　　　)
규방문학 (　　　　)　근:하신년 (　　　　)　금상첨화 (　　　　)　금석지감 (　　　　)
금지옥엽 (　　　　)　기장지무 (　　　　)　기정사실 (　　　　)　기하급수 (　　　　)
도:청도설 (　　　　)　독야청청 (　　　　)　동량지재 (　　　　)　동병상련 (　　　　)
마의태자 (　　　　)　만:사형통 (　　　　)

茫茫大海　(　　　　　)
▶한없이 크고 넓은 바다.

茫然自失　(　　　　　)
▶멍하니 정신을 잃음.

孟:母三遷　(　　　　　)
▶맹자의 어머니가 아들을 가르치기 위하여 세 번이나 이사를 하였음을 이르는 말.

傍若無人　(　　　　　)
▶곁에 사람이 없는 것처럼 아무 거리낌 없이 함부로 말하고 행동하는 태도가 있음.

背:恩忘德　(　　　　　)
▶남에게 입은 은덕을 저버리고 배신함. 또는 그런 태도가 있음. ¶이런 ~을 하다니!

白骨難忘　(　　　　　)
▶죽어서 백골이 되어도 잊을 수 없다는 뜻으로, 남에게 큰 은덕을 입었을 때 고마움의 뜻으로 이르는 말. ¶보살펴 주신 은혜 ~이로소이다.

附:和雷同　(　　　　　)
▶줏대 없이 남의 의견에 따라 움직임.

朋友有信　(　　　　　)
▶五:倫의 하나. 벗 사이에는 믿음이 있어야 함을 이른다.

朋友責善　(　　　　　)
▶벗끼리 서로 좋은 일을 하도록 권함.

非:夢似夢　(　　　　　)
▶완전히 잠이 들지도 잠에서 깨어나지도 않은 어렴풋한 상태. ¶그는 ~ 중에 오한과 열기에 떨며 누워 있었다.

四:顧無親　(　　　　　)
▶의지할 만한 사람이 아무도 없음. ¶~의 외로운 신세.

四:分五裂　(　　　　　)
▶①여러 갈래로 갈기갈기 찢어짐. ②질서 없이 어지럽게 흩어지거나 헤어짐. ¶국론이 ~로 갈라지다.

捨:生取義　(　　　　　)
▶목숨을 버리고 의를 좇는다는 뜻으로, 목숨을 버릴지언정 옳은 일을 함을 이르는 말.

三遷之敎　(　　　　　)
▶맹자의 어머니가 아들을 가르치기 위하여 세 번이나 이사를 하였음을 이르는 말.

喪家之狗　(　　　　　)
▶①주인 없는 개. ②여위고 기운 없이 초라한 사람을 빈정거려 하는 말.

塞翁之馬　(　　　　　)
▶인생의 길흉화복은 변화가 많아서 예측하기가 어렵다는 말. ¶인간사는 ~이다.

先後倒錯　(　　　　　)
▶앞뒤가 뒤바뀜.

한자로 써 보세요

망망대해 (　　　　)　　망연자실 (　　　　)　　맹:모삼천 (　　　　)　　방약무인 (　　　　)
배:은망덕 (　　　　)　　백골난망 (　　　　)　　부:화뇌동 (　　　　)　　붕우유신 (　　　　)
붕우책선 (　　　　)　　비:몽사몽 (　　　　)　　사:고무친 (　　　　)　　사:분오열 (　　　　)
사:생취의 (　　　　)　　삼천지교 (　　　　)　　상가지구 (　　　　)　　새옹지마 (　　　　)
선후도착 (　　　　)

小:貪大失　(　　　　　)
▶작은 것을 탐하다가 큰 것을 잃음.

騷人墨客　(　　　　　)
▶詩文과 書畵를 일삼는 사람.

守株待兎　(　　　　　)
▶한 가지 일에만 얽매여 발전을 모르는 어리석은 사람을 비유적으로 이르는 말.

殉國先烈　(　　　　　)
▶나라를 위하여 목숨을 바친 윗대의 열사. ¶~을 위한 묵념.

脣亡齒寒　(　　　　　)
▶입술이 없으면 이가 시리다는 뜻으로, 어느 한쪽이 망하면 다른 한쪽도 그 영향을 받아 온전하기 어려움을 이르는 말.

謁聖及第　(　　　　　)
▶조선 시대에, 임금이 성균관 문묘에 참배한 뒤 보이는 과거 시험에 합격하던 일.

殃及池魚　(　　　　　)
▶城門에 난 불을 못물로 끄니 그 못의 물고기가 다 죽었다는 뜻으로, 엉뚱하게 재난을 당함을 이르는 말.

羊頭狗肉　(　　　　　)
▶양의 머리를 걸어 놓고 개고기를 판다는 뜻으로, 겉보기만 그럴듯하게 보이고 속은 변변하지 아니함을 이르는 말.

梁上君子　(　　　　　)
▶들보 위의 군자라는 뜻으로, 쥐나 도둑을 완곡하게 이르는 말.

焉敢生心　(　　　　　)
▶감히 그런 마음을 품을 수 없음.

榮枯盛衰　(　　　　　)
▶인생이나 사물의 번성함과 쇠락함이 서로 바뀜. ¶~를 거듭하다.

五:里霧中　(　　　　　)
▶오리나 되는 짙은 안개 속에 있다는 뜻으로, 무슨 일에 대하여 방향이나 갈피를 잡을 수 없음을 이르는 말. ¶범인의 행방이 ~이다.

傲:霜孤節　(　　　　　)
▶서릿발이 심한 속에서도 굴하지 아니하고 외로이 지키는 절개라는 뜻으로, '菊花'를 이르는 말.

吾鼻三尺　(　　　　　)
▶내 코가 석자라는 뜻으로, 자기 사정이 급하여 남을 돌볼 겨를이 없음을 이르는 말.

烏飛梨落　(　　　　　)
▶까마귀 날자 배 떨어진다는 뜻으로, 아무 관계도 없이 한 일이 공교롭게도 때가 같아 억울하게 의심을 받거나 난처한 위치에 서게 됨을 이르는 말.

緩:衝地帶　(　　　　　)
▶대립하는 나라들 사이의 충돌을 완화하기 위하여 설치한 중립 지대.

曰可曰否　(　　　　　)
▶어떤 일에 대하여 옳거니 옳지 아니하거니 하고 말함.

腰折腹痛　(　　　　　)
▶너무 우스워 허리가 끊어질 듯한 것.

한자로 써보세요

소:탐대실 (　　　　) 소인묵객 (　　　　) 수주대토 (　　　　) 순국선열 (　　　　)
순망치한 (　　　　) 알성급제 (　　　　) 앙급지어 (　　　　) 양두구육 (　　　　)
양상군자 (　　　　) 언감생심 (　　　　) 영고성쇠 (　　　　) 오:리무중 (　　　　)
오:상고절 (　　　　) 오비삼척 (　　　　) 오비이락 (　　　　) 완:충지대 (　　　　)
왈가왈부 (　　　　) 요절복통 (　　　　)

搖之不動　(　　　　　)
▶흔들어도 꼼짝하지 아니함.

遠:禍召福　(　　　　　)
▶화를 물리치고 복을 불러들임.

流芳百世　(　　　　　)
▶꽃다운 이름이 후세에 길이 전함.

唯我獨尊　(　　　　　)
▶세상에서 자기 혼자 잘났다고 뽐내는 태도.

唯一無二　(　　　　　)
▶['유일무이의' 꼴로 쓰여] 오직 하나뿐이고 둘도 없음. ¶~의 존재.

吟風弄月　(　　　　　)
▶맑은 바람과 밝은 달을 대상으로 시를 짓고 흥취를 자아내어 즐겁게 놂. 風月.

泥田鬪狗　(　　　　　)
▶①진흙탕에서 싸우는 개라는 뜻으로, 강인한 성격의 함경도 사람을 이르는 말. ②자기의 이익을 위하여 비열하게 다툼을 비유적으로 이르는 말.

一魚濁水　(　　　　　)
▶한 마리의 물고기가 물을 흐린다는 뜻으로, 한 사람의 잘못으로 여러 사람이 피해를 입게 됨을 이르는 말.

一葉片舟　(　　　　　)
▶한 척의 조그마한 배. ¶~를 강물에 띄우다.

立稻先賣　(　　　　　)
▶아직 논에서 자라고 있는 벼를 미리 돈을 받고 팜.

自愧之心　(　　　　　)
▶스스로 부끄럽게 여기는 마음.

自暴自棄　(　　　　　)
▶절망에 빠져 자신을 스스로 포기하고 돌아보지 아니함. ¶~에 빠지다.

切齒腐心　(　　　　　)
▶몹시 분하여 이를 갈며 속을 썩임. ¶~의 원한.

朝令暮改　(　　　　　)
▶아침에 명령을 내렸다가 저녁에 다시 고친다는 뜻으로, 법령을 자꾸 고쳐서 갈피를 잡기가 어려움을 이르는 말.

朝三暮四　(　　　　　)
▶간사한 꾀로 남을 속여 희롱함을 이르는 말.

左:顧右眄　(　　　　　)
▶이쪽저쪽을 돌아본다는 뜻으로, 앞뒤를 재고 망설임을 이르는 말.

仲秋佳節　(　　　　　)
▶음력 팔월 보름의 좋은 날이라는 뜻으로, 秋夕을 달리 이르는 말.

遲遲不進　(　　　　　)
▶매우 더디어서 일 따위가 잘 진척되지 아니함. ¶사업이 ~을 면하지 못하고 있다.

職務遺棄　(　　　　　)
▶공무원이 정당한 이유 없이 직무를 거부하거나 유기함으로써 성립하는 범죄.

한자로써보세요

요지부동 (　　)	원:화소복 (　　)	유방백세 (　　)	유아독존 (　　)
유일무이 (　　)	음풍농월 (　　)	이전투구 (　　)	일어탁수 (　　)
일엽편주 (　　)	입도선매 (　　)	자괴지심 (　　)	자포자기 (　　)
절치부심 (　　)	조령모개 (　　)	조삼모사 (　　)	좌:고우면 (　　)
중추가절 (　　)	지지부진 (　　)	직무유기 (　　)	

天經地緯　(　　　　　)
▶ 하늘이 정하고 땅이 받드는 길이라는 뜻으로, 영원히 변하지 않는 진리나 법칙을 이르는 말.

千辛萬苦　(　　　　　)
▶ 천 가지 매운 것과 만 가지 쓴 것이라는 뜻으로, 온갖 어려운 고비를 다 겪으며 심하게 고생함을 이르는 말. ¶~ 끝에 살아서 돌아오다

徹頭徹尾　(　　　　　)
▶ 처음부터 끝까지 철저하게. ¶~ 진상을 밝히다.

晴耕雨讀　(　　　　　)
▶ 날이 개면 논밭을 갈고 비가 오면 글을 읽는다는 뜻으로, 부지런히 일하며 공부함을 이르는 말.

取:捨選擇　(　　　　　)
▶ 여럿 가운데서 쓸 것은 쓰고 버릴 것은 버림.

貪官汚吏　(　　　　　)
▶ 백성의 재물을 탐내어 빼앗는, 행실이 깨끗하지 못한 관리. ¶~의 횡포가 심하다.

抱:腹絶倒　(　　　　　)
▶ 배를 그러안고 넘어질 정도로 몹시 웃음.

匹馬單騎　(　　　　　)
▶ 혼자 한 필의 말을 탐. 또는 그렇게 하는 사람.

匹夫匹婦　(　　　　　)
▶ 평범한 남녀. ¶그들은 ~로 만나 백년가약을 맺게 되었다. 囲甲男乙女.

咸興差使　(　　　　　)
▶ 심부름을 가서 오지 아니하거나 늦게 온 사람을 이르는 말. ¶그는 가기만 하면 ~이다.

螢雪之功　(　　　　　)
▶ 반딧불·눈과 함께 하는 노력이라는 뜻으로, 고생을 하면서 부지런히 공부하는 자세를 이르는 말.

螢窓雪案　(　　　　　)
▶ 반딧불이 비치는 창가와 눈빛이 비치는 책상이란 뜻으로, 어려운 환경에서도 열심히 공부하는 자세를 이르는 말.

胡蝶之夢　(　　　　　)
▶ 나비에 관한 꿈이라는 뜻으로, 인생의 덧없음을 이르는 말.

昏睡狀態　(　　　　　)
▶ 완전히 의식을 잃고 인사불성이 된 상태.

昏定晨省　(　　　　　)
▶ 밤에는 부모의 잠자리를 보아 드리고 이른 아침에는 부모의 밤새 안부를 묻는다는 뜻으로, 부모를 잘 섬기고 효성을 다함을 이르는 말.

弘益人間　(　　　　　)
▶ 널리 인간을 이롭게 함. 단군의 건국이념으로서 우리나라 정치, 교육, 문화의 최고 이념이다.

上:濁下不淨　(　　　　　)
▶ 윗물이 흐리면 아랫물도 깨끗하지 못하다는 뜻으로, 윗사람이 부패하면 아랫사람도 부패하게 됨을 이르는 말.

一日難再晨　(　　　　　)
▶ 하루에 새벽이 두 번 오지 아니한다는 뜻으로, 한 번 가 버린 시간은 다시 돌이킬 수 없음을 이르는 말.

한자로 써 보세요

천경지위 (　　)	천신만고 (　　)	철두철미 (　　)	청경우독 (　　)
취:사선택 (　　)	탐관오리 (　　)	포:복절도 (　　)	필마단기 (　　)
필부필부 (　　)	함흥차사 (　　)	형설지공 (　　)	형창설안 (　　)
호접지몽 (　　)	혼수상태 (　　)	혼정신성 (　　)	홍익인간 (　　)
상:탁하부정 (　　)	일일난재신 (　　)		

4단계
유형별 한자 익히기

유의결합어(類義結合語)
반의결합어(反義結合語)
반의한자어(反義漢字語)
동자이음어(同字異音語)
동음이의어(同音異義語)
주의해야 할 부수(部首)
약자(略字)

[학습 포인트]

⊙ 유의결합어(類義結合語)는 뜻이 비슷한 한자가 결합된 한자어입니다. 단어의 뜻을 생각하면서 유의어의 학습이 될 수 있도록 하세요.

⊙ 반의결합어(反義結合語)는 뜻이 반대인 한자가 결합된 한자어입니다. 뜻이 상대 또는 반대되는 한자는 시험에 반드시 출제되므로 단어 중심으로 익혀 두세요.

⊙ 낱자뿐만 아니라 반대 뜻의 단어를 익힐 수 있도록 반의한자어(反義漢字語)를 실었습니다. 뜻을 생각하면서 익히세요.

⊙ 동자이음어(同字異音語)는 반드시 용례를 통하여 익히세요.

⊙ 국어의 어휘력을 높여주는 기회가 될 수 있도록 동음이의어(同音異義語)는 반드시 익혀두세요.

⊙ 제부수 한자는 가능한 한 외워두는 것이 다른 한자의 부수를 알 수 있는 효과적인 방법입니다.

⊙ 약자는 본자(本字)의 특정 부위가 줄거나 남아 있는 경우가 대부분입니다.

⊙ 점검 문제에 대한 별도의 정답은 싣지 않았습니다. 해당 부분에서 확인하세요.

유의결합어(類義結合語)

■ 뜻이 비슷한 漢字끼리 결합된 漢字語.

假 借	牽 引	尋 訪	殃 禍
빌릴 가 / 빌릴 차	끌 견 / 당길 인	찾을 심 / 찾을 방	재앙 앙 / 재화 화

驕 慢	龜 裂	厄 禍	掠 奪
교만할 교 / 거만할 만	갈라질 균 / 찢을 열	액 액 / 재화 화	빼앗을 약 / 빼앗을 탈

謹 愼	飢 餓	楊 柳	閱 覽
삼갈 근 / 삼갈 신	주릴 기 / 주릴 아	버들 양 / 버들 류	볼 열 / 볼 람

吉 祥	奴 隸	傲 慢	類 似
길할 길 / 상서로울 상	종 노 / 종 예	거만할 오 / 거만할 만	같을 유 / 같을 사

老 翁	跳 躍	宜 當	依 托
늙은이 노 / 늙은이 옹	뛸 도 / 뛸 약	마땅 의 / 마땅 당	의지할 의 / 의지할 탁

敦 篤	敦 厚	災 厄	災 殃
도타울 돈 / 도타울 독	도타울 돈 / 두터울 후	재앙 재 / 재앙 액	재앙 재 / 재앙 앙

埋 藏	盟 誓	竊 盜	拙 劣
묻을 매 / 감출 장	맹세할 맹 / 맹세할 서	훔칠 절 / 훔칠 도	졸할 졸 / 못할 렬

侮 蔑	模 倣	終 了	俊 傑
업신여길 모 / 업신여길 멸	본뜰 모 / 본뜰 방	끝날 종 / 마칠 료	준걸 준 / 뛰어날 걸

侮 辱	返 還	慙 愧	菜 蔬
업신여길 모 / 욕할 욕	돌아올 반 / 돌아올 환	부끄러울 참 / 부끄러울 괴	나물 채 / 나물 소

邦 國	背 叛	添 加	尖 銳
나라 방 / 나라 국	등질 배 / 배반할 반	더할 첨 / 더할 가	뾰족할 첨 / 날카로울 예

排 斥	配 匹	逮 捕	墮 落
밀칠 배 / 물리칠 척	짝 배 / 짝 필	잡을 체 / 잡을 포	떨어질 타 / 떨어질 락

飜 覆	補 佐	誕 生	怠 慢
뒤칠 번 / 뒤집힐 복	도울 보 / 도울 좌	낳을 탄 / 날 생	게으름 태 / 게으를 만

墳 墓	分 析	把 握	把 持
무덤 분 / 무덤 묘	나눌 분 / 가를 석	잡을 파 / 쥘 악	잡을 파 / 잡을 지

崩 壞	朋 友	幣 帛	抱 擁
무너질 붕 / 무너질 괴	벗 붕 / 벗 우	비단 폐 / 비단 백	안을 포 / 안을 옹

賓 客	詐 欺	捕 捉	捕 獲
손 빈 / 손 객	속일 사 / 속일 기	사로잡을 포 / 잡을 착	사로잡을 포 / 얻을 획

山 岳	相 互	畢 竟	嫌 惡
뫼 산 / 큰산 악	서로 상 / 서로 호	마칠 필 / 다할 경	싫어할 혐 / 미워할 오

逝 去	城 郭	亨 通	毫 髮
갈 서 / 갈 거	성 성 / 성곽 곽	형통할 형 / 통할 통	가는 털 호 / 터럭 발

洗 濯	搜 索	婚 姻	擴 張
씻을 세 / 씻을 탁	찾을 수 / 찾을 색	혼인할 혼 / 혼인 인	넓힐 확 / 베풀 장

收 穫	伸 張		
거둘 수 / 거둘 확	펼 신 / 베풀 장		

반의결합어(反義結合語)

■ 뜻이 반대인 漢字끼리 결합된 漢字語.

經	⇔	緯
날 경		씨 위

慶	⇔	弔
경사 경		조상할 조

屈	⇔	伸
굽을 굴		펼 신

叔	⇔	姪
아재비 숙		조카 질

伸	⇔	縮
펼 신		줄일 축

優	⇔	劣
넉넉할 우		못할 열

添	⇔	削
더할 첨		깎을 삭

淸	⇔	濁
맑을 청		흐릴 탁

반의한자어(反義漢字語)

■ 뜻이 서로 반대인 漢字語.

俊 才	⇔	鈍 才
준걸 준 / 재주 재		무딜 둔 / 재주 재

俱 存	⇔	俱 沒
함께 구 / 있을 존		함께 구 / 가라앉을 몰

傍 系	⇔	直 系
곁 방 / 이을 계		곧을 직 / 이을 계

劣 等	⇔	優 等
못할 열 / 등급 등		넉넉할 우 / 등급 등

劣 性	⇔	優 性
못할 열 / 성품 성		넉넉할 우 / 성품 성

劣 勢	⇔	優 勢
못할 열 / 기세 세		넉넉할 우 / 기세 세

奸 臣	⇔	忠 臣
간사할 간 / 신하 신		충성 충 / 신하 신

抽 象	⇔	具 象
뽑을 추 / 모양 상		갖출 구 / 모양 상

拙 作	⇔	傑 作
졸할 졸 / 지을 작		뛰어날 걸 / 지을 작

挑 戰	⇔	應 戰
돋울 도 / 싸울 전		응할 응 / 싸울 전

旣 決	⇔	未 決
이미 기 / 터질 결		아닐 미 / 터질 결

旣 婚	⇔	未 婚
이미 기 / 혼인할 혼		아닐 미 / 혼인할 혼

苦 杯	⇔	祝 杯
쓸 고 / 잔 배		빌 축 / 잔 배

濁 流	⇔	淸 流
흐릴 탁 / 흐를 류		맑을 청 / 흐를 류

竝 列	⇔	直 列
아우를 병 / 줄 렬		곧을 직 / 줄 렬

緯 度	⇔	經 度
씨 위 / 법도 도		날 경 / 법도 도

北 緯	⇔	南 緯
북녘 북 / 씨줄 위		남녘 남 / 씨줄 위

罷 場	⇔	開 場
마칠 파 / 마당 장		열 개 / 마당 장

自 薦	⇔	他 薦
스스로 자 / 천거할 천		다를 타 / 천거할 천

辛 勝	⇔	樂 勝
매울 신 / 이길 승		즐길 낙 / 이길 승

未 遂	⇔	完 遂
아닐 미 / 이룰 수		완전할 완 / 이룰 수

遵 法	⇔	犯 法
좇을 준 / 법 법		범할 범 / 법 법

邦 畵	⇔	外 畵
나라 방 / 그림 화		바깥 외 / 그림 화

銳 角	⇔	鈍 角
날카로울 예 / 뿔 각		둔할 둔 / 뿔 각

동자이음어(同字異音語)

■ 한 글자가 다른 讀音을 갖는 漢字.

- 어-於中間(어중간) 於此彼(어차피)
- 오-감탄사로 쓰인다.

- 귀-龜鑑(귀감) 龜甲(귀갑)
- 균-龜裂(균열)

동음이의어(同音異義語)

■ 음은 같으나 漢字와 뜻이 다른 漢字語.

却說◀각설▶各設	絹本◀견본▶見本	遙遠◀요원▶要員	僞計◀위계▶位階
顧問◀고문▶古文	枯死◀고사▶固辭	類似◀유사▶有史	移替◀이체▶異體
矯正◀교정▶校庭	校訂◀교정▶校庭	梨花◀이화▶李花	寅時◀인시▶寅時
近似◀근사▶近思	忌日◀기일▶期日	爵位◀작위▶作爲	傳播◀전파▶全破
亂刺◀난자▶卵子	屢代◀누대▶樓臺	弔旗◀조기▶早期	弔喪◀조상▶祖上
丹脣◀단순▶單純	但只◀단지▶團地	弔花◀조화▶調和	宗廟◀종묘▶種苗
大暑◀대서▶代書	動搖◀동요▶童謠	遵守◀준수▶俊秀	中庸◀중용▶重用
東夷◀동이▶同異	叛徒◀반도▶半島	仲兄◀중형▶重刑	陳腐◀진부▶眞否
傍祖◀방조▶傍助	防潮◀방조▶放鳥	抄錄◀초록▶草綠	抽象◀추상▶秋霜
邦畵◀방화▶放火	背誦◀배송▶配送	寢睡◀침수▶侵水	奪取◀탈취▶脫臭
負荷◀부하▶部下	斯界◀사계▶四季	投棄◀투기▶投機	透水◀투수▶投手
詐欺◀사기▶士氣	斜面◀사면▶四面	匹敵◀필적▶筆跡	奚琴◀해금▶解禁
斜線◀사선▶死線	巳時◀사시▶斜視	享壽◀향수▶香水	享有◀향유▶香油
斜陽◀사양▶辭讓	思惟◀사유▶私有	互換◀호환▶虎患	曉星◀효성▶孝誠
相似◀상사▶想思	相互◀상호▶商號		
敍景◀서경▶書經	禪院◀선원▶船員		
誦詠◀송영▶送迎	睡眠◀수면▶水面		
囚衣◀수의▶獸醫	誰何◀수하▶手下		
辛苦◀신고▶申告	晨星◀신성▶神聖		
伸張◀신장▶身長	伸縮◀신축▶新築		
厄禍◀액화▶液化	諒知◀양지▶陽地		
劣性◀열성▶熱性	詠物◀영물▶靈物		
詠史◀영사▶映寫	零細◀영세▶永世		
傲氣◀오기▶誤記	午睡◀오수▶汚水		

주의해야 할 부수(部首)

■ 제부수자와 部首를 혼동하기 쉬운 漢字.

1. 제부수자

卜(점 복)	又(또 우)	斤(도끼 근)
曰(가로 왈)	矢(화살 시)	禾(벼 화)
而(말이을 이)	舟(배 주)	貝(조개 패)
辛(매울 신)	酉(닭 유)	鹿(사슴 록)
龜(거북 귀)		

2. 部首를 혼동하기 쉬운 한자

丑(一, 소 축)   且(一, 또 차)
丸(丶, 알 환)   乎(丿, 어조사 호)
也(乙, 어조사 야) 乞(乙, 빌 걸)
了(亅, 마칠 료)   予(亅, 나 여)
于(二, 어조사 우) 云(二, 이를 운)
互(二, 서로 호)   亥(亠, 돼지 해)
亨(亠, 형통할 형) 享(亠, 누릴 향)
兮(八, 어조사 혜) 冒(冂, 무릅쓸 모)
劣(力, 못할 렬)   募(力, 모을 모)
匹(匚, 짝 필)   卯(卩, 토끼 묘)
厄(厂, 재앙 액)   厥(厂, 그 궐)
叛(又, 배반할 반) 只(口, 다만 지)
哉(口, 어조사 재) 咸(口, 다 함)
嘗(口, 맛볼 상)   囚(囗, 가둘 수)
夷(大, 오랑캐 이) 孰(子, 누구 숙)
尖(小, 뾰족할 첨) 尤(尢, 더욱 우)
屯(屮, 진칠 둔)   巳(己, 뱀 사)
幾(幺, 몇 기)   弔(弓, 조상할 조)
旣(无, 이미 기)   旱(日, 가물 한)
暢(日, 펼 창)   暮(日, 저물 모)
某(木, 아무 모)   棄(木, 버릴 기)
焉(火, 어찌 언)   爵(爪, 벼슬 작)

牽(牛, 소 우)   玆(玄, 이 자)
畓(田, 논 답)   畜(田, 쌓을 축)
矣(矢, 어조사 의) 縣(糸, 고을 현)
罔(网, 그물 망)   罷(网, 마칠 파)
肩(肉, 어깨 견)   臥(臣, 누울 와)
臭(自, 냄새 취)   豈(豆, 어찌 기)
輝(車, 빛날 휘)   輿(車, 수레 여)
辨(辛, 분별할 변) 雁(隹, 기러기 안)
雖(隹, 비록 수)   飜(飛, 뒤칠 번)

약자(略字)

■ 3급 배정 한자 중의 略字.

僞(거짓 위)→偽   屢(여러 루)→屡
惱(괴로워할 뇌)→悩 慘(참혹할 참)→惨
擴(넓힐 확)→拡   曉(새벽 효)→暁
竝(아우를 병)→並 聰(귀밝을 총)→聡
螢(반딧불 형)→蛍   遲(늦을 지)→遅
驅(몰 구)→駆   龜(거북 귀)→亀

유의결합어(類義結合語)

■ 빈칸에 앞의 자와 의미가 비슷한 漢字를 넣어 漢字語를 완성하세요.

假(　　)　　牽(　　)　　驕(　　)

龜(　　)　　謹(　　)　　飢(　　)

吉(　　)　　奴(　　)　　老(　　)

跳(　　)　　敦(　　)　　敦(　　)

埋(　　)　　盟(　　)　　侮(　　)

模(　　)　　侮(　　)　　返(　　)

邦(　　)　　背(　　)　　排(　　)

配(　　)　　飜(　　)　　補(　　)

墳(　　)　　分(　　)　　崩(　　)

朋(　　)　　賓(　　)　　詐(　　)

山(　　)　　相(　　)　　逝(　　)

城(　　)　　洗(　　)　　搜(　　)

收(　　)　　伸(　　)　　尋(　　)

殃(　　)　　厄(　　)　　掠(　　)

楊(　　)　　閱(　　)　　傲(　　)

類(　　)　　宜(　　)　　依(　　)

災(　　)　　災(　　)　　竊(　　)

拙(　　)　　終(　　)　　俊(　　)

慙(　　)　　茱(　　)　　添(　　)

尖(　　)　　逮(　　)　　墮(　　)

誕(　　)　　怠(　　)　　把(　　)

把(　　)　　幣(　　)　　抱(　　)

捕(　　)　　捕(　　)　　畢(　　)

嫌(　　)　　亨(　　)　　毫(　　)

婚(　　)　　擴(　　)

반의결합어(反義結合語)

■ 빈칸에 앞의 자와 의미가 反對 또는 相對인 漢字를 넣어 漢字語를 완성하세요.

經(　　)　　慶(　　)　　屈(　　)

叔(　　)　　伸(　　)　　優(　　)

添(　　)　　淸(　　)

반의한자어(反義漢字語)

■ 빈칸에 앞의 漢字語와 의미가 반대인 한자어를 쓰세요.

俊才(　　)　　俱存(　　)　　傍系(　　)

劣等(　　)　　劣性(　　)　　劣勢(　　)

姦臣(　　)　　抽象(　　)　　拙作(　　)

挑戰(　　)　　旣決(　　)　　旣婚(　　)

苦杯(　　)　　濁流(　　)　　竝列(　　)

緯度(　　)　　北緯(　　)　　罷場(　　)

自薦(　　)　　辛勝(　　)　　未遂(　　)

遵法(　　)　　邦畫(　　)　　銳角(　　)

동음이의어(同音異義語)

■ 빈칸에 앞의 한자어와 음은 같으나 뜻이 다른 漢字語를 쓰세요.

却說(　　)　絹本(　　)　顧問(　　)

枯死(　　)　矯正(　　)　校訂(　　)

近似(　　)　忌日(　　)　亂刺(　　)

屢代(　　)　丹脣(　　)　但只(　　)

大暑(　　)　動搖(　　)　東夷(　　)

叛徒(　　)　傍祖(　　)　防潮(　　)

邦畫(　　)　背誦(　　)　負荷(　　)

斯界(　　)　詐欺(　　)　斜面(　　)

斜線(　　)　巳時(　　)　斜陽(　　)

思惟(　　)　相似(　　)　相互(　　)

敍景(　　)　禪院(　　)　誦詠(　　)

睡眠(　　)　囚衣(　　)　誰何(　　)

辛苦(　　)　晨星(　　)　伸張(　　)

伸縮(　　)　厄禍(　　)　諒知(　　)

劣性(　　)　詠物(　　)　詠史(　　)

零細(　　)　傲氣(　　)　午睡(　　)

遙遠(　　)　僞計(　　)　類似(　　)

移替(　　)　梨花(　　)　寅時(　　)

爵位(　　)　傳播(　　)　弔旗(　　)

弔喪(　　)　弔花(　　)　宗廟(　　)

遵守(　　)　中庸(　　)　仲兄(　　)

陳腐(　　)　抄錄(　　)　抽象(　　)

寢睡(　　)　奪取(　　)　投棄(　　)

透水(　　)　匹敵(　　)　奚琴(　　)

享壽(　　)　享有(　　)　互換(　　)

曉星(　　)

부수(部首)

■ 다음 漢字의 部首를 쓰세요.

卜(　　)　又(　　)　斤(　　)

曰(　　)　矢(　　)　禾(　　)

而(　　)　舟(　　)　貝(　　)

辛(　　)　酉(　　)　鹿(　　)

龜(　　)　丑(　　)　且(　　)

丸(　　)　乎(　　)　也(　　)

乞(　　)　了(　　)　予(　　)

于(　　)　云(　　)　互(　　)

亥(　　)　亨(　　)　享(　　)

兮(　　)　冒(　　)　劣(　　)

募(　　)　匹(　　)　卯(　　)

厄(　　)　厥(　　)　叛(　　)

只(　　)　哉(　　)　咸(　　)

嘗(　　)　囚(　　)　夷(　　)

孰(　　)　尖(　　)　尤(　　)

屯(　　)　巳(　　)　幾(　　)

弔(　　)　旣(　　)　旱(　　)

暢(　　)　暮(　　)　某(　　)

棄(　　)　焉(　　)　爵(　　)

牽(　　)　玆(　　)　畓(　　)

畜(　　)　矣(　　)　縣(　　)

罔(　　)　罷(　　)　肩(　　)

臥(　　)　臭(　　)　豈(　　)

輝(　　)　輿(　　)　辨(　　)

雁(　　)　雖(　　)　飜(　　)

약자(略字)

■ 다음 漢字의 略字를 쓰세요.

僞(　　)　屢(　　)　惱(　　)

慘(　　)　擴(　　)　曉(　　)

竝(　　)　聰(　　)　螢(　　)

遲(　　)　驅(　　)　龜(　　)

5단계
독음 및 장단음 익히기

3급 장음(長音) 한자 및 용례
독음(讀音) 및 장단음(長短音) 익히기

[학습 포인트]

⊙ 독음과 장단음 익히기는 소리내어 읽는 것이 가장 효과적인 방법입니다.
⊙ 한자성어의 장음 표기는 첫 글자에만 적용했습니다.
⊙ 3급 장음 한자를 충분히 익힌 다음 모든 단어의 장단음을 구분할 수 있도록 반복하여 읽으세요.
⊙ 장단음은 일상 언어생활에서도 매우 중요합니다. 습관이 되도록 익히세요.
⊙ 길게도 읽고 짧게도 읽는 한자를 유의하여 익히세요.
⊙ 받침이 ㄱ, ㄹ, ㅂ인 자는 반드시 짧게 읽습니다.
⊙ 정답을 5단계의 마지막에 따로 실었습니다.

3급 장음 한자 및 용례

漢字	用 例	漢字	用 例	漢字	用 例	漢字	用 例
且	且:置	幣	幣:物 幣:帛	湯	湯:器 湯:藥	誕	誕:降 誕:生 誕:辰
互	互:選 互:用 互:惠	庶	庶:務 庶:民 庶:人	漫	漫:評 浪:漫 散:漫	誦	誦:讀 誦:詩 誦:詠
亥	亥:時	廢	廢:家 廢:刊 廢:棄	漏	漏:落 漏:水 漏:電	謹	謹:封 謹:愼 謹:嚴
享	享:年 享:樂 享:壽	廟	廟:堂	濫	濫:讀 濫:發 濫:伐	貸	貸:付 貸:與 貸:切
似	似:而非	弔	弔:旗 弔:喪 弔:意	瓦	瓦:家 瓦:當 瓦:裂	賃	賃:金 賃:貸 賃:借
伴	伴:侶者	恣	恣:行 恣:意的	畏	畏:敬 畏:友	赴	赴:任
俊	俊:傑 俊:秀 俊:才	悽	悽:然 悽:絶 悽:慘	矯	矯:正 矯:導所	軌	軌:道 軌:迹
侮	侮:蔑 侮:辱	愧	愧:色	硯	硯:滴 硯:池	輿	輿:梁 輿:論 輿:望
倒	倒:産 倒:錯 倒:置	慨	慨:歎 憤:慨	竝	竝:列 竝:立 竝:設	辨	辨:明 辨:別 辨:償
借	借:名 借:用 假:借	戊	戊:夜	竟	竟:夜	返	返:納 返:送 返:信
傲	傲:氣 傲:慢	抱	抱:卵 抱:負	累	累:計 累:代 累:積	迷	迷:宮 迷:路 迷:妄
僅	僅:僅 僅:少	捕	捕:手 捕:卒 捕:捉	緩	緩:急 緩:慢 緩:步	逝	逝:去
債	債:券 債:權 債:務	捨	捨:石 捨:生取義	縣	縣:監 縣:令	遷	遷:官 遷:都 遷:墓
免	免:稅 免:疫 免:除	擁	擁:立 擁:護	繫	繫:留	遵	遵:據 遵:守 遵:法
凍	凍:結 凍:死 凍:傷	敍	敍:景 敍:述 敍:品	罔	罔:極 罔:測	鈍	鈍:角 鈍:感 鈍:器
刺	刺:客 刺:傷	旱	旱:災 旱:害	罷	罷:漏 罷:免 罷:市	銳	銳:角 銳:利 銳:敏
卯	卯:時	晩	晩:年 晩:鐘 晩:秋	羽	羽:書 羽:化	鎖	鎖:骨 鎖:國
叛	叛:軍 叛:起 叛:徒	暢	暢:達	肯	肯:定	閏	閏:年 閏:月
吐	吐:露 吐:說 吐:出	暮	暮:年 暮:夜 暮:春	腐	腐:敗 陳:腐	隸	隸:書 隸:屬
墮	墮:落	曉	曉:星 曉:得	臥	臥:病	雁	雁:帛 雁:書 雁:行
奏	奏:樂 奏:請	枕	枕:木	苗	苗:木 苗:床	震	震:怒 震:動
妥	妥:結 妥:當 妥:協	某	某:氏 某:人 某:種	苟	苟:且	霧	霧:散
娛	娛:樂	毀	毀:損 毀:節	薦	薦:擧	飽	飽:滿 飽:食 飽:和
宰	宰:相	殿	殿:閣 殿:堂 殿:下	訟	訟:事	餓	餓:鬼 餓:死
屢	屢:年 屢:代 屢:次	汚	汚:泥 汚:吏 汚:名	詠	詠:歌 詠:物 詠:史		
巷	巷:間 巷:說	浸	浸:潤 浸:透	誓	誓:約 誓:願		

독음 및 장단음 반복해서 읽으면서 익히세요.

1

丑 時( )　且:置( )　況:且( )　丸藥( )　彈:丸( )
砲:丸( )　斷乎( )　乞客( )　乞食( )　乞人( )
求乞( )　了解( )　滿了( )　修了( )　完了( )
終了( )　于今( )　于先( )　云云( )　互:選( )
互:用( )　互:惠( )　互:換( )　相互( )　亥:時( )
亨通( )　享:年( )　享:樂( )　享:壽( )　享:有( )
配:享( )　祭:享( )　伸張( )　伸縮( )　屈伸( )

2

追伸( )　近:似( )　相似( )　類:似( )　補:佐( )
同伴( )　隨伴( )　侮:蔑( )　侮:辱( )　受侮( )
諸侯( )　俊:傑( )　俊:秀( )　俊:才( )　英俊( )
模倣( )　俱存( )　傍系( )　傍觀( )　傍助( )
傍祖( )　傍證( )　傍聽( )　傲:氣( )　傲:慢( )
僅:僅( )　僅:少( )　閣僚( )　官僚( )　同僚( )
幕僚( )　冒頭( )　冒險( )　冥福( )　冥想( )

3

凝:結( )　凝:固( )　凝:視( )　凝:集( )　凝:縮( )
劣等( )　劣勢( )　劣惡( )　優劣( )　拙劣( )
募金( )　募集( )　公募( )　應:募( )　匹敵( )
馬:匹( )　配:匹( )　卜術( )　卜債( )　卯:時( )
却說( )　忘却( )　賣:却( )　燒却( )　退:却( )
厄運( )　厄禍( )　災厄( )　橫厄( )　厥者( )
叛:起( )　叛:徒( )　叛:亂( )　叛:逆( )　謀叛( )

독음 및 장단음 반복해서 읽으면서 익히세요.

4

背:叛(　　) 但:只(　　) 絶叫(　　) 召集(　　) 吾等(　　)
吟味(　　) 吟遊(　　) 吟詠(　　) 快哉(　　) 哀:哉(　　)
咸池(　　) 嗚呼(　　) 囚役(　　) 囚衣(　　) 囚人(　　)
罪:囚(　　) 垂楊(　　) 垂訓(　　) 坤殿(　　) 埋立(　　)
埋沒(　　) 埋藏(　　) 埋葬(　　) 堤防(　　) 塗料(　　)
塗色(　　) 塗炭(　　) 塊根(　　) 塊鐵(　　) 塊炭(　　)
金塊(　　) 墳墓(　　) 古:墳(　　) 封墳(　　) 墮:落(　　)

5

東夷(　　) 奈落(　　) 奏:樂(　　) 奏:請(　　) 奚琴(　　)
妥:結(　　) 妥:當(　　) 妥:協(　　) 臣妾(　　) 妻妾(　　)
小:妾(　　) 姪女(　　) 姪婦(　　) 叔姪(　　) 姻戚(　　)
婚姻(　　) 姦:臣(　　) 姦:凶(　　) 娛樂(　　) 嫌忌(　　)
嫌惡(　　) 嫌疑(　　) 宜當(　　) 便宜(　　) 宰:相(　　)
主宰(　　) 寅時(　　) 尋訪(　　) 尋常(　　) 尖端(　　)
尖兵(　　) 尖銳(　　) 尖塔(　　) 尤甚(　　) 屛風(　　)

6

屢:年(　　) 屢:代(　　) 屢:次(　　) 山岳(　　) 崩壞(　　)
崩御(　　) 巳:時(　　) 巷:間(　　) 巷:說(　　) 屯兵(　　)
屯營(　　) 大:幅(　　) 路:幅(　　) 步:幅(　　) 增幅(　　)
振:幅(　　) 幣:物(　　) 幣:帛(　　) 紙幣(　　) 貨:幣(　　)
幾微(　　) 庚方(　　) 庸劣(　　) 庸才(　　) 庸拙(　　)
中庸(　　) 庶:務(　　) 庶:民(　　) 庶:人(　　) 廉價(　　)
廉潔(　　) 廉恥(　　) 廉探(　　) 淸廉(　　) 低:廉(　　)

독음 및 장단음 반복해서 읽으면서 익히세요.

7

廟:堂( )	宗廟( )	弔:旗( )	弔:辭( )	弔:喪( )
弔:意( )	弔:鍾( )	慶弔( )	弘道( )	循次( )
循行( )	循環( )	透徹( )	忌日( )	忌中( )
忌避( )	禁:忌( )	忘却( )	怠慢( )	怠業( )
恣:行( )	放:恣( )	惟獨( )	思惟( )	苦惱( )
愧:色( )	慘劇( )	慘變( )	慘事( )	慘狀( )
慘敗( )	慘禍( )	無慘( )	悲:慘( )	驕慢( )

8

自慢( )	慨:歎( )	憤:慨( )	慙愧( )	憐憫( )
哀:憐( )	憫:然( )	懲戒( )	懲罰( )	懲役( )
懲治( )	戌時( )	依:托( )	把握( )	把持( )
抄錄( )	抄本( )	押送( )	押收( )	差押( )
抽象( )	抽出( )	拙稿( )	拙速( )	拙作( )
拙著( )	稚拙( )	抱:卵( )	抱:負( )	懷抱( )
挑發( )	挑戰( )	捕:捉( )	掠取( )	掠奪( )

9

侵:掠( )	喜捨( )	掛念( )	掛圖( )	掛意( )
掛鍾( )	搜査( )	搜索( )	搖動( )	動:搖( )
携帶( )	提携( )	播種( )	播遷( )	傳播( )
直播( )	擁:立( )	擁:護( )	抱:擁( )	擴大( )
擴散( )	擴張( )	擴充( )	攝理( )	攝生( )
攝政( )	攝取( )	包:攝( )	敍:景( )	敍:述( )
追敍( )	敏感( )	敏活( )	過:敏( )	機敏( )

독음 및 장단음 반복해서 읽으면서 익히세요.

10

不敏(　)　英敏(　)　敦篤(　)　斤兩(　)　斤數(　)
斥邪(　)　斥候(　)　排斥(　)　斯界(　)　斯文(　)
旣決(　)　旣望(　)　旣約(　)　旣往(　)　旣存(　)
旣婚(　)　旱災(　)　旱害(　)　耐旱(　)　昔者(　)
昏迷(　)　昏絶(　)　黃昏(　)　昭代(　)　昭詳(　)
晨星(　)　晨省(　)　快晴(　)　暴暑(　)　避暑(　)
暢達(　)　流暢(　)　和暢(　)　暮年(　)　暮春(　)

11

歲暮(　)　曉星(　)　曉月(　)　曉天(　)　替換(　)
交替(　)　代替(　)　移替(　)　朋黨(　)　朋友(　)
朔望(　)　朔風(　)　滿朔(　)　乾杯(　)　苦杯(　)
祝杯(　)　分析(　)　解析(　)　枕木(　)　木枕(　)
枯渴(　)　枯淡(　)　枯死(　)　枯葉(　)　某氏(　)
某種(　)　某處(　)　梨花(　)　棄却(　)　棄權(　)
放棄(　)　投棄(　)　破棄(　)　廢棄(　)　廢論(　)

12

廢止(　)　楊柳(　)　欺罔(　)　殃禍(　)　災殃(　)
殉敎(　)　殉國(　)　殉葬(　)　殉職(　)　毁慕(　)
毁傷(　)　毁損(　)　毁節(　)　毫末(　)　毫髮(　)
秋毫(　)　揮毫(　)　汚名(　)　汚物(　)　汚水(　)
汚染(　)　汚辱(　)　汚點(　)　淡泊(　)　宿泊(　)
泣訴(　)　泣血(　)　感泣(　)　哭泣(　)　水泳(　)
背泳(　)　遊泳(　)　平泳(　)　混泳(　)　涉外(　)

독음 및 장단음 반복해서 읽으면서 익히세요.

13

干涉(　　) 交涉(　　) 生涯(　　) 天涯(　　) 添加(　　)
添杯(　　) 添附(　　) 添削(　　) 別添(　　) 淚誦(　　)
感:淚(　　) 落淚(　　) 渴望(　　) 渴水(　　) 渴症(　　)
解:渴(　　) 漫:評(　　) 浪:漫(　　) 散:漫(　　) 漂流(　　)
漂泊(　　) 漂白(　　) 濁流(　　) 濁水(　　) 濁音(　　)
濁酒(　　) 淸濁(　　) 混:濁(　　) 濯足(　　) 洗:濯(　　)
濫:讀(　　) 濫:發(　　) 濫:伐(　　) 濫:用(　　) 濫:獲(　　)

14

終焉(　　) 煩惱(　　) 煩多(　　) 煩雜(　　) 燭光(　　)
燭臺(　　) 燭淚(　　) 燈燭(　　) 洞:燭(　　) 燥渴(　　)
乾燥(　　) 爵祿(　　) 爵位(　　) 牽聯(　　) 牽牛(　　)
牽引(　　) 牽制(　　) 狗肉(　　) 走狗(　　) 海:狗(　　)
獵奇(　　) 禁:獵(　　) 密獵(　　) 涉獵(　　) 今玆(　　)
畏:敬(　　) 畏:懼(　　) 畏:友(　　) 田畓(　　) 擧:皆(　　)
眉間(　　) 眉目(　　) 白眉(　　) 睡眠(　　) 午:睡(　　)

15

寢:睡(　　) 弓矢(　　) 矯:正(　　) 祥雲(　　) 吉祥(　　)
祿邑(　　) 秒速(　　) 秒針(　　) 分秒(　　) 收穫(　　)
竊盜(　　) 剽竊(　　) 竝:列(　　) 竝:立(　　) 竝:設(　　)
竝:用(　　) 竝:置(　　) 竝:稱(　　) 竝:行(　　) 究竟(　　)
畢竟(　　) 篤實(　　) 危篤(　　) 粟米(　　) 糾明(　　)
糾彈(　　) 糾合(　　) 紛糾(　　) 續絃(　　) 絹絲(　　)
生絹(　　) 緯度(　　) 經緯(　　) 北緯(　　) 縣:監(　　)

독음 및 장단음 반복해서 읽으면서 익히세요.

16

縣:令(　　) 郡:縣(　　) 繫:留(　　) 罔:極(　　) 罔:測(　　)
罷:漏(　　) 罷:免(　　) 罷:市(　　) 罷:業(　　) 罷:場(　　)
罷:職(　　) 老:翁(　　) 聘禮(　　) 聘母(　　) 聘問(　　)
聘丈(　　) 招聘(　　) 聰氣(　　) 聰明(　　) 聖:聰(　　)
肩骨(　　) 肩輿(　　) 肩章(　　) 比:肩(　　) 肯:定(　　)
首肯(　　) 脣音(　　) 脣齒(　　) 腰痛(　　) 細腰(　　)
臥:病(　　) 惡臭(　　) 香臭(　　) 體臭(　　) 脫臭(　　)

17

方舟(　　) 苗:木(　　) 苗:床(　　) 種苗(　　) 苟:且(　　)
蔬食(　　) 蔬菜(　　) 菜:蔬(　　) 隱蔽(　　) 薦:擧(　　)
公薦(　　) 推薦(　　) 自薦(　　) 他薦(　　) 藍色(　　)
蜂起(　　) 蜂蜜(　　) 蜂蝶(　　) 養:蜂(　　) 蜜蜂(　　)
蜜月(　　) 蝶泳(　　) 螢光(　　) 裂傷(　　) 訂正(　　)
改:訂(　　) 校:訂(　　) 修訂(　　) 詠:歌(　　) 詠:史(　　)
詠:歎(　　) 詐欺(　　) 詐術(　　) 詐取(　　) 詐稱(　　)

18

該當(　　) 該博(　　) 誓:約(　　) 誓:願(　　) 盟誓(　　)
誦:讀(　　) 誦:詩(　　) 誦:詠(　　) 朗:誦(　　) 暗:誦(　　)
愛:誦(　　) 誕:降(　　) 誕:生(　　) 誕:辰(　　) 虛誕(　　)
誰何(　　) 諒知(　　) 諒察(　　) 諒解(　　) 海:諒(　　)
謁廟(　　) 謁聖(　　) 謁見(　　) 拜:謁(　　) 謹:封(　　)
謹:愼(　　) 謹:嚴(　　) 謹:弔(　　) 豚兒(　　) 豚肉(　　)
養:豚(　　) 貪慾(　　) 販禁(　　) 販路(　　) 販賣(　　)

독음 및 장단음 반복해서 읽으면서 익히세요.

19

販促( )	街:販( )	市:販( )	總:販( )	賓客( )
國賓( )	貴:賓( )	來:賓( )	外:賓( )	賜:藥( )
下:賜( )	贈與( )	贈職( )	寄贈( )	赴:任( )
跳躍( )	躍動( )	躍進( )	飛躍( )	一躍( )
軌:道( )	軌:迹( )	常軌( )	軒燈( )	東軒( )
光輝( )	輿:梁( )	輿:論( )	輿:望( )	辛苦( )
辛勝( )	辨:明( )	辨:別( )	辨:償( )	辨:說( )

20

辨:證( )	分辨( )	返:納( )	返:送( )	返:信( )
返:品( )	返:還( )	迷宮( )	迷路( )	迷信( )
迷:兒( )	迷:惑( )	逝:去( )	急逝( )	逐客( )
逐鹿( )	逐邪( )	逐次( )	逐出( )	角逐( )
逮捕( )	被:逮( )	遂行( )	未:遂( )	完遂( )
遍歷( )	遍在( )	普:遍( )	違反( )	違背( )
違法( )	違約( )	違憲( )	非:違( )	遞減( )

21

遞信( )	派遣( )	遙遠( )	遵:據( )	遵:守( )
遵:法( )	遲刻( )	遲鈍( )	遲延( )	遲滯( )
邦畫( )	邦國( )	萬:邦( )	盟邦( )	聯邦( )
友:邦( )	刹那( )	郊外( )	近:郊( )	城郭( )
外:郭( )	隣近( )	隣接( )	交隣( )	近:隣( )
善:麟( )	酉時( )	酌定( )	對:酌( )	獨酌( )
參酌( )	醜貌( )	醜聞( )	醜惡( )	醜態( )

독음 및 장단음 — 반복해서 읽으면서 익히세요.

22

醜行( )　美:醜( )　鈍:感( )　鈍:器( )　鈍:才( )
鈍:濁( )　鈍:化( )　老:鈍( )　愚鈍( )　銳:角( )
銳:利( )　銳:敏( )　精銳( )　閏:年( )　閏:月( )
閱讀( )　閱覽( )　檢閱( )　校:閱( )　懸:隔( )
隷:書( )　隷:屬( )　奴隷( )　雁:書( )　雁:行( )
歸:雁( )　雷聲( )　零度( )　零落( )　零細( )
霧:散( )　雲霧( )　必須( )　頗多( )　頻度( )

23

頻發( )　頻繁( )　顧客( )　顧問( )　一顧( )
飜覆( )　飜案( )　飜譯( )　飜意( )　飢渴( )
飢餓( )　飢寒( )　虛飢( )　飽:滿( )　飽:食( )
飽:和( )　餓:鬼( )　餓:死( )　騰貴( )　急騰( )
騷客( )　騷動( )　騷亂( )　騷音( )　驅迫( )
驅步( )　驅使( )　驅除( )　驅逐( )　驅蟲( )
鴻毛( )　鴻雁( )　鴻志( )　鹿角( )　鹿血( )
龜鑑( )　龜甲( )　龜裂( )

독음 및 장단음 | 반복해서 읽으면서 익히세요.

24

重:且大(　　) 於是乎(　　) 及其也(　　) 似:而非(　　)
近:似值(　　) 伴:侶者(　　) 劣等感(　　) 卿大夫(　　)
唯物論(　　) 唯心論(　　) 唯一神(　　) 未:嘗不(　　)
懸:垂幕(　　) 暗:埋葬(　　) 防波堤(　　) 冠岳山(　　)
弔:慰金(　　) 忙中閑(　　) 健:忘症(　　) 備:忘錄(　　)
過:怠料(　　) 恣:意的(　　) 疑懼心(　　) 抽象畵(　　)
擴聲器(　　) 敍:事詩(　　) 自敍傳(　　) 敦化門(　　)

25

於中間(　　) 於此彼(　　) 甚:至於(　　) 旣得權(　　)
旣成服(　　) 於焉間(　　) 敬:畏心(　　) 天水畓(　　)
皆骨山(　　) 皆勤賞(　　) 汝:矣島(　　) 矯:導所(　　)
發祥地(　　) 不祥事(　　) 稻熱病(　　) 篤志家(　　)
絃樂器(　　) 管絃樂(　　) 絹織物(　　) 不倒翁(　　)
脣輕音(　　) 蔽:一言(　　) 女王蜂(　　) 螢光燈(　　)
魚貝類(　　) 自販機(　　) 輿:地圖(　　) 香辛料(　　)

26

違和感(　　) 郵遞局(　　) 異:邦人(　　) 無酌定(　　)
偏頗的(　　) 回顧錄(　　) 先驅者(　　)

독음 및 장단음
반복해서 읽으면서 익히세요.

27

街:談巷說( )	刻骨難忘( )	刻舟求劍( )
感:慨無量( )	改:過遷善( )	擧:案齊眉( )
乾坤一色( )	隔世之感( )	牽强附會( )
高官大爵( )	枯木生花( )	公卿大夫( )
公私多忙( )	矯:角殺牛( )	苟:命徒生( )
口:蜜腹劍( )	口:尙乳臭( )	救:荒作物( )
勸:善懲惡( )	閨房文學( )	謹:賀新年( )

28

錦上添花( )	今昔之感( )	金枝玉葉( )
旣張之舞( )	旣定事實( )	幾何級數( )
道:聽塗說( )	獨也靑靑( )	棟梁之材( )
同病相憐( )	麻衣太子( )	萬:事亨通( )
茫茫大海( )	茫然自失( )	孟:母三遷( )
傍若無人( )	背:恩忘德( )	白骨難忘( )
附:和雷同( )	朋友有信( )	朋友責善( )

29

非:夢似夢( )	四:顧無親( )	四:分五裂( )
捨:生取義( )	三遷之敎( )	喪家之狗( )
塞翁之馬( )	先後倒錯( )	小:貪大失( )
騷人墨客( )	守株待兎( )	殉國先烈( )
脣亡齒寒( )	謁聖及第( )	殃及池魚( )
羊頭狗肉( )	梁上君子( )	焉敢生心( )
榮枯盛衰( )	五:里霧中( )	傲:霜孤節( )

독음 및 장단음 — 반복해서 읽으면서 익히세요.

30

吾鼻三尺 ( )	烏飛梨落 ( )	緩:衝地帶 ( )
曰可曰否 ( )	腰折腹痛 ( )	搖之不動 ( )
遠:禍召福 ( )	流芳百世 ( )	唯我獨尊 ( )
唯一無二 ( )	吟風弄月 ( )	泥田鬪狗 ( )
一魚濁水 ( )	一葉片舟 ( )	立稻先賣 ( )
自愧之心 ( )	自暴自棄 ( )	切齒腐心 ( )
朝令暮改 ( )	朝三暮四 ( )	左:顧右眄 ( )

31

仲秋佳節 ( )	遲遲不進 ( )	職務遺棄 ( )
天經地緯 ( )	千辛萬苦 ( )	徹頭徹尾 ( )
晴耕雨讀 ( )	取:捨選擇 ( )	貪官汚吏 ( )
抱:腹絶倒 ( )	匹馬單騎 ( )	匹夫匹婦 ( )
咸興差使 ( )	螢雪之功 ( )	螢窓雪案 ( )
胡蝶之夢 ( )	昏睡狀態 ( )	昏定晨省 ( )
弘益人間 ( )	上:濁下不淨 ( )	一日難再晨 ( )

3급 독음 및 장단음 익히기 해답

1
축시	차치	황차	환약	탄환
포환	단호	걸객	걸식	걸인
구걸	요해	만료	수료	완료
종료	우금	우선	운운	호선
호용	호혜	호환	상호	해시
형통	향년	향락	향수	향유
배향	제향	신장	신축	굴신

2
추신	근사	상사	유사	보좌
동반	수반	모멸	모욕	수모
제후	준걸	준수	준재	영준
모방	구존	방계	방관	방조
방조	방증	방청	오기	오만
근근	근소	각료	관료	동료
막료	모두	모험	명복	명상

3
응결	응고	응시	응집	응축
열등	열세	열악	우열	졸렬
모금	모집	공모	응모	필적
마필	배필	복술	복채	묘시
각설	망각	매각	소각	퇴각
액운	액화	재액	횡액	궐자
반기	반도	반란	반역	모반

4
배반	단지	절규	소집	오등
음미	음유	음영	쾌재	애재
함지	오호	수역	수의	수인
죄수	수양	수훈	곤전	매립
매몰	매장	매장	제방	도료
도색	도탄	괴근	괴철	괴탄
금괴	분묘	고분	봉분	타락

5
동이	나락	주악	주청	해금
타결	타당	타협	신첩	처첩
소첩	질녀	질부	숙질	인척
혼인	간신	간흉	오락	혐기
혐오	혐의	의당	편의	재상
주재	인시	심방	심상	첨단
첨병	첨예	첨탑	우심	병풍

6
누년	누대	누차	산악	붕괴
붕어	사시	항간	항설	둔병
둔영	대폭	노폭	보폭	증폭
진폭	폐물	폐백	지폐	화폐
기미	경방	용렬	용재	용졸
중용	서무	서민	서인	염가
염결	염치	염탐	청렴	저렴

7
묘당	종묘	조기	조사	조상
조의	조종	경조	홍도	순차
순행	순환	투철	기일	기중
기피	금기	망각	태만	태업
자행	방자	유독	사유	고뇌
괴색	참극	참변	참사	참상
참패	참화	무참	비참	교만

8
자만	개탄	분개	참괴	연민
애련	민연	징계	징벌	징역
징치	술시	의탁	파악	파지
초록	초본	압송	압수	차압
추상	추출	졸고	졸속	졸작
졸저	치졸	포란	포부	회포
도발	도전	포착	약취	약탈

9
침략	희사	괘념	괘도	괘의
쾌종	수사	수색	요동	동요
휴대	제휴	파종	파천	전파
직파	옹립	옹호	포옹	확대
확산	확장	확충	섭리	섭생
섭정	섭취	포섭	서경	서술
추서	민감	민활	과민	기민

10
불민	영민	돈독	근량	근수
척사	척후	배척	사계	사문
기결	기망	기약	기왕	기존
기혼	한재	한해	내한	석자
혼미	혼절	황혼	소대	소상
신성	신성	쾌청	폭서	피서
창달	유창	화창	모년	모춘

11
세모	효성	효월	효천	체환
교체	대체	이체	붕당	붕우
삭망	삭풍	만삭	건배	고배
축배	분석	해석	침목	목침
고갈	고담	고사	고엽	모씨
모종	모처	이화	기각	기권
방기	투기	파기	폐기	폐론

12
폐지	양류	기망	앙화	재앙
순교	순국	순장	순직	훼모
훼상	훼손	훼절	호말	호발
추호	휘호	오명	오물	오수
오염	오욕	오점	담박	숙박
읍소	읍혈	감읍	곡읍	수영
배영	유영	평영	혼영	섭외

13
간섭	교섭	생애	천애	첨가
첨배	첨부	첨삭	별첨	누송
감루	낙루	갈망	갈수	갈증
해갈	만평	낭만	산만	표류
표박	표백	탁류	탁수	탁음
탁주	청탁	혼탁	탁족	세탁
남독	남발	남벌	남용	남획

14
종언	번뇌	번다	번잡	촉광
촉대	촉누	등촉	통촉	조갈
건조	작록	작위	견련	견우
견인	견제	구육	주구	해구
엽기	금렵	밀렵	섭렵	금자
외경	외구	외우	전답	거개
미간	미목	백미	수면	오수

15
침수	궁시	교정	상운	길상
녹읍	초속	초침	분초	수확
절도	표절	병렬	병립	병설
병용	병치	병칭	병행	구경
필경	독실	위독	속미	규명
규탄	규합	분규	속현	견사
생견	위도	경위	북위	현감

3급 독음 및 장단음 익히기 해답

16
현령 군현 계류 망극 망측
파루 파면 파시 파업 파장
파직 노옹 빙례 빙모 빙문
빙장 초빙 총기 총명 성총
견골 견여 견장 비견 긍정
수긍 순음 순치 요통 세요
와병 악취 향취 체취 탈취

17
방주 묘목 묘상 종묘 구차
소식 소채 채소 은폐 천거
공천 추천 자천 타천 남색
봉기 봉밀 봉접 양봉 밀봉
밀월 접영 형광 열상 정정
개정 교정 수정 영가 영사
영탄 사기 사술 사취 사칭

18
해당 해박 서약 서원 맹서
송독 송시 송영 낭송 암송
애송 탄강 탄생 탄신 허탄
수하 양지 양찰 양해 해량
알묘 알성 알현 배알 근봉
근신 근엄 근조 돈아 돈육
양돈 탐욕 판금 판로 판매

19
판촉 가판 시판 총판 빈객
국빈 귀빈 내빈 외빈 사약
하사 증여 증직 기증 부임
도약 약동 약진 비약 일약
궤도 궤적 상궤 헌등 동헌
광휘 여량 여론 여망 신고
신승 변명 변별 변상 변설

20
변증 분변 반납 반송 반신
반품 반환 미궁 미로 미신
미아 미혹 서거 급서 축객
축록 축사 축차 축출 각축
체포 피체 수행 미수 완수
편력 편재 보편 위반 위배
위법 위약 위헌 비위 체감

21
체신 파견 요원 준거 준수
준법 지각 지둔 지연 지체
방화 방국 만방 맹방 연방
우방 찰나 교외 근교 성곽
외곽 인근 인접 교린 근린
선린 유시 작정 대작 독작
참작 추모 추문 추악 추태

22
추행 미추 둔감 둔기 둔재
둔탁 둔화 노둔 우둔 예각
예리 예민 정예 윤년 윤월
열독 열람 검열 교열 현격
예서 예속 노예 안서 안행
귀안 뇌성 영도 영락 영세
무산 운무 필수 파다 빈도

23
빈발 빈번 고객 고문 일고
번복 번안 번역 번의 기갈
기아 기한 허기 포만 포식
포화 아귀 아사 등귀 급등
소객 소동 소란 소음 구박
구보 구사 구제 구축 구충
홍모 홍안 홍지 녹각 녹혈
귀감 귀갑 균열

24
중차대 어시호 급기야 사이비
근사치 반려자 열등감 경대부
유물론 유심론 유일신 미상불
현수막 암매장 방파제 관악산
조위금 망중한 건망증 비망록
과태료 자의적 의구심 추상화
확성기 서사시 자서전 돈화문

25
어중간 어차피 심지어 기득권
기성복 어언간 경외심 천수답
개골산 개근상 여의도 교도소
발상지 불상사 도열병 독지가
현악기 관현악 견직물 부도옹
순경음 폐일언 여왕봉 형광등
어패류 자판기 여지도 향신료

26
위화감 우체국 이방인 무작정
편파적 회고록 선구자

27
가담항설 각골난망 각주구검
감개무량 개과천선 거안제미
건곤일색 격세지감 견강부회
고관대작 고목생화 공경대부
공사다망 교각살우 구명도생
구밀복검 구상유취 구황작물
권선징악 규방문학 근하신년

28
금상첨화 금석지감 금지옥엽
기장지무 기정사실 기하급수
도청도설 독야청청 동량지재
동병상련 마의태자 만사형통
망망대해 망연자실 맹모삼천
방약무인 배은망덕 백골난망
부화뇌동 붕우유신 붕우책선

29
비몽사몽 사고무친 사분오열
사생취의 삼천지교 상가지구
새옹지마 선후도착 소탐대실
소인묵객 수주대토 순국선열
순망치한 알성급제 앙급지어
양두구육 양상군자 언감생심
영고성쇠 오리무중 오상고절

30
오비삼척 오비이락 완충지대
왈가왈부 요절복통 요지부동
원화소복 유방백세 유아독존
유일무이 음풍농월 이전투구
일어탁수 일엽편주 입도선매
자괴지심 자포자기 절치부심
조령모개 조삼모사 좌고우면

31
중추가절 지지부진 직무유기
천경지위 천신만고 철두철미
청경우독 취사선택 탐관오리
포복절도 필마단기 필부필부
함흥차사 형설지공 형창설안
호접지몽 혼수상태 혼정신성
홍익인간 상탁하부정 일일난재신

부록

3급 예상문제(15회분)

3급 기출문제(3회분)

한눈에 보는 3급 한자

미리 보는 2급 한자

부수일람표

3급 독본

第1回 漢字能力檢定試驗 3級 예상문제

(시험시간 : 60분)

※ 이 문제는 한자능력검정시험 출제유형에 따라 출제하였습니다.

[1~45] 다음 漢字語의 讀音을 쓰시오.

(1) 慘變(　　) (2) 脣音(　　) (3) 聰氣(　　)
(4) 逐客(　　) (5) 丑時(　　) (6) 畢竟(　　)
(7) 臣妾(　　) (8) 透徹(　　) (9) 塗料(　　)
(10) 主宰(　　) (11) 城郭(　　) (12) 汚物(　　)
(13) 押收(　　) (14) 飜意(　　) (15) 雷聲(　　)
(16) 萬邦(　　) (17) 毫髮(　　) (18) 不敏(　　)
(19) 該博(　　) (20) 厄禍(　　) (21) 掛圖(　　)
(22) 尖塔(　　) (23) 劣等(　　) (24) 近似(　　)
(25) 卯時(　　) (26) 添加(　　) (27) 步幅(　　)
(28) 躍動(　　) (29) 懲罰(　　) (30) 諒解(　　)
(31) 罪囚(　　) (32) 他薦(　　) (33) 抽出(　　)
(34) 修了(　　) (35) 謹嚴(　　) (36) 該當(　　)
(37) 叔姪(　　) (38) 枯死(　　) (39) 垂楊(　　)
(40) 白眉(　　) (41) 濫發(　　) (42) 醜行(　　)
(43) 逐出(　　) (44) 循環(　　) (45) 騰貴(　　)

[46~72] 다음 漢字의 訓과 音을 쓰시오.

(46) 旣(　　) (47) 挑(　　)
(48) 竝(　　) (49) 聘(　　)
(50) 析(　　) (51) 誦(　　)
(52) 隷(　　) (53) 廟(　　)
(54) 欺(　　) (55) 宜(　　)
(56) 軒(　　) (57) 卜(　　)
(58) 幣(　　) (59) 蜜(　　)
(60) 滴(　　) (61) 戌(　　)
(62) 諒(　　) (63) 亨(　　)
(64) 晨(　　) (65) 托(　　)
(66) 竊(　　) (67) 騰(　　)
(68) 詐(　　) (69) 奈(　　)
(70) 淚(　　) (71) 蔽(　　)
(72) 騷(　　)

[73~92] 다음의 訓音을 지닌 漢字를 쓰시오.

(73) 꾸밀　장　　　(74) 줄　여
(75) 위태할　위　　(76) 아닐　미
(77) 에워쌀　위　　(78) 자리　좌
(79) 죄　벌　　　　(80) 지날　경
(81) 같을　여　　　(82) 뜻　지
(83) 미리　예　　　(84) 혀　설
(85) 세금　세　　　(86) 이지러질　결
(87) 시험　시　　　(88) 참　진
(89) 성할　성　　　(90) 권세　권
(91) 곡식　곡　　　(92) 집　궁

[93~102] 다음 밑줄 친 漢字語를 漢字로 쓰시오.

(93) 나는 우리 부서에서 접수를 전담하고 있다.
(94) 비가 올 것이라는 나의 추측이 적중했다.
(95) 대상을 받은 나는 감격의 눈물을 흘렸다.
(96) 상부에서 업무에 대한 지침이 내려왔다.
(97) 경찰은 사건의 정황을 자세히 설명했다.
(98) 노조는 파업을 감행하기로 결정했다.
(99) 간밤에 이웃집에 강도가 들었다.
(100) 신용이 한 단계 아래로 강등되었다.
(101) 바다에서 진귀한 보물들이 무더기로 나왔다.
(102) 물품을 교환하고 차액을 돌려받았다.

[103~107] 다음 單語를 괄호 속의 뜻을 유의하여 漢字로 쓰시오.

(103) 비판 (사물의 옳고 그름을 가리어 판단함)

(104) 숭고 (존엄하고 거룩함)

(105) 평결 (평론하거나 평가하여 결정함)

(106) 신혼 (갓 결혼함)

(107) 채산 (수입과 지출을 맞추어 계산함)

[108~112] 다음 漢字와 의미상 反對 또는 對立되는 漢字를 넣어 漢字語를 完成하시오.

(108) 授(　　　)　　　(109) 送(　　　)

(110) (　　　)淺　　　(111) 賢(　　　)

(112) (　　　)憎

[113~117] 다음 漢字와 뜻이 같거나 비슷한 漢字를 넣어 漢字語를 完成하시오.

(113) (　　　)革　　　(114) (　　　)値

(115) 獲(　　　)　　　(116) 擴(　　　)

(117) 媒(　　　)

[118~122] 다음 漢字語와 뜻이 反對 또는 相對되는 漢字語를 漢字로 쓰시오.

(118) 就寢 - (　　　)　　(119) 君子 - (　　　)

(120) 亂世 - (　　　)　　(121) 及第 - (　　　)

(122) 恥辱 - (　　　)

[123~127] 다음 漢字語와 音은 같고 뜻이 다른 漢字語를 한 가지씩 쓰시오.

(123) 透水 - (　　　)　　(124) 無償 - (　　　)

(125) 宗廟 - (　　　)　　(126) 結緣 - (　　　)

(127) 抄錄 - (　　　)

[128~132] 다음 빈칸에 알맞은 漢字를 넣어 漢字語를 완성하시오.

(128) 首丘(　　　)心　　(129) 曰可曰(　　　)

(130) 捨(　　　)取義　　(131) 奇巖(　　　)壁

(132) 同(　　　)相憐

[133~137] 다음 漢字의 부수로 맞는 것을 골라 그 번호를 쓰시오.

(133) 囚　①一　②口　③口　④人

(134) 曰　①一　②二　③口　④日

(135) 旱　①日　②二　③干　④十

(136) 龜　①丿　②ㅋ　③乙　④龜

(137) 縣　①目　②小　③糸　④縣

[138~142] 다음 漢字語 중에서 첫 글자가 長音인 것을 골라 그 번호를 쓰시오.

(138) ① 掛鐘　　　(139) ① 路幅
　　　② 愧色　　　　　② 勞賃

(140) ① 忘却　　　(141) ① 某處
　　　② 罔極　　　　　② 謀叛

(142) ① 馬匹
　　　② 磨滅

[143~147] 다음 漢字語의 뜻을 쓰시오.

(143) 屢次 :

(144) 凍傷 :

(145) 別添 :

(146) 播種 :

(147) 棄權 :

[148~150] 다음 漢字의 略字를 쓰시오.

(148) 劍 - (　　　)　　　(149) 壽 - (　　　)

(150) 愼 - (　　　)

第2回 漢字能力檢定試驗 3級 예상문제

(시험시간 : 60분)

※ 이 문제는 한자능력검정시험 출제유형에 따라 출제하였습니다.

[1~45] 다음 漢字語의 讀音을 쓰시오.

(1) 友邦(　　) (2) 祿邑(　　) (3) 旣往(　　)
(4) 派遣(　　) (5) 逐次(　　) (6) 閱覽(　　)
(7) 違背(　　) (8) 抄錄(　　) (9) 紛糾(　　)
(10) 繫留(　　) (11) 罷免(　　) (12) 香臭(　　)
(13) 罷市(　　) (14) 飢寒(　　) (15) 狗肉(　　)
(16) 罷場(　　) (17) 交替(　　) (18) 災殃(　　)
(19) 哀憐(　　) (20) 屯營(　　) (21) 同僚(　　)
(22) 旣存(　　) (23) 旱災(　　) (24) 違反(　　)
(25) 謁廟(　　) (26) 泣訴(　　) (27) 動搖(　　)
(28) 殉職(　　) (29) 推薦(　　) (30) 分秒(　　)
(31) 龜甲(　　) (32) 卜債(　　) (33) 返納(　　)
(34) 公募(　　) (35) 罔極(　　) (36) 牽牛(　　)
(37) 頗多(　　) (38) 移替(　　) (39) 慨歎(　　)
(40) 旱害(　　) (41) 彈丸(　　) (42) 詐取(　　)
(43) 普遍(　　) (44) 英敏(　　) (45) 必須(　　)

[46~72] 다음 漢字의 訓과 音을 쓰시오.

(46) 鴻(　　) (47) 迷(　　)
(48) 屢(　　) (49) 幅(　　)
(50) 鹿(　　) (51) 苗(　　)
(52) 崩(　　) (53) 雁(　　)
(54) 乎(　　) (55) 凝(　　)
(56) 僅(　　) (57) 巷(　　)
(58) 庚(　　) (59) 暮(　　)
(60) 尖(　　) (61) 遞(　　)
(62) 兮(　　) (63) 繫(　　)
(64) 跳(　　) (65) 循(　　)
(66) 懲(　　) (67) 又(　　)
(68) 販(　　) (69) 漂(　　)
(70) 毫(　　) (71) 餓(　　)
(72) 殃(　　)

[73~92] 다음의 訓音을 지닌 漢字를 쓰시오.

(73) 무리　당　　(74) 뼈　골
(75) 임금　제　　(76) 가죽　혁
(77) 나아갈　진　(78) 보낼　송
(79) 침노할　침　(80) 편안　강
(81) 등　배　　　(82) 힘쓸　노
(83) 문서　권　　(84) 어긋날　차
(85) 실　사　　　(86) 위로할　위
(87) 뜻　취　　　(88) 궁구할　구
(89) 하물며　황　(90) 연기　연
(91) 한계　한　　(92) 표할　표

[93~102] 다음 밑줄 친 漢字語를 漢字로 쓰시오.

(93) 서로 협조하여 중복된 노력은 피해야 한다.
(94) 사형제도에 대한 논쟁이 격렬하게 벌어졌다.
(95) 주위 사람들의 오해로 곤란을 겪고 있다.
(96) 태권도 사범들의 격파 시범이 이어졌다.
(97) 견고한 성을 쌓아 빈번한 외침에 대비했다.
(98) 사회는 결손 가정의 자녀들을 돌봐야 한다.
(99) 폭우로 고립된 주민의 구원 요청이 있었다.
(100) 경우에 따라서는 손해를 볼 수도 있다.
(101) 우리는 모두 최선의 노력을 경주했다.
(102) 해외 유학을 갈 것인지에 대해 고려 중이다.

[103~107] 다음 單語를 괄호 속의 뜻을 유의하여 漢字로 쓰시오.

(103) 지속 (어떤 상태가 오래 계속됨)

(104) 유학 (타향에서 공부함)

(105) 보관 (물건을 맡아서 간직하고 관리함)

(106) 기공 (공로를 기념함)

(107) 간결 (간단하고 깔끔함)

[108~112] 다음 漢字와 의미상 反對 또는 對立되는 漢字를 넣어 漢字語를 完成하시오.

(108) 與(　　)　　(109) (　　)沒

(110) (　　)疏　　(111) (　　)尾

(112) (　　)歡

[113~117] 다음 漢字와 뜻이 같거나 비슷한 漢字를 넣어 漢字語를 完成하시오.

(113) 表(　　)　　(114) 敦(　　)

(115) 輕(　　)　　(116) (　　)賴

(117) 殊(　　)

[118~122] 다음 漢字語와 뜻이 反對 또는 相對되는 漢字語를 漢字로 쓰시오.

(118) 退勤 - (　　)　　(119) 邪道 - (　　)

(120) 引繼 - (　　)　　(121) 均等 - (　　)

(122) 轉入 - (　　)

[123~127] 다음 漢字語와 音은 같고 뜻이 다른 漢字語를 한 가지씩 쓰시오.

(123) 放免 - (　　)　　(124) 中庸 - (　　)

(125) 囚衣 - (　　)　　(126) 傳播 - (　　)

(127) 糖度 - (　　)

[128~132] 다음 빈칸에 알맞은 漢字를 넣어 漢字語를 완성하시오.

(128) 守株(　　)兎　　(129) 匹夫匹(　　)

(130) 天經地(　　)　　(131) (　　)柔不斷

(132) 唯一(　　)二

[133~137] 다음 漢字의 부수로 맞는 것을 골라 그 번호를 쓰시오.

(133) 穴　①宀　②宀　③八　④穴

(134) 厥　①一　②厂　③广　④欠

(135) 罔　①冂　②网　③亡　④四

(136) 雁　①厂　②人　③隹　④雁

(137) 瓦　①一　②丶　③乙　④瓦

[138~142] 다음 漢字語 중에서 첫 글자가 長音인 것을 골라 그 번호를 쓰시오.

(138) ①無慘　　(139) ①憤慨
　　　②霧散　　　　②墳墓

(140) ①迷惑　　(141) ①放恣
　　　②眉間　　　　②傍觀

(142) ①盤石
　　　②返品

[143~147] 다음 漢字語의 뜻을 쓰시오.

(143) 違約 :

(144) 免禍 :

(145) 傍觀 :

(146) 旱害 :

(147) 伸縮 :

[148~150] 다음 漢字의 略字를 쓰시오.

(148) 樓 - (　　)　　(149) 淺 - (　　)

(150) 澤 - (　　)

第3回 漢字能力檢定試驗 3級 예상문제
(시험시간 : 60분)

※ 이 문제는 한자능력검정시험 출제유형에 따라 출제하였습니다.

[1~45] 다음 漢字語의 讀音을 쓰시오.

(1) 匹敵(   )　(2) 伸張(   )　(3) 享樂(   )
(4) 配匹(   )　(5) 忘却(   )　(6) 燈燭(   )
(7) 姦凶(   )　(8) 拙劣(   )　(9) 柱式(   )
(10) 蔬菜(   )　(11) 美醜(   )　(12) 校訂(   )
(13) 享有(   )　(14) 擁立(   )　(15) 聰明(   )
(16) 海狗(   )　(17) 諒知(   )　(18) 放恣(   )
(19) 侵掠(   )　(20) 嗚呼(   )　(21) 返品(   )
(22) 殉敎(   )　(23) 厥者(   )　(24) 獨酌(   )
(25) 增幅(   )　(26) 懷抱(   )　(27) 屢代(   )
(28) 侮蔑(   )　(29) 尤甚(   )　(30) 旣約(   )
(31) 互惠(   )　(32) 頻發(   )　(33) 奴隷(   )
(34) 掛意(   )　(35) 思惟(   )　(36) 妥結(   )
(37) 落淚(   )　(38) 騷客(   )　(39) 金塊(   )
(40) 嫌惡(   )　(41) 屢次(   )　(42) 慘敗(   )
(43) 飢渴(   )　(44) 丸藥(   )　(45) 俱存(   )

[46~72] 다음 漢字의 訓과 音을 쓰시오.

(46) 侯(   )　(47) 輝(   )
(48) 斥(   )　(49) 罷(   )
(50) 曰(   )　(51) 搖(   )
(52) 肯(   )　(53) 汝(   )
(54) 乃(   )　(55) 躍(   )
(56) 唯(   )　(57) 枯(   )
(58) 爵(   )　(59) 且(   )
(60) 余(   )　(61) 皆(   )
(62) 牽(   )　(63) 棄(   )
(64) 暑(   )　(65) 雖(   )
(66) 慘(   )　(67) 堤(   )
(68) 枕(   )　(69) 俱(   )
(70) 軌(   )　(71) 添(   )
(72) 頻(   )

[73~92] 다음의 訓音을 지닌 漢字를 쓰시오.

(73) 비출　영　　(74) 피할　피
(75) 가질　지　　(76) 높을　존
(77) 홑　　단　　(78) 무리　도
(79) 좋을　호　　(80) 굳을　확
(81) 덜　　손　　(82) 어두울 암
(83) 버들　류　　(84) 임금　군
(85) 가지　조　　(86) 층　　층
(87) 맬　　계　　(88) 어려울 난
(89) 대　　죽　　(90) 세포　포
(91) 붉을　홍　　(92) 고기　육

[93~102] 다음 밑줄 친 漢字語를 漢字로 쓰시오.

(93) 계속된 장마에 채소 값이 폭등했다.
(94) 그 정도의 고생은 감수할 수 있다.
(95) 별로 한 일도 없는데 과찬의 말씀입니다.
(96) 건물의 골격이 다 갖춰졌다.
(97) 다니던 직장을 과감하게 그만두었다.
(98) 치밀어 오르는 격분을 참지 못했다.
(99) 공연을 관람하기 위해 많은 사람들이 모였다.
(100) 이 그림은 구도가 매우 안정감이 있다.
(101) 아무런 결점이 없는 사람은 거의 없다.
(102) 물의 표면을 통과한 빛은 굴절한다.

[103~107] 다음 單語를 괄호 속의 뜻을 유의하여 漢字로 쓰시오.

(103) 탈퇴 (조직이나 단체 따위에서 물러남)

(104) 경계 (뜻밖의 사고가 생기지 않도록 단속함)

(105) 도망 (피하거나 쫓기어 달아남)

(106) 빈궁 (가난하여 살기가 어려움)

(107) 환대 (반갑게 맞아 정성껏 후하게 대접함)

[108~112] 다음 漢字와 의미상 反對 또는 對立되는 漢字를 넣어 漢字語를 完成하시오.

(108) 伸(　　)　　　(109) 夫(　　)

(110) 明(　　)　　　(111) 可(　　)

(112) 是(　　)

[113~117] 다음 漢字와 뜻이 같거나 비슷한 漢字를 넣어 漢字語를 完成하시오.

(113) (　　)還　　　(114) 修(　　)

(115) (　　)逸　　　(116) 潤(　　)

(117) 鋼(　　)

[118~122] 다음 漢字語와 뜻이 反對 또는 相對되는 漢字語를 漢字로 쓰시오.

(118) 薄情 - (　　)　(119) 增額 - (　　)

(120) 質疑 - (　　)　(121) 危殆 - (　　)

(122) 契約 - (　　)

[123~127] 다음 漢字語와 音은 같고 뜻이 다른 漢字語를 한 가지씩 쓰시오.

(123) 僞計 - (　　)　(124) 誦詠 - (　　)

(125) 爵位 - (　　)　(126) 遷都 - (　　)

(127) 傲氣 - (　　)

[128~132] 다음 빈칸에 알맞은 漢字를 넣어 漢字語를 완성하시오.

(128) 塞翁之(　　)　(129) 抱(　　)絶倒

(130) 昏定晨(　　)　(131) (　　)荒作物

(132) 武陵(　　)源

[133~137] 다음 漢字의 부수로 맞는 것을 골라 그 번호를 쓰시오.

(133) 羽　①一　②丿　③乙　④羽

(134) 予　①一　②子　③亅　④予

(135) 臭　①自　②大　③犬　④臭

(136) 畓　①水　②田　③日　④畓

(137) 孰　①亠　②口　③子　④丸

[138~142] 다음 漢字語 중에서 첫 글자가 長音인 것을 골라 그 번호를 쓰시오.

(138) ① 楊柳　　(139) ① 憐憫
　　　② 讓渡　　　　　② 鍊磨

(140) ① 暗誦　　(141) ① 選拔
　　　② 巖盤　　　　　② 禪房

(142) ① 牙城
　　　② 餓死

[143~147] 다음 漢字語의 뜻을 쓰시오.

(143) 返納 :

(144) 抱卵 :

(145) 拔群 :

(146) 遙遠 :

(147) 養豚 :

[148~150] 다음 漢字의 略字를 쓰시오.

(148) 獸 - (　　)　　(149) 縱 - (　　)

(150) 臺 - (　　)

第4回 漢字能力檢定試驗 3級 예상문제
(시험시간 : 60분)

※ 이 문제는 한자능력검정시험 출제유형에 따라 출제하였습니다.

[1~45] 다음 漢字語의 讀音을 쓰시오.

(1) 喜捨( ) (2) 竝稱( ) (3) 酉時( )
(4) 尋訪( ) (5) 庸才( ) (6) 軌迹( )
(7) 且置( ) (8) 云云( ) (9) 誓約( )
(10) 騷動( ) (11) 善隣( ) (12) 中庸( )
(13) 濫讀( ) (14) 婚姻( ) (15) 蝶泳( )
(16) 銳敏( ) (17) 尖兵( ) (18) 淸廉( )
(19) 敦篤( ) (20) 罷職( ) (21) 吾等( )
(22) 某氏( ) (23) 輿梁( ) (24) 傍聽( )
(25) 詐欺( ) (26) 販促( ) (27) 首肯( )
(28) 廢棄( ) (29) 驅除( ) (30) 寅時( )
(31) 掛念( ) (32) 屯兵( ) (33) 亥時( )
(34) 乾杯( ) (35) 姪婦( ) (36) 販賣( )
(37) 排斥( ) (38) 小妾( ) (39) 機敏( )
(40) 傍助( ) (41) 庸劣( ) (42) 揮毫( )
(43) 輿望( ) (44) 秒速( ) (45) 塗色( )

[46~72] 다음 漢字의 訓과 音을 쓰시오.

(46) 昭(   )   (47) 昔(   )
(48) 閱(   )   (49) 囚(   )
(50) 燥(   )   (51) 姻(   )
(52) 捉(   )   (53) 押(   )
(54) 而(   )   (55) 擴(   )
(56) 弘(   )   (57) 廉(   )
(58) 返(   )   (59) 孰(   )
(60) 曉(   )   (61) 郊(   )
(62) 醜(   )   (63) 臭(   )
(64) 臥(   )   (65) 忌(   )
(66) 豈(   )   (67) 掠(   )
(68) 憫(   )   (69) 赴(   )
(70) 捨(   )   (71) 涉(   )
(72) 翁(   )

[73~92] 다음의 訓音을 지닌 漢字를 쓰시오.

(73) 성인   성   (74) 시   시
(75) 혹   혹   (76) 줄   수
(77) 짤   직   (78) 보배   진
(79) 예   고   (80) 받을   수
(81) 다스릴   치   (82) 권할   권
(83) 마실   흡   (84) 장수   장
(85) 개   견   (86) 베풀   설
(87) 양   양   (88) 방   방
(89) 둥글   원   (90) 갖출   비
(91) 응할   응   (92) 들일   납

[93~102] 다음 밑줄 친 漢字語를 漢字로 쓰시오.

(93) 어두운 극장에서 겨우 <u>좌석</u>에 앉았다.

(94) 건물 <u>주위</u>에는 야생화를 심었다.

(95) 쉴 새 없는 공격에 우리는 <u>굴복</u>하고 말았다.

(96) 세계를 무대로 한 판매망 <u>구축</u>을 위해 힘썼다.

(97) 한 달 동안의 해외여행을 마치고 <u>귀국</u>했다.

(98) 성공은 <u>근면</u>을 실천해 온 결과이다.

(99) 새로 지은 박물관의 <u>규모</u>가 매우 컸다.

(100) 대인과 소인의 입장료가 <u>균일</u>하였다.

(101) 우리의 계획은 모두 <u>극비</u>에 부쳐졌다.

(102) 언제나 늠름하고 활달한 <u>기상</u>을 지니고 있다.

[103~107] 다음 單語를 괄호 속의 뜻을 유의하여 漢字로 쓰시오.

(103) 연명 (목숨을 겨우 이어 살아감)

(104) 현저 (뚜렷이 드러남)

(105) 조류 (밀물과 썰물 때문에 일어나는 바닷물의 흐름)

(106) 강변 (이치에 닿지 아니한 것을 끝까지 굽히지 않고 주장하거나 변명함)

(107) 교유 (서로 사귀어 놀거나 왕래함)

[108~112] 다음 漢字와 의미상 反對 또는 對立되는 漢字를 넣어 漢字語를 完成하시오.

(108) 喜(　　) (109) 往(　　)
(110) (　　)僞 (111) 難(　　)
(112) 禍(　　)

[113~117] 다음 漢字와 뜻이 같거나 비슷한 漢字를 넣어 漢字語를 完成하시오.

(113) 抵(　　) (114) 楊(　　)
(115) (　　)互 (116) 返(　　)
(117) (　　)簿

[118~122] 다음 漢字語와 뜻이 反對 또는 相對되는 漢字語를 漢字로 쓰시오.

(118) 卑稱 - (　　) (119) 韻文 - (　　)
(120) 假像 - (　　) (121) 洋弓 - (　　)
(122) 離別 - (　　)

[123~127] 다음 漢字語와 音은 같고 뜻이 다른 漢字語를 한 가지씩 쓰시오.

(123) 不渡 - (　　) (124) 但只 - (　　)
(125) 諒知 - (　　) (126) 凍害 - (　　)
(127) 逐邪 - (　　)

[128~132] 다음 빈칸에 알맞은 漢字를 넣어 漢字語를 완성하시오.

(128) 莫(　　)之友 (129) 非夢(　　)夢
(130) 臨戰無(　　) (131) 臨機應(　　)
(132) 改(　　)遷善

[133~137] 다음 漢字의 부수로 맞는 것을 골라 그 번호를 쓰시오.

(133) 享 ①亠 ②口 ③子 ④享
(134) 奏 ①一 ②人 ③大 ④奏
(135) 臥 ①臣 ②人 ③口 ④巨
(136) 咸 ①厂 ②口 ③戈 ④咸
(137) 只 ①口 ②人 ③八 ④只

[138~142] 다음 漢字語 중에서 첫 글자가 長音인 것을 골라 그 번호를 쓰시오.

(138) ① 零落　　(139) ① 亨通
　　　② 詠歎　　　　② 傲慢
(140) ① 臥病　　(141) ① 完了
　　　② 瓦裂　　　　② 緩和
(142) ① 運賃
　　　② 雲霧

[143~147] 다음 漢字語의 뜻을 쓰시오.

(143) 僞造 :
(144) 脫臭 :
(145) 收穫 :
(146) 相似 :
(147) 醜態 :

[148~150] 다음 漢字의 略字를 쓰시오.

(148) 觸 - (　　) (149) 譽 - (　　)
(150) 贊 - (　　)

第5回 漢字能力檢定試驗 3級 예상문제
(시험시간 : 60분)
※ 이 문제는 한자능력검정시험 출제유형에 따라 출제하였습니다.

[1~45] 다음 漢字語의 讀音을 쓰시오.

(1) 凝結(　　)　(2) 埋立(　　)　(3) 愧色(　　)
(4) 酌定(　　)　(5) 墮落(　　)　(6) 橫厄(　　)
(7) 凝縮(　　)　(8) 搖動(　　)　(9) 厄運(　　)
(10) 娛樂(　　)　(11) 攝理(　　)　(12) 畏友(　　)
(13) 昏絶(　　)　(14) 驕慢(　　)　(15) 軒燈(　　)
(16) 敍述(　　)　(17) 汚辱(　　)　(18) 悲慘(　　)
(19) 叛徒(　　)　(20) 幣帛(　　)　(21) 掠奪(　　)
(22) 塗炭(　　)　(23) 苦惱(　　)　(24) 塊根(　　)
(25) 巷間(　　)　(26) 裂傷(　　)　(27) 咸池(　　)
(28) 拙著(　　)　(29) 一顧(　　)　(30) 追伸(　　)
(31) 渴望(　　)　(32) 破棄(　　)　(33) 近郊(　　)
(34) 濫獲(　　)　(35) 洞燭(　　)　(36) 凝固(　　)
(37) 殃禍(　　)　(38) 驅逐(　　)　(39) 伸縮(　　)
(40) 暢達(　　)　(41) 憐憫(　　)　(42) 沸騰(　　)
(43) 外賓(　　)　(44) 朋友(　　)　(45) 鈍化(　　)

[46~72] 다음 漢字의 訓과 音을 쓰시오.

(46) 濯(　　)　(47) 匹(　　)
(48) 姦(　　)　(49) 劣(　　)
(50) 蔬(　　)　(51) 妾(　　)
(52) 把(　　)　(53) 糾(　　)
(54) 嫌(　　)　(55) 募(　　)
(56) 乞(　　)　(57) 尋(　　)
(58) 鳴(　　)　(59) 泣(　　)
(60) 斤(　　)　(61) 霧(　　)
(62) 須(　　)　(63) 頗(　　)
(64) 燭(　　)　(65) 郭(　　)
(66) 賜(　　)　(67) 某(　　)
(68) 伴(　　)　(69) 也(　　)
(70) 梨(　　)　(71) 岳(　　)
(72) 叛(　　)

[73~92] 다음의 訓音을 지닌 漢字를 쓰시오.

(73) 사사　사　　(74) 금할　금
(75) 참잘　침　　(76) 거느릴　통
(77) 고리　환　　(78) 말잘할　변
(79) 돈　전　　　(80) 벽　벽
(81) 법　범　　　(82) 갈래　파
(83) 이　시　　　(84) 끊을　단
(85) 험할　험　　(86) 일어날　기
(87) 고요할　정　(88) 항구　항
(89) 모을　축　　(90) 배　항
(91) 거둘　수　　(92) 남을　여

[93~102] 다음 밑줄 친 漢字語를 漢字로 쓰시오.

(93) 도로는 귀성 차량으로 주차장을 방불케 했다.
(94) 그는 금속 공예를 전공한 예술가이다.
(95) 문밖에는 많은 사람들이 대기하고 있었다.
(96) 산 속에는 기묘한 모습의 바위들이 있었다.
(97) 모두 그의 절묘한 솜씨에 감탄했다.
(98) 도서관 시설을 새롭게 정비했다.
(99) 대상을 탄 작품은 심사위원들의 극찬을 받았다.
(100) 관가에서는 도적들의 무리를 소탕했다.
(101) 보고 싶었던 영화는 벌써 매진이 되었다.
(102) 도로는 굴곡이 심해 위험하다.

[103~107] 다음 單語를 괄호 속의 뜻을 유의하여 漢字로 쓰시오.

(103) 통한 (몹시 원통함)

(104) 간소 (간략하고 수수함)

(105) 분리 (서로 나뉘어 떨어짐)

(106) 존엄 (인물이나 지위 따위가 높고 엄숙함)

(107) 원류 (강이나 내의 본줄기)

[108~112] 다음 漢字와 의미상 反對 또는 對立되는 漢字를 넣어 漢字語를 完成하시오.

(108) 好(　　)   (109) (　　)怒

(110) 彼(　　)   (111) 剛(　　)

(112) (　　)守

[113~117] 다음 漢字와 뜻이 같거나 비슷한 漢字를 넣어 漢字語를 完成하시오.

(113) (　　)久   (114) (　　)賴

(115) 憂(　　)   (116) 戀(　　)

(117) (　　)響

[118~122] 다음 漢字語와 뜻이 反對 또는 相對되는 漢字語를 漢字로 쓰시오.

(118) 開幕 – (　　)   (119) 就職 – (　　)

(120) 君主 – (　　)   (121) 好況 – (　　)

(122) 執權 – (　　)

[123~127] 다음 漢字語와 音은 같고 뜻이 다른 漢字語를 한 가지씩 쓰시오.

(123) 東夷 – (　　)   (124) 忌日 – (　　)

(125) 亂刺 – (　　)   (126) 僞裝 – (　　)

(127) 却說 – (　　)

[128~132] 다음 빈칸에 알맞은 漢字를 넣어 漢字語를 완성하시오.

(128) 禍不單(　　)   (129) (　　)愧之心

(130) 吟(　　)弄月   (131) 冠(　　)喪祭

(132) 一(　　)春夢

[133~137] 다음 漢字의 부수로 맞는 것을 골라 그 번호를 쓰시오.

(133) 酉 ①一 ②日 ③儿 ④酉

(134) 尤 ①一 ②丶 ③尢 ④尤

(135) 斤 ①丿 ②一 ③丨 ④斤

(136) 亥 ①亠 ②厶 ③人 ④亥

(137) 屯 ①丿 ②乙 ③屮 ④屯

[138~142] 다음 漢字語 중에서 첫 글자가 長音인 것을 골라 그 번호를 쓰시오.

(138) ① 優劣　　(139) ① 有償
　　　② 友邦　　　　② 乳糖

(140) ① 移替　　(141) ① 吟味
　　　② 梨花　　　　② 應募

(142) ① 仲媒
　　　② 紫色

[143~147] 다음 漢字語의 뜻을 쓰시오.

(143) 遷都 :

(144) 埋藏 :

(145) 發芽 :

(146) 削髮 :

(147) 恣行 :

[148~150] 다음 漢字의 略字를 쓰시오.

(148) 醉 – (　　)   (149) 鎭 – (　　)

(150) 靈 – (　　)

第6回 漢字能力檢定試驗 3級 예상문제
(시험시간 : 60분)

※ 이 문제는 한자능력검정시험 출제유형에 따라 출제하였습니다.

[1~45] 다음 漢字語의 讀音을 쓰시오.

(1) 醜聞(　　) (2) 垂訓(　　) (3) 收穫(　　)
(4) 冥福(　　) (5) 飜案(　　) (6) 隷書(　　)
(7) 歸雁(　　) (8) 天涯(　　) (9) 煩惱(　　)
(10) 暮年(　　) (11) 歲暮(　　) (12) 辛勝(　　)
(13) 毀節(　　) (14) 淸濁(　　) (15) 燭淚(　　)
(16) 汚點(　　) (17) 濯足(　　) (18) 凝集(　　)
(19) 禁忌(　　) (20) 贈與(　　) (21) 屈伸(　　)
(22) 驅步(　　) (23) 誕辰(　　) (24) 聘禮(　　)
(25) 秋毫(　　) (26) 生絹(　　) (27) 斷乎(　　)
(28) 種苗(　　) (29) 崩御(　　) (30) 密獵(　　)
(31) 快晴(　　) (32) 騷音(　　) (33) 優劣(　　)
(34) 傍系(　　) (35) 遵守(　　) (36) 遲刻(　　)
(37) 餓死(　　) (38) 遵法(　　) (39) 斥候(　　)
(40) 斤數(　　) (41) 斥邪(　　) (42) 奚琴(　　)
(43) 暗誦(　　) (44) 庚方(　　) (45) 攝生(　　)

[46~72] 다음 漢字의 訓과 音을 쓰시오.

(46) 粟(　　) (47) 絃(　　)
(48) 恣(　　) (49) 厄(　　)
(50) 抱(　　) (51) 愧(　　)
(52) 濫(　　) (53) 嘗(　　)
(54) 飢(　　) (55) 蜂(　　)
(56) 宰(　　) (57) 晴(　　)
(58) 絹(　　) (59) 巳(　　)
(60) 予(　　) (61) 携(　　)
(62) 吟(　　) (63) 哉(　　)
(64) 暢(　　) (65) 夷(　　)
(66) 僚(　　) (67) 誓(　　)
(68) 佐(　　) (69) 舟(　　)
(70) 埋(　　) (71) 懼(　　)
(72) 倣(　　)

[73~92] 다음의 訓音을 지닌 漢字를 쓰시오.

(73) 시골　향　　　(74) 대쪽　간
(75) 향기　향　　　(76) 드러날　현
(77) 사나울　포　　(78) 더할　증
(79) 표　표　　　　(80) 달릴　주
(81) 떠날　리　　　(82) 준할　준
(83) 잴　측　　　　(84) 물러날　퇴
(85) 무리　군　　　(86) 얼굴　용
(87) 굳을　견　　　(88) 지킬　위
(89) 돌아갈　귀　　(90) 숨길　비
(91) 누이　자　　　(92) 성씨　씨

[93~102] 다음 밑줄 친 漢字語를 漢字로 쓰시오.

(93) 그는 모든 일 처리에 기지가 매우 뛰어나다.
(94) 사고 현장에 구급차를 급파하였다.
(95) 그는 깔끔하게 단장하고 파티에 나타났다.
(96) 바람이 불 때마다 꽃잎들이 난무하고 있다.
(97) 갖가지 모양의 물고기들이 놀고 있었다.
(98) 기말 고사의 시험 범위가 발표되었다.
(99) 공개된 유물은 기이한 모양을 한 조각품이다.
(100) 그는 보통 사람들과는 다른 점이 있다.
(101) 잠든 사이에 버스가 종점까지 가 버렸다.
(102) 차츰 어려운 병영 생활에 적응하고 있다.

[103~107] 다음 單語를 괄호 속의 뜻을 유의하여 漢字로 쓰시오.

(103) 예단 (미리 판단함)

(104) 칭송 (칭찬하여 일컬음)

(105) 예증 (실례를 들어 증명함)

(106) 분필 (칠판에 글씨를 쓰는 필기구)

(107) 지참 (무엇을 가지고서 모임 따위에 참여함)

[108~112] 다음 漢字와 의미상 反對 또는 對立되는 漢字를 넣어 漢字語를 完成하시오.

(108) 開(　　)　　(109) 苦(　　)

(110) 師(　　)　　(111) 出(　　)

(112) 幽(　　)

[113~117] 다음 漢字와 뜻이 같거나 비슷한 漢字를 넣어 漢字語를 完成하시오.

(113) (　　)潛　　(114) (　　)含

(115) 捕(　　)　　(116) 豪(　　)

(117) (　　)岳

[118~122] 다음 漢字語와 뜻이 反對 또는 相對되는 漢字語를 漢字로 쓰시오.

(118) 暫時－(　　)　(119) 忽待－(　　)

(120) 懷疑－(　　)　(121) 閉會－(　　)

(122) 否認－(　　)

[123~127] 다음 漢字語와 音은 같고 뜻이 다른 漢字語를 한 가지씩 쓰시오.

(123) 伸縮－(　　)　(124) 奪取－(　　)

(125) 東夷－(　　)　(126) 陳腐－(　　)

(127) 遙遠－(　　)

[128~132] 다음 빈칸에 알맞은 漢字를 넣어 漢字語를 완성하시오.

(128) 明若(　　)火　(129) 脣亡齒(　　)

(130) (　　)重大事　(131) 天高馬(　　)

(132) 泰然自(　　)

[133~137] 다음 漢字의 부수로 맞는 것을 골라 그 번호를 쓰시오.

(133) 飜　①番　②田　③飛　④飜

(134) 且　①日　②目　③一　④且

(135) 又　①一　②丿　③人　④又

(136) 了　①一　②丿　③亅　④了

(137) 罷　①网　②厶　③月　④匕

[138~142] 다음 漢字語 중에서 첫 글자가 長音인 것을 골라 그 번호를 쓰시오.

(138) ① 左遷　　(139) ① 傾倒
　　　② 贈與　　　　② 改訂

(140) ① 慘狀　　(141) ① 共販
　　　② 借用　　　　② 公募

(142) ① 償還
　　　② 債權

[143~147] 다음 漢字語의 뜻을 쓰시오.

(143) 渴望 :

(144) 借名 :

(145) 愚鈍 :

(146) 遵守 :

(147) 卒倒 :

[148~150] 다음 漢字의 略字를 쓰시오.

(148) 齊－(　　)　　(149) 屬－(　　)

(150) 廢－(　　)

第7回 漢字能力檢定試驗 3級 예상문제
(시험시간 : 60분)

※ 이 문제는 한자능력검정시험 출제유형에 따라 출제하였습니다.

[1~45] 다음 漢字語의 讀音을 쓰시오.

(1) 挑戰(   ) (2) 下賜(   ) (3) 互選(   )
(4) 砲丸(   ) (5) 矯正(   ) (6) 尋常(   )
(7) 枯渴(   ) (8) 尖端(   ) (9) 販禁(   )
(10) 誦詩(   ) (11) 誦詠(   ) (12) 剽竊(   )
(13) 蜜蜂(   ) (14) 應募(   ) (15) 淡泊(   )
(16) 交涉(   ) (17) 侮辱(   ) (18) 北緯(   )
(19) 忌避(   ) (20) 忘却(   ) (21) 謀叛(   )
(22) 詠歌(   ) (23) 同伴(   ) (24) 堤防(   )
(25) 絶叫(   ) (26) 紙幣(   ) (27) 薦擧(   )
(28) 隱蔽(   ) (29) 傍觀(   ) (30) 危篤(   )
(31) 竝行(   ) (32) 劣勢(   ) (33) 懲戒(   )
(34) 肯定(   ) (35) 旣決(   ) (36) 檢閱(   )
(37) 姻戚(   ) (38) 怠慢(   ) (39) 馬匹(   )
(40) 流暢(   ) (41) 違約(   ) (42) 乞食(   )
(43) 墳墓(   ) (44) 騷亂(   ) (45) 養豚(   )

[46~72] 다음 漢字의 訓과 音을 쓰시오.

(46) 只(   )   (47) 忘(   )
(48) 秒(   )   (49) 庸(   )
(50) 敏(   )   (51) 尤(   )
(52) 戊(   )   (53) 螢(   )
(54) 毁(   )   (55) 篤(   )
(56) 屯(   )   (57) 塗(   )
(58) 辨(   )   (59) 祥(   )
(60) 庶(   )   (61) 竟(   )
(62) 違(   )   (63) 憩(   )
(64) 俊(   )   (65) 濁(   )
(66) 贈(   )   (67) 攝(   )
(68) 涯(   )   (69) 傲(   )
(70) 縣(   )   (71) 顧(   )
(72) 飜(   )

[73~92] 다음의 訓音을 지닌 漢字를 쓰시오.

(73) 쌓을   축   (74) 정성   성
(75) 의거할 거   (76) 판단할 판
(77) 갈   왕   (78) 진   액
(79) 새   조   (80) 역참   우
(81) 시험할 험   (82) 일컬을 칭
(83) 맵시   자   (84) 곳   처
(85) 아닐   비   (86) 이를   지
(87) 뛰어날 걸   (88) 놀   유
(89) 박달나무 단   (90) 그늘   음
(91) 아닐   부   (92) 다를   이

[93~102] 다음 밑줄 친 漢字語를 漢字로 쓰시오.

(93) 회사의 기밀을 누설하면 안 된다.
(94) 종합 우승을 목표로 열심히 훈련을 했다.
(95) 어떻게 풀어야 할지 묘수가 떠오르지 않는다.
(96) 이번 모임에는 아무런 복장도 무방하다.
(97) 대규모 공장을 설립하기에 조건이 매우 좋다.
(98) 집에서 학교까지는 도보로 10분 거리이다.
(99) 저 사람의 기행은 널리 알려져 있다.
(100) 소중한 문화 유산을 잘 보존해야 한다.
(101) 그는 사견임을 전제로 말을 시작했다.
(102) 전우의 생명을 구하고 장렬히 산화했다.

[103~107] 다음 單語를 괄호 속의 뜻을 유의하여 漢字로 쓰시오.

(103) 격찬 (매우 칭찬함)

(104) 비탄 (몹시 슬퍼하면서 탄식함)

(105) 변경 (다르게 바꾸어 새롭게 고침)

(106) 분유 (가루우유)

(107) 확증 (확실히 증명함)

[108~112] 다음 漢字와 의미상 反對 또는 對立되는 漢字를 넣어 漢字語를 完成하시오.

(108) 榮(　　) (109) 收(　　)

(110) 動(　　) (111) 深(　　)

(112) 抑(　　)

[113~117] 다음 漢字와 뜻이 같거나 비슷한 漢字를 넣어 漢字語를 完成하시오.

(113) (　　)殃 (114) (　　)托

(115) 忍(　　) (116) 悅(　　)

(117) 厄(　　)

[118~122] 다음 漢字語와 뜻이 反對 또는 相對되는 漢字語를 漢字로 쓰시오.

(118) 改革 – (　　) (119) 缺勤 – (　　)

(120) 得點 – (　　) (121) 短篇 – (　　)

(122) 異議 – (　　)

[123~127] 다음 漢字語와 音은 같고 뜻이 다른 漢字語를 한 가지씩 쓰시오.

(123) 訟事 – (　　) (124) 絹本 – (　　)

(125) 紫色 – (　　) (126) 丹脣 – (　　)

(127) 透寫 – (　　)

[128~132] 다음 빈칸에 알맞은 漢字를 넣어 漢字語를 완성하시오.

(128) 口蜜(　　)劍 (129) 草(　　)木皮

(130) 人之(　　)情 (131) 進退(　　)谷

(132) (　　)芳百世

[133~137] 다음 漢字의 부수로 맞는 것을 골라 그 번호를 쓰시오.

(133) 而　①一　②冂　③丿　④而

(134) 嘗　①小　②口　③旨　④嘗

(135) 辛　①亠　②立　③十　④辛

(136) 墨　①黑　②土　③火　④墨

(137) 免　①丿　②口　③乙　④儿

[138~142] 다음 漢字語 중에서 첫 글자가 長音인 것을 골라 그 번호를 쓰시오.

(138) ① 廣幅　　(139) ① 斤數
　　　② 光輝　　　　　② 近似

(140) ① 驕慢　　(141) ① 歸雁
　　　② 校訂　　　　　② 龜鑑

(142) ① 苟且
　　　② 驅迫

[143~147] 다음 漢字語의 뜻을 쓰시오.

(143) 遍在 :

(144) 賣渡 :

(145) 屢年 :

(146) 重且大 :

(147) 頻發 :

[148~150] 다음 漢字의 略字를 쓰시오.

(148) 惱 – (　　) (149) 拂 – (　　)

(150) 曉 – (　　)

第8回 漢字能力檢定試驗 3級 예상문제
(시험시간 : 60분)

※ 이 문제는 한자능력검정시험 출제유형에 따라 출제하였습니다.

[1~45] 다음 漢字語의 讀音을 쓰시오.

(1) 飢餓(　) (2) 英俊(　) (3) 俊才(　)
(4) 枕木(　) (5) 郊外(　) (6) 昏迷(　)
(7) 常軌(　) (8) 姦臣(　) (9) 官僚(　)
(10) 畏敬(　) (11) 自慢(　) (12) 于先(　)
(13) 洗濯(　) (14) 謹封(　) (15) 貪慾(　)
(16) 罷業(　) (17) 漂流(　) (18) 顧問(　)
(19) 來賓(　) (20) 押送(　) (21) 違法(　)
(22) 代替(　) (23) 詐術(　) (24) 頻度(　)
(25) 享壽(　) (26) 粟米(　) (27) 竝設(　)
(28) 傍證(　) (29) 鹿角(　) (30) 囚衣(　)
(31) 竊盜(　) (32) 相互(　) (33) 輿論(　)
(34) 汚名(　) (35) 受侮(　) (36) 毫末(　)
(37) 東軒(　) (38) 弘道(　) (39) 愚鈍(　)
(40) 叛亂(　) (41) 賣却(　) (42) 聘丈(　)
(43) 虛飢(　) (44) 募金(　) (45) 水泳(　)

[46~72] 다음 漢字의 訓과 音을 쓰시오.

(46) 昏(　) (47) 罔(　)
(48) 汚(　) (49) 却(　)
(50) 朋(　) (51) 斯(　)
(52) 耶(　) (53) 擁(　)
(54) 抄(　) (55) 抽(　)
(56) 銳(　) (57) 閏(　)
(58) 奚(　) (59) 詠(　)
(60) 寅(　) (61) 遣(　)
(62) 鈍(　) (63) 隣(　)
(64) 逝(　) (65) 酌(　)
(66) 憐(　) (67) 叫(　)
(68) 漫(　) (69) 惟(　)
(70) 穫(　) (71) 享(　)
(72) 了(　)

[73~92] 다음의 訓音을 지닌 漢字를 쓰시오.

(73) 법　　률　　(74) 조수　　조
(75) 겨를　가　　(76) 기릴　　송
(77) 말할　론　　(78) 방패　　간
(79) 머무를 류　　(80) 벼슬　　관
(81) 절　　사　　(82) 기이할　기
(83) 벌일　렬　　(84) 절제할　제
(85) 갈　　적　　(86) 원수　　적
(87) 죽일　살　　(88) 씨　　　핵
(89) 모양　태　　(90) 볼　　　람
(91) 양식　량　　(92) 고를　　균

[93~102] 다음 밑줄 친 漢字語를 漢字로 쓰시오.

(93) 복도에는 투표하려는 사람들이 줄 서 있었다.
(94) 그는 본전도 못 건졌다고 엄살이다.
(95) 음주 측정 거부는 공무 집행 방해에 해당된다.
(96) 그 가격이면 별 부담 없이 참여할 수 있다.
(97) 그는 자신의 범죄 행위를 끝까지 부인했다.
(98) 그 사람의 신뢰성은 내가 보증한다.
(99) 한의사의 비방으로 지병이 씻은 듯이 나았다.
(100) 종료 직전 득점으로 통쾌한 역전승을 했다.
(101) 사람들은 선전 광고에 귀를 기울였다.
(102) 부상자가 비명과 신음을 토하고 있다.

[103~107] 다음 單語를 괄호 속의 뜻을 유의하여 漢字로 쓰시오.

(103) 우량 (물건의 품질이나 상태가 좋음)

(104) 귀가 (집으로 돌아가거나 돌아옴)

(105) 손상 (물체가 깨지거나 상함)

(106) 환영 (기쁜 마음으로 반갑게 맞음)

(107) 격변 (상황 따위가 갑자기 심하게 변함)

[108~112] 다음 漢字와 의미상 反對 또는 對立되는 漢字를 넣어 漢字語를 完成하시오.

(108) 公(　　)　　　(109) (　　)臣

(110) 加(　　)　　　(111) (　　)濁

(112) (　　)負

[113~117] 다음 漢字와 뜻이 같거나 비슷한 漢字를 넣어 漢字語를 完成하시오.

(113) 微(　　)　　　(114) 覺(　　)

(115) 樓(　　)　　　(116) 終(　　)

(117) (　　)償

[118~122] 다음 漢字語와 뜻이 反對 또는 相對되는 漢字語를 漢字로 쓰시오.

(118) 私席 - (　　)　(119) 沈下 - (　　)

(120) 卷頭 - (　　)　(121) 供給 - (　　)

(122) 喜劇 - (　　)

[123~127] 다음 漢字語와 音은 같고 뜻이 다른 漢字語를 한 가지씩 쓰시오.

(123) 禪院 - (　　)　(124) 桃李 - (　　)

(125) 凍太 - (　　)　(126) 動搖 - (　　)

(127) 辛苦 - (　　)

[128~132] 다음 빈칸에 알맞은 漢字를 넣어 漢字語를 완성하시오.

(128) 微官(　　)職　(129) 謹賀(　　)年

(130) 國泰民(　　)　(131) 孟母三(　　)

(132) 仰天大(　　)

[133~137] 다음 漢字의 부수로 맞는 것을 골라 그 번호를 쓰시오.

(133) 幾　①幺　②戈　③人　④幾

(134) 募　①艹　②日　③大　④力

(135) 劣　①小　②少　③力　④劣

(136) 垂　①丿　②十　③土　④垂

(137) 舟　①丶　②月　③一　④舟

[138~142] 다음 漢字語 중에서 첫 글자가 長音인 것을 골라 그 번호를 쓰시오.

(138) ① 旣決　　(139) ① 濫用
　　　② 禁忌　　　　② 危險

(140) ① 挑發　　(141) ① 常軌
　　　② 貸與　　　　② 累進

(142) ① 棟梁
　　　② 動搖

[143~147] 다음 漢字語의 뜻을 쓰시오.

(143) 腰痛 :

(144) 殺菌 :

(145) 霧散 :

(146) 後拂 :

(147) 類似 :

[148~150] 다음 漢字의 略字를 쓰시오.

(148) 燒 - (　　)　　(149) 竝 - (　　)

(150) 螢 - (　　)

第9回 漢字能力檢定試驗 3級 예상문제

(시험시간 : 60분)

※ 이 문제는 한자능력검정시험 출제유형에 따라 출제하였습니다.

[1~45] 다음 漢字語의 讀音을 쓰시오.

(1) 奏樂(　　)　(2) 某處(　　)　(3) 苦杯(　　)
(4) 隣近(　　)　(5) 隣接(　　)　(6) 黃昏(　　)
(7) 依托(　　)　(8) 囚人(　　)　(9) 屢年(　　)
(10) 惡臭(　　)　(11) 臥病(　　)　(12) 誕生(　　)
(13) 國賓(　　)　(14) 謁聖(　　)　(15) 篤實(　　)
(16) 角逐(　　)　(17) 跳躍(　　)　(18) 卜術(　　)
(19) 非違(　　)　(20) 忌中(　　)　(21) 菜蔬(　　)
(22) 弔意(　　)　(23) 傲氣(　　)　(24) 搜索(　　)
(25) 退却(　　)　(26) 飽滿(　　)　(27) 殉葬(　　)
(28) 直播(　　)　(29) 忌日(　　)　(30) 放棄(　　)
(31) 棄權(　　)　(32) 迷惑(　　)　(33) 曉星(　　)
(34) 參酌(　　)　(35) 躍進(　　)　(36) 閱讀(　　)
(37) 贈職(　　)　(38) 快哉(　　)　(39) 互換(　　)
(40) 詐稱(　　)　(41) 眉目(　　)　(42) 幣物(　　)
(43) 掠取(　　)　(44) 睡眠(　　)　(45) 刹那(　　)

[46~72] 다음 漢字의 訓과 音을 쓰시오.

(46) 泊(　　　　)　(47) 訂(　　　　)
(48) 謁(　　　　)　(49) 逮(　　　　)
(50) 茫(　　　　)　(51) 墮(　　　　)
(52) 渴(　　　　)　(53) 辛(　　　　)
(54) 輿(　　　　)　(55) 厥(　　　　)
(56) 旱(　　　　)　(57) 癸(　　　　)
(58) 冥(　　　　)　(59) 稻(　　　　)
(60) 楊(　　　　)　(61) 娛(　　　　)
(62) 掛(　　　　)　(63) 腰(　　　　)
(64) 遍(　　　　)　(65) 肩(　　　　)
(66) 忙(　　　　)　(67) 泳(　　　　)

(68) 緯(　　　　)　(69) 愈(　　　　)
(70) 薦(　　　　)　(71) 賓(　　　　)
(72) 那(　　　　)

[73~92] 다음의 訓音을 지닌 漢字를 쓰시오.

(73) 탄알　탄　　　(74) 걸음　보
(75) 재　성　　　　(76) 가지런할 정
(77) 기록할 지　　(78) 살필　독
(79) 그릇　기　　　(80) 구리　동
(81) 바퀴　륜　　　(82) 취할　취
(83) 눈　안　　　　(84) 묘할　묘
(85) 두루　주　　　(86) 벗을　탈
(87) 꺾을　절　　　(88) 말씀　사
(89) 지을　조　　　(90) 칠　격
(91) 혼인할 혼　　(92) 맡길　위

[93~102] 다음 밑줄 친 漢字語를 漢字로 쓰시오.

(93) 그녀는 감정의 기복이 심한 편이다.
(94) 전쟁의 상처는 쉽게 아물지 않았다.
(95) 부모는 자식에게 모범이 되어야 한다.
(96) 온 국민이 하나가 되어 독립을 선언했다.
(97) 나라를 위해 목숨을 바친 선열의 뜻을 기렸다.
(98) 매출은 많았지만 결국 손해를 본 셈이다.
(99) 불우이웃 돕기 바자회는 성황을 이루었다.
(100) 적성에 맞는 직업을 선택하는 것은 중요하다.
(101) 우리 식구는 한식을 맞아 성묘를 다녀왔다.
(102) 굵직한 목소리의 성우가 시를 낭송했다.

[103~107] 다음 單語를 괄호 속의 뜻을 유의하여 漢字로 쓰시오.

(103) 안이 (어렵지 않고 쉬움)

(104) 벌채 (나무를 베어 내거나 섶을 깎아 냄)

(105) 밀폐 (샐 틈이 없이 꼭 막거나 닫음)

(106) 통탄 (몹시 탄식함)

(107) 험지 (험난한 땅)

[108~112] 다음 漢字와 의미상 反對 또는 對立되는 漢字를 넣어 漢字語를 完成하시오.

(108) 方(　　)　　(109) 尊(　　)

(110) 貴(　　)　　(111) 同(　　)

(112) 京(　　)

[113~117] 다음 漢字와 뜻이 같거나 비슷한 漢字를 넣어 漢字語를 完成하시오.

(113) 超(　　)　　(114) 許(　　)

(115) 堅(　　)　　(116) 謀(　　)

(117) 秩(　　)

[118~122] 다음 漢字語와 뜻이 反對 또는 相對되는 漢字語를 漢字로 쓰시오.

(118) 歡待 – (　　)　　(119) 就任 – (　　)

(120) 偶然 – (　　)　　(121) 複線 – (　　)

(122) 詳論 – (　　)

[123~127] 다음 漢字語와 音은 같고 뜻이 다른 漢字語를 한 가지씩 쓰시오.

(123) 大暑 – (　　)　　(124) 投棄 – (　　)

(125) 弔花 – (　　)　　(126) 倒錯 – (　　)

(127) 近似 – (　　)

[128~132] 다음 빈칸에 알맞은 漢字를 넣어 漢字語를 완성하시오.

(128) 天壤之(　　)　　(129) 虛禮虛(　　)

(130) (　　)憤蓄怨　　(131) 姑息之(　　)

(132) 騷人墨(　　)

[133~137] 다음 漢字의 부수로 맞는 것을 골라 그 번호를 쓰시오.

(133) 叛　①半　②反　③又　④叛

(134) 棄　①云　②世　③木　④棄

(135) 禾　①丿　②十　③木　④禾

(136) 爵　①爪　②罒　③寸　④爵

(137) 塞　①宀　②三　③土　④塞

[138~142] 다음 漢字語 중에서 첫 글자가 長音인 것을 골라 그 번호를 쓰시오.

(138) ① 鈍化　(139) ① 賣却
　　　② 忘却　　　　② 埋葬

(140) ① 敏感　(141) ① 尾行
　　　② 返納　　　　② 迷路

(142) ① 傍聽
　　　② 放免

[143~147] 다음 漢字語의 뜻을 쓰시오.

(143) 尾行 :

(144) 飽食 :

(145) 返送 :

(146) 枯死 :

(147) 某處 :

[148~150] 다음 漢字의 略字를 쓰시오.

(148) 隱 – (　　)　　(149) 遲 – (　　)

(150) 擇 – (　　)

第10回 漢字能力檢定試驗 3級 예상문제

(시험시간 : 60분)

※ 이 문제는 한자능력검정시험 출제유형에 따라 출제하였습니다.

[1~45] 다음 漢字語의 讀音을 쓰시오.

(1) 誕降( )　(2) 東夷( )　(3) 閏月( )
(4) 龜裂( )　(5) 自薦( )　(6) 別添( )
(7) 巷說( )　(8) 蜜月( )　(9) 濁音( )
(10) 豚肉( )　(11) 蜂起( )　(12) 享年( )
(13) 添附( )　(14) 恣行( )　(15) 斯界( )
(16) 斯文( )　(17) 姪女( )　(18) 分析( )
(19) 木枕( )　(20) 山岳( )　(21) 棄却( )
(22) 濁流( )　(23) 惟獨( )　(24) 類似( )
(25) 坤殿( )　(26) 誦讀( )　(27) 妥當( )
(28) 封墳( )　(29) 慘劇( )　(30) 宜當( )
(31) 拜謁( )　(32) 埋沒( )　(33) 過敏( )
(34) 敏活( )　(35) 鈍感( )　(36) 冒頭( )
(37) 愛誦( )　(38) 劣惡( )　(39) 把持( )
(40) 緯度( )　(41) 縣監( )　(42) 縣令( )
(43) 辨償( )　(44) 銳利( )　(45) 糾合( )

[46~72] 다음 漢字의 訓과 音을 쓰시오.

(46) 惱( )　　(47) 侮( )
(48) 睡( )　　(49) 畏( )
(50) 遲( )　　(51) 飽( )
(52) 該( )　　(53) 苟( )
(54) 遵( )　　(55) 遂( )
(56) 慨( )　　(57) 坤( )
(58) 冒( )　　(59) 傍( )
(60) 召( )　　(61) 墳( )
(62) 逐( )　　(63) 云( )
(64) 誕( )　　(65) 矢( )
(66) 墻( )　　(67) 獵( )
(68) 龜( )　　(69) 於( )
(70) 咸( )　　(71) 遙( )
(72) 狗( )

[73~92] 다음의 訓音을 지닌 漢字를 쓰시오.

(73) 경영할　영　　(74) 이어맬　계
(75) 거동　　의　　(76) 벌레　　충
(77) 지칠　　피　　(78) 바랄　　희
(79) 원망할　원　　(80) 지게문　호
(81) 욀　　　강　　(82) 옳을　　의
(83) 엄할　　엄　　(84) 낮을　　저
(85) 은혜　　혜　　(86) 닭　　　계
(87) 풍속　　속　　(88) 지경　　경
(89) 경계할　계　　(90) 손가락　지
(91) 어지러울 란　　(92) 훔칠　　도

[93~102] 다음 밑줄 친 漢字語를 漢字로 쓰시오.

(93) 성공하려면 기회를 잘 잡아야 한다.
(94) 시장 선점을 위한 경쟁이 치열하다.
(95) 경로 우대권을 소지한 분은 무료입장이다.
(96) 여러 모로 심려를 끼쳐 드려 죄송합니다.
(97) 적과 직면하여 사투를 계속하다.
(98) 수려한 경치는 마음속까지 시원하게 했다.
(99) 한동안 고생하였으나 수술로 말끔히 해결했다.
(100) 장내의 분위기가 갑자기 숙연해졌다.
(101) 요즘은 주로 전화로 안부를 묻는다.
(102) 안내견은 시각 장애인의 눈 역할을 한다.

[103~107] 다음 單語를 괄호 속의 뜻을 유의하여 漢字로 쓰시오.

(103) 우위 (남보다 나은 위치나 수준)

(104) 증거 (어떤 사실을 증명할 수 있는 근거)

(105) 정화 (정수가 될 만한 뛰어난 부분)

(106) 인연 (사람들 사이에 맺어지는 관계)

(107) 자세 (몸을 움직이거나 가누는 모양)

[108~112] 다음 漢字와 의미상 反對 또는 對立되는 漢字를 넣어 漢字語를 完成하시오.

(108) 攻(　　)   (109) (　　)骨

(110) 表(　　)   (111) 賞(　　)

(112) (　　)負

[113~117] 다음 漢字와 뜻이 같거나 비슷한 漢字를 넣어 漢字語를 完成하시오.

(113) 墳(　　)   (114) 容(　　)

(115) (　　)斜   (116) 繁(　　)

(117) 著(　　)

[118~122] 다음 漢字語와 뜻이 反對 또는 相對되는 漢字語를 漢字로 쓰시오.

(118) 輸出 - (　　)   (119) 結婚 - (　　)

(120) 豫審 - (　　)   (121) 卑賤 - (　　)

(122) 新刊 - (　　)

[123~127] 다음 漢字語와 音은 같고 뜻이 다른 漢字語를 한 가지씩 쓰시오.

(123) 弔喪 - (　　)   (124) 豆腐 - (　　)

(125) 顧問 - (　　)   (126) 詠物 - (　　)

(127) 屢代 - (　　)

[128~132] 다음 빈칸에 알맞은 漢字를 넣어 漢字語를 완성하시오.

(128) 剛柔兼(　　)   (129) 偶像崇(　　)

(130) 附和雷(　　)   (131) 千辛萬(　　)

(132) 矯角殺(　　)

[133~137] 다음 漢字의 부수로 맞는 것을 골라 그 번호를 쓰시오.

(133) 麥 ①十 ②人 ③夂 ④麥

(134) 辨 ①辛 ②刀 ③立 ④辨

(135) 雖 ①口 ②虫 ③隹 ④雖

(136) 輝 ①光 ②冖 ③車 ④軍

(137) 尖 ①小 ②八 ③大 ④尖

[138~142] 다음 漢字語 중에서 첫 글자가 長音인 것을 골라 그 번호를 쓰시오.

(138) ① 屛風　(139) ① 蜂起
　　　② 辨明　　　　② 賦役

(140) ① 散漫　(141) ① 細菌
　　　② 傾向　　　　② 訴訟

(142) ① 書架
　　　② 庶民

[143~147] 다음 漢字語의 뜻을 쓰시오.

(143) 搖動 :

(144) 荒野 :

(145) 晩秋 :

(146) 怠慢 :

(147) 借名 :

[148~150] 다음 漢字의 略字를 쓰시오.

(148) 龜 - (　　　)   (149) 僞 - (　　　)

(150) 屢 - (　　　)

第11回 漢字能力檢定試驗 3級 예상문제

(시험시간 : 60분)

※ 이 문제는 한자능력검정시험 출제유형에 따라 출제하였습니다.

[1~45] 다음 漢字語의 讀音을 쓰시오.

(1) 携帶( )　(2) 經緯( )　(3) 遊泳( )
(4) 急逝( )　(5) 擁護( )　(6) 返送( )
(7) 迷信( )　(8) 迷路( )　(9) 辨別( )
(10) 辨證( )　(11) 糾明( )　(12) 遲延( )
(13) 添削( )　(14) 敍景( )　(15) 攝取( )
(16) 吉祥( )　(17) 祥雲( )　(18) 敏感( )
(19) 哀哉( )　(20) 殉國( )　(21) 改訂( )
(22) 修訂( )　(23) 擧皆( )　(24) 諸侯( )
(25) 路幅( )　(26) 對酌( )　(27) 逝去( )
(28) 渴水( )　(29) 背叛( )　(30) 循行( )
(31) 完了( )　(32) 崩壞( )　(33) 乞客( )
(34) 把握( )　(35) 閏年( )　(36) 拙速( )
(37) 播種( )　(38) 糾彈( )　(39) 分辨( )
(40) 慙愧( )　(41) 隷屬( )　(42) 禁獵( )
(43) 涉獵( )　(44) 究竟( )　(45) 僅少( )

[46~72] 다음 漢字의 訓과 音을 쓰시오.

(46) 搜( )　(47) 邦( )
(48) 朔( )　(49) 吾( )
(50) 于( )　(51) 卿( )
(52) 豚( )　(53) 互( )
(54) 貪( )　(55) 替( )
(56) 幾( )　(57) 慢( )
(58) 謹( )　(59) 屛( )
(60) 播( )　(61) 禾( )
(62) 誰( )　(63) 焉( )
(64) 亥( )　(65) 酉( )
(66) 矣( )　(67) 拙( )
(68) 殉( )　(69) 杯( )
(70) 玆( )　(71) 眉( )
(72) 敍( )

[73~92] 다음의 訓音을 지닌 漢字를 쓰시오.

(73) 기울　경　　(74) 끌　제
(75) 깨끗할　결　　(76) 갈　연
(77) 한할　한　　(78) 의지할　의
(79) 독　독　　(80) 빛날　화
(81) 절　배　　(82) 줄일　축
(83) 둘　치　　(84) 베풀　선
(85) 거짓　가　　(86) 별　성
(87) 모양　양　　(88) 가릴　택
(89) 물결　파　　(90) 노래　요
(91) 의논할　의　　(92) 다할　극

[93~102] 다음 밑줄 친 漢字語를 漢字로 쓰시오.

(93) 폭설로 열차가 한 시간이나 연착되었다.
(94) 긍정적인 사고를 생활의 신조로 삼고 있다.
(95) 기업은 영리를 목적으로 운영한다.
(96) 그는 김삿갓이라는 속칭으로 잘 알려져 있다.
(97) 갑자기 시력이 떨어져 안경을 쓰게 되었다.
(98) 내일 경기에서 최종 승부가 결정될 것이다.
(99) 화재의 위험이 있어 화기는 엄금이다.
(100) 정부는 예비 식량을 마련해 놓았다.
(101) 계획은 한 치의 오차도 없이 진행되었다.
(102) 교육 후에 연고가 없는 곳으로 발령이 났다.

[103~107] 다음 單語를 괄호 속의 뜻을 유의하여 漢字로 쓰시오.

(103) 동기 (어떤 행동을 일으키게 하는 계기)

(104) 적진 (적이 모여 있는 진지나 진영)

(105) 혼전 (두 편이 어지럽게 뒤섞여서 다툼)

(106) 기골 (남다른 기풍이 있어 보이는 골격)

(107) 활황 (활기가 있는 상황)

[108~112] 다음 漢字와 의미상 反對 또는 對立되는 漢字를 넣어 漢字語를 完成하시오.

(108) 貧(　　)   (109) (　　)姪

(110) (　　)復   (111) 損(　　)

(112) (　　)農

[113~117] 다음 漢字와 뜻이 같거나 비슷한 漢字를 넣어 漢字語를 完成하시오.

(113) (　　)壓   (114) (　　)蔬

(115) 供(　　)   (116) (　　)吏

(117) (　　)沒

[118~122] 다음 漢字語와 뜻이 反對 또는 相對되는 漢字語를 漢字로 쓰시오.

(118) 齊唱 - (　　)   (119) 寄生 - (　　)

(120) 好感 - (　　)   (121) 相逢 - (　　)

(122) 創刊 - (　　)

[123~127] 다음 漢字語와 音은 같고 뜻이 다른 漢字語를 한 가지씩 쓰시오.

(123) 斜陽 - (　　)   (124) 入荷 - (　　)

(125) 叛徒 - (　　)   (126) 斜面 - (　　)

(127) 打倒 - (　　)

[128~132] 다음 빈칸에 알맞은 漢字를 넣어 漢字語를 완성하시오.

(128) 莫上莫(　　)   (129) (　　)志一貫

(130) 先後(　　)錯   (131) 臨時變(　　)

(132) 深山幽(　　)

[133~137] 다음 漢字의 부수로 맞는 것을 골라 그 번호를 쓰시오.

(133) 鹿 ①广 ②匕 ③比 ④鹿

(134) 麻 ①广 ②木 ③林 ④麻

(135) 互 ①一 ②二 ③彑 ④互

(136) 盤 ①舟 ②殳 ③皿 ④盤

(137) 興 ①一 ②八 ③臼 ④車

[138~142] 다음 漢字語 중에서 첫 글자가 長音인 것을 골라 그 번호를 쓰시오.

(138) ① 收穫　　(139) ① 愛誦
　　　② 訟事　　　　　② 殃禍

(140) ① 銳角　　(141) ① 炎暑
　　　② 瓦解　　　　　② 野性

(142) ① 腰痛
　　　② 畏敬

[143~147] 다음 漢字語의 뜻을 쓰시오.

(143) 削除 :

(144) 遵法 :

(145) 緩步 :

(146) 遲刻 :

(147) 傲慢 :

[148~150] 다음 漢字의 略字를 쓰시오.

(148) 徑 - (　　)   (149) 慘 - (　　)

(150) 擴 - (　　)

第12回 漢字能力檢定試驗 3級 예상문제

(시험시간 : 60분)

※ 이 문제는 한자능력검정시험 출제유형에 따라 출제하였습니다.

[1~45] 다음 漢字語의 讀音을 쓰시오.

(1) 混濁(　　) (2) 大幅(　　) (3) 鈍才(　　)
(4) 掛鍾(　　) (5) 搜査(　　) (6) 隨伴(　　)
(7) 妻妾(　　) (8) 飛躍(　　) (9) 廉探(　　)
(10) 平泳(　　) (11) 感淚(　　) (12) 祭享(　　)
(13) 鈍器(　　) (14) 循次(　　) (15) 龜鑑(　　)
(16) 尖銳(　　) (17) 遍在(　　) (18) 精銳(　　)
(19) 公薦(　　) (20) 謁見(　　) (21) 苗床(　　)
(22) 眉間(　　) (23) 銳角(　　) (24) 盟誓(　　)
(25) 聘問(　　) (26) 凝視(　　) (27) 詠歎(　　)
(28) 外郭(　　) (29) 塊鐵(　　) (30) 罷漏(　　)
(31) 肩骨(　　) (32) 無慘(　　) (33) 傳播(　　)
(34) 浪漫(　　) (35) 違憲(　　) (36) 梨花(　　)
(37) 憫然(　　) (38) 怠業(　　) (39) 叛起(　　)
(40) 巳時(　　) (41) 召集(　　) (42) 體臭(　　)
(43) 慘狀(　　) (44) 暴暑(　　) (45) 挑發(　　)

[46~72] 다음 漢字의 訓과 音을 쓰시오.

(46) 丸(　　) (47) 畓(　　)
(48) 聰(　　) (49) 貝(　　)
(50) 脣(　　) (51) 塊(　　)
(52) 零(　　) (53) 煩(　　)
(54) 似(　　) (55) 敦(　　)
(56) 伸(　　) (57) 丑(　　)
(58) 忌(　　) (59) 矯(　　)
(60) 弔(　　) (61) 蝶(　　)
(62) 妥(　　) (63) 姪(　　)
(64) 驅(　　) (65) 卯(　　)
(66) 坤(　　) (67) 零(　　)
(68) 岡(　　) (69) 斯(　　)
(70) 遂(　　) (71) 閱(　　)
(72) 只(　　)

[73~92] 다음의 訓音을 지닌 漢字를 쓰시오.

(73) 들을　청　　(74) 캘　채
(75) 막을　거　　(76) 있을　존
(77) 달　감　　(78) 칠　목
(79) 슬플　비　　(80) 모두　총
(81) 형벌　형　　(82) 마을　부
(83) 닦을　수　　(84) 살필　찰
(85) 밭　전　　(86) 비롯할　창
(87) 도울　호　　(88) 버금　차
(89) 도울　조　　(90) 코끼리　상
(91) 젖　유　　(92) 깊을　심

[93~102] 다음 밑줄 친 漢字語를 漢字로 쓰시오.

(93) 한동안 시차 적응에 애를 먹었다.
(94) 관객들은 열화와 같은 박수를 쳤다.
(95) 여러분의 염려 덕분에 잘 지내고 있습니다.
(96) 삼촌은 현대화된 영농으로 성공한 경우이다.
(97) 어머니는 독실한 불교 신도이다.
(98) 귀성 열차표의 예매가 시작되었다.
(99) 절대로 발설하지 말라는 엄명이 내려졌다.
(100) 인생은 짧고 예술은 길다.
(101) 경기가 회복되자 자금 사정이 넉넉해졌다.
(102) 여건이 갖추어지면 선거에 출마하기로 했다.

[103~107] 다음 單語를 괄호 속의 뜻을 유의하여 漢字로 쓰시오.

(103) 의심 (확실히 알 수 없어서 믿지 못하는 마음)

(104) 이칭 (달리 부르는 명칭)

(105) 타격 (때려 침)

(106) 난점 (곤란한 점)

(107) 비경 (경치가 빼어나게 아름다운 곳)

[108~112] 다음 漢字와 의미상 反對 또는 對立되는 漢字를 넣어 漢字語를 完成하시오.

(108) 安(　　) 　　(109) (　　)伏

(110) (　　)肉 　　(111) (　　)殺

(112) (　　)暖

[113~117] 다음 漢字와 뜻이 같거나 비슷한 漢字를 넣어 漢字語를 完成하시오.

(113) 鎭(　　) 　　(114) (　　)割

(115) (　　)拾 　　(116) (　　)藏

(117) 疾(　　)

[118~122] 다음 漢字語와 뜻이 反對 또는 相對되는 漢字語를 漢字로 쓰시오.

(118) 裏面 – (　　) 　(119) 危險 – (　　)

(120) 輕微 – (　　) 　(121) 簡單 – (　　)

(122) 槪說 – (　　)

[123~127] 다음 漢字語와 音은 같고 뜻이 다른 漢字語를 한 가지씩 쓰시오.

(123) 抽象 – (　　) 　(124) 曉星 – (　　)

(125) 傳播 – (　　) 　(126) 睡眠 – (　　)

(127) 單騎 – (　　)

[128~132] 다음 빈칸에 알맞은 漢字를 넣어 漢字語를 완성하시오.

(128) 徹天之(　　) 　(129) 積羽沈(　　)

(130) 謁聖及(　　) 　(131) (　　)鼻三尺

(132) (　　)本塞源

[133~137] 다음 漢字의 부수로 맞는 것을 골라 그 번호를 쓰시오.

(133) 畜 ①亠　②玄　③田　④畜

(134) 某 ①一　②甘　③木　④某

(135) 丸 ①丶　②丿　③乙　④丸

(136) 牙 ①一　②工　③亅　④牙

(137) 肩 ①丿　②戶　③肉　④肩

[138~142] 다음 漢字語 중에서 첫 글자가 長音인 것을 골라 그 번호를 쓰시오.

(138) ①類似　　(139) ①宜當
　　　②惟獨　　　　　②依托

(140) ①提携　　(141) ①低廉
　　　②祭享　　　　　②田畓

(142) ①造幣
　　　②租稅

[143~147] 다음 漢字語의 뜻을 쓰시오.

(143) 辛勝 :

(144) 蜂起 :

(145) 詐取 :

(146) 互換 :

(147) 殉國 :

[148~150] 다음 漢字의 略字를 쓰시오.

(148) 濕 – (　　) 　　(149) 禪 – (　　)

(150) 聰 – (　　)

第13回 漢字能力檢定試驗 3級 예상문제
(시험시간 : 60분)
※ 이 문제는 한자능력검정시험 출제유형에 따라 출제하였습니다.

[1~45] 다음 漢字語의 讀音을 쓰시오.

(1) 郡縣(　) (2) 煩多(　) (3) 互用(　)
(4) 廟堂(　) (5) 但只(　) (6) 旣望(　)
(7) 擴充(　) (8) 返信(　) (9) 廉價(　)
(10) 逮捕(　) (11) 擴散(　) (12) 遵據(　)
(13) 抄本(　) (14) 朔望(　) (15) 憤慨(　)
(16) 誓願(　) (17) 擴大(　) (18) 市販(　)
(19) 返還(　) (20) 播遷(　) (21) 詠史(　)
(22) 驅迫(　) (23) 雲霧(　) (24) 賓客(　)
(25) 飽和(　) (26) 海諒(　) (27) 吟詠(　)
(28) 竝列(　) (29) 俊傑(　) (30) 急騰(　)
(31) 亨通(　) (32) 傍祖(　) (33) 暮春(　)
(34) 配享(　) (35) 竝置(　) (36) 僅僅(　)
(37) 辨說(　) (38) 提携(　) (39) 漂泊(　)
(40) 苟且(　) (41) 求乞(　) (42) 販路(　)
(43) 遞減(　) (44) 汚水(　) (45) 散漫(　)

[46~72] 다음 漢字의 訓과 音을 쓰시오.

(46) 狗(　) (47) 嫌(　)
(48) 埋(　) (49) 尖(　)
(50) 飽(　) (51) 僅(　)
(52) 縣(　) (53) 渴(　)
(54) 牽(　) (55) 竊(　)
(56) 叫(　) (57) 茫(　)
(58) 予(　) (59) 慕(　)
(60) 慨(　) (61) 疏(　)
(62) 違(　) (63) 杯(　)
(64) 翁(　) (65) 秒(　)
(66) 鹿(　) (67) 妾(　)
(68) 于(　) (69) 隣(　)
(70) 把(　) (71) 顧(　)
(72) 惱(　)

[73~92] 다음의 訓音을 지닌 漢字를 쓰시오.

(73) 터질　폭　　(74) 총　총
(75) 영화　영　　(76) 따뜻할　난
(77) 근원　원　　(78) 부를　호
(79) 위엄　위　　(80) 막을　방
(81) 용　룡　　(82) 기후　후
(83) 맞이할　영　(84) 도둑　적
(85) 짤　조　　(86) 볼　간
(87) 구할　구　　(88) 돌　회
(89) 청할　청　　(90) 알　인
(91) 곳집　고　　(92) 사이　제

[93~102] 다음 밑줄 친 漢字語를 漢字로 쓰시오.

(93) 깊은 강 때문에 접근이 용이하지 않다.
(94) 그는 졸업 때까지 우등을 놓치지 않았다.
(95) 새 건물이 웅장한 모습을 드러냈다.
(96) 그 선수의 합류로 백만 원군을 얻은 듯하다.
(97) 자리를 뜬 그는 다행히 위기를 모면했다.
(98) 대부분의 질병은 유전적인 요소가 많다.
(99) 예약하지 않은 고객은 이용하기 어렵다.
(100) 소문으로 떠도는 사건을 은밀히 조사하였다.
(101) 아침 내내 음산하던 날씨가 말끔히 개었다.
(102) 부모에 대한 지나친 의존은 바람직하지 않다.

[103~107] 다음 單語를 괄호 속의 뜻을 유의하여 漢字로 쓰시오.

(103) 정취 (깊은 정서를 자아내는 흥취)

(104) 단락 (일이 어느 정도 다 된 끝)

(105) 심증 (마음에 받는 인상)

(106) 복귀 (본디의 자리나 상태로 되돌아감)

(107) 극단 (연극의 상연을 목적으로 결성된 단체)

[108~112] 다음 漢字와 의미상 反對 또는 對立되는 漢字를 넣어 漢字語를 完成하시오.

(108) 得(　　)　　　(109) (　　)低

(110) (　　)此　　　(111) 脫(　　)

(112) 添(　　)

[113~117] 다음 漢字와 뜻이 같거나 비슷한 漢字를 넣어 漢字語를 完成하시오.

(113) 災(　　)　　　(114) (　　)析

(115) (　　)附　　　(116) 疏(　　)

(117) (　　)獲

[118~122] 다음 漢字語와 뜻이 反對 또는 相對되는 漢字語를 漢字로 쓰시오.

(118) 點火 - (　　)　　(119) 新郎 - (　　)

(120) 好評 - (　　)　　(121) 將帥 - (　　)

(122) 與黨 - (　　)

[123~127] 다음 漢字語와 音은 같고 뜻이 다른 漢字語를 한 가지씩 쓰시오.

(123) 寢睡 - (　　)　　(124) 伸張 - (　　)

(125) 晨星 - (　　)　　(126) 紫朱 - (　　)

(127) 零細 - (　　)

[128~132] 다음 빈칸에 알맞은 漢字를 넣어 漢字語를 완성하시오.

(128) 知(　　)知己　　(129) 伯(　　)之勢

(130) 男尊女(　　)　　(131) 同(　　)相憐

(132) 兼人之(　　)

[133~137] 다음 漢字의 부수로 맞는 것을 골라 그 번호를 쓰시오.

(133) 也　① ｜　② 一　③ 乙　④ 也

(134) 于　① 一　② 二　③ 亅　④ 于

(135) 矣　① 厶　② 大　③ 矢　④ 矣

(136) 哉　① 土　② 戈　③ 口　④ 哉

(137) 兮　① 八　② 一　③ 勹　④ 兮

[138~142] 다음 漢字語 중에서 첫 글자가 長音인 것을 골라 그 번호를 쓰시오.

(138) ① 中庸　　(139) ① 陳腐
　　　② 仲兄　　　　　② 眞僞

(140) ① 總販　　(141) ① 添加
　　　② 聰明　　　　　② 債務

(142) ① 貪慾
　　　② 浸透

[143~147] 다음 漢字語의 뜻을 쓰시오.

(143) 醜聞 :

(144) 臥病 :

(145) 凍破 :

(146) 實吐 :

(147) 退却 :

[148~150] 다음 漢字의 略字를 쓰시오.

(148) 營 - (　　)　　(149) 圍 - (　　)

(150) 驅 - (　　)

第14回 漢字能力檢定試驗 3級 예상문제

(시험시간 : 60분)

※ 이 문제는 한자능력검정시험 출제유형에 따라 출제하였습니다.

[1~45] 다음 漢字語의 讀音을 쓰시오.

(1) 昭代(　　) (2) 誰何(　　) (3) 脣齒(　　)
(4) 欺罔(　　) (5) 雁行(　　) (6) 差押(　　)
(7) 赴任(　　) (8) 螢光(　　) (9) 校閱(　　)
(10) 宗廟(　　) (11) 投棄(　　) (12) 閣僚(　　)
(13) 庶民(　　) (14) 遙遠(　　) (15) 背泳(　　)
(16) 邦國(　　) (17) 昔者(　　) (18) 弓矢(　　)
(19) 醜惡(　　) (20) 漫評(　　) (21) 蔬食(　　)
(22) 妥協(　　) (23) 苗木(　　) (24) 模倣(　　)
(25) 某種(　　) (26) 頻繁(　　) (27) 醜態(　　)
(28) 抱擁(　　) (29) 牽引(　　) (30) 塊炭(　　)
(31) 庶務(　　) (32) 鹿血(　　) (33) 擴張(　　)
(34) 便宜(　　) (35) 俊秀(　　) (36) 朔風(　　)
(37) 今茲(　　) (38) 罔測(　　) (39) 乞人(　　)
(40) 飜覆(　　) (41) 楊柳(　　) (42) 軌道(　　)
(43) 晨星(　　) (44) 濫用(　　) (45) 飜譯(　　)

[46~72] 다음 漢字의 訓과 音을 쓰시오.

(46) 嘗(　　) (47) 誰(　　)
(48) 螢(　　) (49) 脣(　　)
(50) 頻(　　) (51) 拙(　　)
(52) 廟(　　) (53) 餓(　　)
(54) 泣(　　) (55) 愈(　　)
(56) 巷(　　) (57) 肩(　　)
(58) 墳(　　) (59) 戌(　　)
(60) 燥(　　) (61) 豚(　　)
(62) 云(　　) (63) 懲(　　)
(64) 兮(　　) (65) 廉(　　)
(66) 擴(　　) (67) 頗(　　)
(68) 逮(　　) (69) 涉(　　)
(70) 鳴(　　) (71) 伴(　　)
(72) 墻(　　)

[73~92] 다음의 訓音을 지닌 漢字를 쓰시오.

(73) 방해할 방 (74) 부처 불
(75) 지킬 수 (76) 칠 토
(77) 싸움 투 (78) 빽빽할 밀
(79) 가로막을 장 (80) 책 편
(81) 숨쉴 식 (82) 항상 상
(83) 버금 부 (84) 스승 사
(85) 이를 조 (86) 섞일 잡
(87) 누를 압 (88) 쌓을 적
(89) 검소할 검 (90) 거울 경
(91) 칠 벌 (92) 갚을 보

[93~102] 다음 밑줄 친 漢字語를 漢字로 쓰시오.

(93) 적극적인 해명에도 의문은 여전히 남아 있다.
(94) 부정이 드러나는 공무원은 의법 조처하겠다.
(95) 응원 소리에 운동장이 떠나갈 듯했다.
(96) 나는 주로 구내 이발소에서 이발을 한다.
(97) 광장에는 이색 행사가 벌어지고 있다.
(98) 주변 사람들의 도움을 정중히 거절했다.
(99) 세제는 표시된 적량만 넣어서 빨래를 한다.
(100) 자원봉사 활동에 참여하는 사람이 늘고 있다.
(101) 흉기를 가지고 장난하는 것은 매우 위험하다.
(102) 환경오염에 대한 자료를 수집하고 있다.

[103~107] 다음 單語를 괄호 속의 뜻을 유의하여 漢字로 쓰시오.

(103) 주지 (여러 사람이 두루 앎)

(104) 윤번 (번을 돌아가며 차례로 드는 것)

(105) 청각 (소리를 느끼는 감각)

(106) 유세 (자기 의견을 선전하며 돌아다님)

(107) 강골 (단단하고 굽히지 아니하는 기질)

[108~112] 다음 漢字와 의미상 反對 또는 對立되는 漢字를 넣어 漢字語를 完成하시오.

(108) 慶(　　)　　(109) (　　)散

(110) 屈(　　)　　(111) 浮(　　)

(112) 男(　　)

[113~117] 다음 漢字와 뜻이 같거나 비슷한 漢字를 넣어 漢字語를 完成하시오.

(113) 伸(　　)　　(114) 配(　　)

(115) 憨(　　)　　(116) 橋(　　)

(117) (　　)哲

[118~122] 다음 漢字語와 뜻이 反對 또는 相對되는 漢字語를 漢字로 쓰시오.

(118) 利益 - (　　)　　(119) 長壽 - (　　)

(120) 稚魚 - (　　)　　(121) 異性 - (　　)

(122) 上昇 - (　　)

[123~127] 다음 漢字語와 音은 같고 뜻이 다른 漢字語를 한 가지씩 쓰시오.

(123) 梨花 - (　　)　　(124) 負荷 - (　　)

(125) 燒失 - (　　)　　(126) 蛇足 - (　　)

(127) 防潮 - (　　)

[128~132] 다음 빈칸에 알맞은 漢字를 넣어 漢字語를 완성하시오.

(128) 炎涼世(　　)　　(129) 億(　　)蒼生

(130) 遲遲不(　　)　　(131) (　　)案齊眉

(132) 漸入佳(　　)

[133~137] 다음 漢字의 부수로 맞는 것을 골라 그 번호를 쓰시오.

(133) 乎　①丿　②八　③干　④十

(134) 豈　①山　②口　③豆　④豈

(135) 焉　①止　②正　③火　④焉

(136) 丘　①丿　②一　③二　④丘

(137) 夷　①一　②弓　③大　④夷

[138~142] 다음 漢字語 중에서 첫 글자가 長音인 것을 골라 그 번호를 쓰시오.

(138) ① 透徹　　(139) ① 該當
　　　② 吐露　　　　② 旱害

(140) ① 破裂　　(141) ① 享有
　　　② 頗多　　　　② 香臭

(142) ① 漂流
　　　② 廢家

[143~147] 다음 漢字語의 뜻을 쓰시오.

(143) 騷亂 :

(144) 召集 :

(145) 違約 :

(146) 添削 :

(147) 濫用 :

[148~150] 다음 漢字의 略字를 쓰시오.

(148) 鹽 - (　　)　　(149) 亞 - (　　)

(150) 壤 - (　　)

第15回 漢字能力檢定試驗 3級 예상문제
(시험시간 : 60분)
※ 이 문제는 한자능력검정시험 출제유형에 따라 출제하였습니다.

[1~45] 다음 漢字語의 讀音을 쓰시오.

(1) 稚拙(　　) (2) 補佐(　　) (3) 泣血(　　)
(4) 交隣(　　) (5) 爵祿(　　) (6) 濁水(　　)
(7) 虛誕(　　) (8) 總販(　　) (9) 鴻毛(　　)
(10) 一躍(　　) (11) 謹弔(　　) (12) 了解(　　)
(13) 秒針(　　) (14) 完遂(　　) (15) 抱負(　　)
(16) 嫌疑(　　) (17) 毁損(　　) (18) 煩雜(　　)
(19) 却說(　　) (20) 吟味(　　) (21) 零度(　　)
(22) 避暑(　　) (23) 古墳(　　) (24) 爵位(　　)
(25) 拙作(　　) (26) 募集(　　) (27) 聯邦(　　)
(28) 遂行(　　) (29) 弔鍾(　　) (30) 迷兒(　　)
(31) 抽象(　　) (32) 貨幣(　　) (33) 貴賓(　　)
(34) 滿了(　　) (35) 包攝(　　) (36) 方舟(　　)
(37) 弔旗(　　) (38) 埋藏(　　) (39) 飽食(　　)
(40) 屛風(　　) (41) 鴻志(　　) (42) 懸隔(　　)
(43) 午睡(　　) (44) 寢睡(　　) (45) 庶人(　　)

[46~72] 다음 漢字의 訓과 音을 쓰시오.

(46) 矣(　　) (47) 蔽(　　)
(48) 斤(　　) (49) 梨(　　)
(50) 抽(　　) (51) 倣(　　)
(52) 朋(　　) (53) 殉(　　)
(54) 昔(　　) (55) 矢(　　)
(56) 吾(　　) (57) 抄(　　)
(58) 罷(　　) (59) 絃(　　)
(60) 貝(　　) (61) 捨(　　)
(62) 憫(　　) (63) 迷(　　)
(64) 夷(　　) (65) 哉(　　)
(66) 似(　　) (67) 岳(　　)
(68) 昏(　　) (69) 丸(　　)
(70) 贈(　　) (71) 旣(　　)
(72) 昭(　　)

[73~92] 다음의 訓音을 지닌 漢字를 쓰시오.

(73) 붉을　주　　(74) 휘장　장
(75) 어질　인　　(76) 남을　잔
(77) 비평할　비　(78) 높을　숭
(79) 한가할　한　(80) 층계　단
(81) 곤할　곤　　(82) 사례할　사
(83) 책　권　　　(84) 이끌　도
(85) 며느리　부　(86) 끌　연
(87) 대　대　　　(88) 바꿀　경
(89) 흩어질　산　(90) 벼슬　직
(91) 가난할　빈　(92) 격할　격

[93~102] 다음 밑줄 친 漢字語를 漢字로 쓰시오.

(93) 청동 조각이 아름다운 자태를 뽐내고 있었다.
(94) 그가 한 행동이 뜻밖의 결과를 초래하였다.
(95) 온갖 잡념으로 머릿속이 복잡하다.
(96) 이의가 없으면 가결된 것으로 하겠습니다.
(97) 만약의 사고에 대한 안전장치를 갖추었다.
(98) 어릴 적 추리 소설의 재미에 빠지기도 했다.
(99) 매사에 적극적인 그에게는 영업이 적격이다.
(100) 연초부터 공공요금이 줄줄이 인상된다.
(101) 새로 부임한 시장이 취임 연설을 했다.
(102) 낚시가 취미인 나는 주말마다 낚시를 간다.

[103~107] 다음 單語를 괄호 속의 뜻을 유의하여 漢字로 쓰시오.

(103) 침범 (남의 영토나 권리 따위에 해를 끼침)

(104) 중상 (아주 심하게 다침. 또는 그런 부상)

(105) 모사 (사물을 형체 그대로 그림)

(106) 기원 (사물이 처음으로 생김)

(107) 이전 (장소나 주소 따위를 다른 데로 옮김)

[108~112] 다음 漢字와 의미상 反對 또는 對立되는 漢字를 넣어 漢字語를 完成하시오.

(108) 斷(　　)　　　(109) 優(　　)

(110) 存(　　)　　　(111) 盛(　　)

(112) (　　)假

[113~117] 다음 漢字와 뜻이 같거나 비슷한 漢字를 넣어 漢字語를 完成하시오.

(113) 背(　　)　　　(114) 崩(　　)

(115) 詐(　　)　　　(116) 壽(　　)

(117) (　　)積

[118~122] 다음 漢字語와 뜻이 反對 또는 相對되는 漢字語를 漢字로 쓰시오.

(118) 解散 – (　　)　　(119) 質問 – (　　)

(120) 簡便 – (　　)　　(121) 外戚 – (　　)

(122) 强點 – (　　)

[123~127] 다음 漢字語와 음은 같고 뜻이 다른 漢字語를 한 가지씩 쓰시오.

(123) 移替 – (　　)　　(124) 匹敵 – (　　)

(125) 互換 – (　　)　　(126) 遷都 – (　　)

(127) 享壽 – (　　)

[128~132] 다음 빈칸에 알맞은 漢字를 넣어 漢字語를 완성하시오.

(128) 四分五(　　)　　(129) 內憂外(　　)

(130) (　　)益人間　　(131) 克己復(　　)

(132) 神出鬼(　　)

[133~137] 다음 漢字의 부수로 맞는 것을 골라 그 번호를 쓰시오.

(133) 冒 ①日　②曰　③冖　④門

(134) 玆 ①艸　②玄　③幺　④玆

(135) 云 ①一　②二　③厶　④云

(136) 旣 ①白　②匕　③无　④旣

(137) 厄 ①一　②厂　③巳　④厄

[138~142] 다음 漢字語 중에서 첫 글자가 長音인 것을 골라 그 번호를 쓰시오.

(138) ① 街販　　　(139) ① 他薦
　　　② 架空　　　　　 ② 墮落

(140) ① 冥福　　　(141) ① 强奪
　　　② 處暑　　　　　 ② 强硬

(142) ① 罷職
　　　② 派遣

[143~147] 다음 漢字語의 뜻을 쓰시오.

(143) 僞證 :

(144) 漏落 :

(145) 飢寒 :

(146) 別添 :

(147) 渡河 :

[148~150] 다음 漢字의 略字를 쓰시오.

(148) 巖 – (　　)　　(149) 戀 – (　　)

(150) 淨 – (　　)

模範答案 － 3級

제 1 회

1. 참변　2. 순음　3. 총기　4. 축객　5. 축시
6. 필경　7. 신첩　8. 투철　9. 도료　10. 주재
11. 성곽　12. 오물　13. 압수　14. 번의　15. 뇌성
16. 만방　17. 호발　18. 불민　19. 해박　20. 액화
21. 쾌도　22. 첨탑　23. 열등　24. 근사　25. 묘시
26. 첨가　27. 보폭　28. 약동　29. 징벌　30. 양해
31. 죄수　32. 타천　33. 추출　34. 수료　35. 근엄
36. 해당　37. 숙질　38. 고사　39. 수양　40. 백미
41. 남발　42. 추행　43. 축출　44. 순환　45. 등귀
46. 이미 기　47. 돋울 도　48. 나란히 병　49. 부를 빙
50. 쪼갤 석, 가를 석　51. 욀 송　52. 종 례　53. 사당 묘　54. 속일 기　55. 마땅 의　56. 집 헌, 마루 헌　57. 점 복　58. 화폐 폐, 폐백 폐　59. 꿀 밀　60. 물방울 적　61. 개 술　62. 살펴알 량　63. 형통할 형　64. 새벽 신　65. 맡길 탁　66. 훔칠 절　67. 오를 등　68. 속일 사　69. 어찌 내　70. 눈물 루　71. 덮을 폐, 가릴 폐　72. 떠들 소

73. 裝　74. 與　75. 危　76. 未　77. 圍
78. 座　79. 罰　80. 經　81. 如　82. 志
83. 豫　84. 舌　85. 稅　86. 缺　87. 試
88. 眞　89. 盛　90. 權　91. 穀　92. 宮
93. 專擔　94. 推測　95. 感激　96. 指針　97. 情況
98. 敢行　99. 強盜　100. 降等　101. 珍貴　102. 差額
103. 批判　104. 崇高　105. 評決　106. 新婚　107. 採算
108. 受　109. 迎　110. 深　111. 愚　112. 愛
113. 皮, 改　114. 價　115. 得　116. 張, 大, 充 散
117. 介　118. 起床　119. 小人　120. 治世　121. 落榜
122. 榮譽　123. 投手　124. 無想, 無上, 無常　125. 種苗
126. 決然　127. 草綠　128. 初　129. 否　130. 生
131. 絶　132. 病　133. ③　134. ④　135. ①
136. ④　137. ③　138. ②　139. ①　140. ②
141. ①　142. ①　143. 여러 차례.　144. 추위 때문에 살갗이 얼어서 조직이 상하는 일.　145. 서류 따위를 따로 덧붙임.　146. 논밭에 곡식의 씨앗을 뿌리는 일.　147. 권리를 스스로 포기하고 행사하지 아니함.　148. 剣　149. 寿　150. 慎

제 2 회

1. 우방　2. 녹읍　3. 기왕　4. 파견　5. 축차
6. 열람　7. 위배　8. 초록　9. 분규　10. 계류
11. 파면　12. 향취　13. 파시　14. 기한　15. 구육
16. 파장　17. 교체　18. 재앙　19. 애련　20. 둔영
21. 동료　22. 기존　23. 한재　24. 위반　25. 알묘
26. 읍소　27. 동요　28. 순직　29. 추천　30. 분초
31. 귀갑　32. 복채　33. 반납　34. 공모　35. 망극
36. 견우　37. 파다　38. 이체　39. 개탄　40. 한해
41. 탄환　42. 사취　43. 보편　44. 영민　45. 필수
46. 기러기 홍　47. 미혹할 미　48. 여러 루　49. 폭 폭
50. 사슴 록　51. 모 묘　52. 무너질 붕　53. 기러기 안
54. 어조사 호　55. 엉길 응　56. 겨우 근　57. 거리 항
58. 별 경　59. 저물 모　60. 뾰족할 첨　61. 갈릴 체
62. 어조사 혜　63. 맬 계　64. 될 도　65. 돌 순　66. 징계할 징　67. 또 우　68. 팔 판　69. 떠다닐 표　70. 가는털 호　71. 주릴 아　72. 재앙 앙

73. 黨　74. 骨　75. 帝　76. 革　77. 進
78. 送　79. 侵　80. 康　81. 背　82. 努
83. 券　84. 差　85. 絲　86. 慰　87. 趣
88. 究　89. 況　90. 煙　91. 限　92. 標
93. 重複　94. 激烈　95. 困難　96. 擊破　97. 堅固
98. 缺損　99. 救援　100. 境遇　101. 傾注　102. 考慮
103. 持續　104. 遊學　105. 保管　106. 紀功　107. 簡潔
108. 野　109. 出　110. 親　111. 首　112. 哀
113. 皮　114. 厚, 篤　115. 微, 率, 薄, 妄　116. 信, 依
117. 禍, 災　118. 出勤　119. 正道　120. 引受　121. 差等
122. 轉出　123. 方面　124. 重用　125. 隨意, 壽衣, 遂意, 獸醫, 繡衣, 愁意　126. 轉派, 全破, 電波　127. 當到
128. 待　129. 婦　130. 緯　131. 優　132. 無
133. ④　134. ②　135. ②　136. ③　137. ④
138. ②　139. ①　140. ①　141. ①　142. ②
143. 약속이나 계약을 어김.　144. 화를 면함.　145. 곁에서 보기만 함.　146. 가뭄으로 인하여 입은 재해.　147. 늘고 줆. 또는 늘이고 줄임.
148. 楼　149. 浅　150. 沢

模範答案 - 3級

제3회

1. 필적 2. 신장 3. 향락 4. 배필 5. 망각
6. 등촉 7. 간흉 8. 졸렬 9. 주식 10. 소채
11. 미추 12. 교정 13. 향유 14. 옹립 15. 총명
16. 해구 17. 양지 18. 방자 19. 침략 20. 오호
21. 반품 22. 순교 23. 궐자 24. 독작 25. 증폭
26. 회포 27. 누대 28. 모멸 29. 우심 30. 기약
31. 호혜 32. 빈발 33. 노예 34. 쾌의 35. 사유
36. 타결 37. 낙루 38. 소객 39. 금괴 40. 혐오
41. 누차 42. 참패 43. 기갈 44. 환약 45. 구존
46. 제후 후 47. 빛날 휘 48. 물리칠 척 49. 마칠 파
50. 가로 왈 51. 흔들 요 52. 즐길 긍 53. 너 여 54. 이에 내 55. 뛸 약 56. 오직 유 57. 마를 고 58. 벼슬 작 59. 또 차 60. 나 여 61. 다 개 62. 이끌 견 63. 버릴 기 64. 더울 서 65. 비록 수 66. 참혹할 참 67. 둑 제 68. 베개 침 69. 함께 구 70. 바퀴자국 궤 71. 더할 첨 72. 자주 빈

73. 映 74. 避 75. 持 76. 尊 77. 單
78. 徒 79. 好 80. 確 81. 損 82. 暗
83. 柳 84. 君 85. 條 86. 層 87. 係
88. 難 89. 竹 90. 胞 91. 紅 92. 肉
93. 繼續 94. 甘受 95. 過讚 96. 骨格 97. 果敢
98. 激憤 99. 觀覽 100. 構圖 101. 缺點 102. 屈折
103. 脫退 104. 警戒 105. 逃亡 106. 貧窮 107. 歡待
108. 縮 109. 婦,妻 110. 暗 111. 否 112. 非
113. 歸,返 114. 鍊,練,習 115. 安 116. 澤
117. 鐵 118. 厚情 119. 減額 120. 應答,答辯
121. 安全 122. 解止 123. 位階,危計 124. 送迎
125. 作爲 126. 天桃,天道 127. 誤記,五氣
128. 馬 129. 腹 130. 省 131. 救 132. 桃
133. ④ 134. ③ 135. ① 136. ② 137. ③
138. ② 139. ② 140. ① 141. ① 142. ②
143. 도로 바침. 또는 도로 돌려줌. 144. 알을 품어 따뜻하게 하는 일. 145. 여럿 가운데에서 특별히 뛰어남. 146. 까마득히 멀다. 147. 돼지를 먹여 기름.
148. 獸 149. 縱 150. 台

제4회

1. 회사 2. 병칭 3. 유시 4. 심방 5. 용재
6. 궤적 7. 차치 8. 운운 9. 서약 10. 소동
11. 선린 12. 중용 13. 남독 14. 혼인 15. 접영
16. 예민 17. 첨병 18. 청렴 19. 돈독 20. 파직
21. 오등 22. 모씨 23. 여량 24. 방청 25. 사기
26. 판촉 27. 수긍 28. 폐기 29. 구제 30. 인시
31. 괘념 32. 둔병 33. 해시 34. 건배 35. 질부
36. 판매 37. 배척 38. 소첩 39. 기민 40. 방조
41. 용렬 42. 휘호 43. 여망 44. 초속 45. 도색
46. 밝을 소 47. 예 석 48. 볼 열 49. 가둘 수 50. 마를 조 51. 혼인 인 52. 잡을 착 53. 누를 압 54. 말이을 이 55. 넓힐 확 56. 클 홍 57. 청렴할 렴 58. 돌이킬 반 59. 누구 숙 60. 새벽 효 61. 들 교 62. 추할 추 63. 냄새 취 64. 누울 와 65. 꺼릴 기 66. 어찌 기 67. 노략질할 략 68. 민망할 민 69. 다다를 부 70. 버릴 사 71. 건널 섭 72. 늙은이 옹

73. 聖 74. 詩 75. 或 76. 授 77. 織
78. 珍 79. 故 80. 受 81. 治 82. 勸
83. 吸 84. 將 85. 犬 86. 設 87. 羊
88. 房 89. 圓 90. 備 91. 應 92. 納
93. 座席 94. 周圍 95. 屈伏 96. 構築 97. 歸國
98. 勤勉 99. 規模 100. 均一 101. 極秘 102. 氣象
103. 延命 104. 顯著 105. 潮流 106. 強辯 107. 交遊
108. 悲,怒 109. 來,復 110. 眞 111. 易 112. 福
113. 抗 114. 柳 115. 相 116. 還 117. 帳
118. 尊稱 119. 散文 120. 實像 121. 國弓
122. 會合,相逢 123. 不到,附圖,浮屠,婦道
124. 斷指,團地,短枝,段地,短智 125. 陽地 126. 東海
127. 祝辭,畜舍 128. 逆 129. 似 130. 退
131. 變 132. 過 133. ① 134. ③ 135. ①
136. ② 137. ① 138. ② 139. ② 140. ①
141. ② 142. ① 143. 어떤 물건을 속일 목적으로 꾸며 진짜처럼 만듦. 144. 냄새를 빼어 없앰. 145. 익은 농작물을 거두어들임. 146. 서로 모양이 비슷함. 147. 더럽고 지저분한 태도나 짓.
148. 觸 149. 譽 150. 贊

模範答案 - 3級

제 5 회

1. 응결 2. 매립 3. 괴색 4. 작정 5. 타락
6. 횡액 7. 응축 8. 요동 9. 액운 10. 오락
11. 섭리 12. 외우 13. 혼절 14. 교만 15. 헌등
16. 서술 17. 오욕 18. 비참 19. 반도 20. 폐백
21. 약탈 22. 도탄 23. 고뇌 24. 괴근 25. 항간
26. 열상 27. 함지 28. 졸저 29. 일고 30. 추신
31. 갈망 32. 파기 33. 근교 34. 남획 35. 통촉
36. 응고 37. 앙화 38. 구축 39. 신축 40. 창달
41. 연민 42. 비등 43. 외빈 44. 붕우 45. 둔화
46. 씻을 탁 47. 짝 필 48. 간음할 간 49. 못할 렬 50. 나물 소 51. 첩 첩 52. 잡을 파 53. 얽힐 규 54. 싫어할 혐 55. 모을 모 56. 빌 걸 57. 찾을 심 58. 슬플 오 59. 울 읍 60. 날 근 61. 안개 무 62. 모름지기 수 63. 자못 파 64. 촛불 촉 65. 외성 곽 66. 줄 사 67. 아무 모 68. 짝 반 69. 어 사 야 70. 배리 71. 큰산 악 72. 배반할 반

73. 私 74. 禁 75. 寢 76. 統 77. 環
78. 辯 79. 錢 80. 壁 81. 範 82. 派
83. 是 84. 斷 85. 險 86. 起 87. 靜
88. 港 89. 蓄 90. 航 91. 收 92. 餘
93. 歸省 94. 金屬 95. 待機 96. 奇妙 97. 感歎
98. 整備 99. 極讚 100. 盜賊 101. 賣盡 102. 屈曲
103. 痛恨 104. 簡素 105. 分離 106. 尊嚴 107. 源流
108. 惡 109. 喜 110. 此, 我 111. 柔 112. 攻
113. 長, 永 114. 依, 信 115. 患, 愁 116. 愛 117. 音
118. 閉幕 119. 退職, 失職 120. 臣下 121. 不況
122. 失權 123. 同異 124. 期日, 幾日 125. 難字, 卵子 126. 胃腸 127. 各設 128. 行 129. 自
130. 風 131. 婚 132. 場 133. ④ 134. ③
135. ④ 136. ① 137. ③ 138. ② 139. ①
140. ② 141. ② 142. ② 143. 도읍을 옮김.
144. 묻어서 감춤. 145. 초목의 눈이 틈. 146. 머리털을 깎음. 147. 제멋대로 해 나감.
148. 醉 149. 鎭 150. 靈

제 6 회

1. 추문 2. 수훈 3. 수확 4. 명복 5. 번안
6. 예서 7. 귀안 8. 천애 9. 번뇌 10. 모년
11. 세모 12. 신승 13. 훼절 14. 청탁 15. 촉누
16. 오점 17. 탁족 18. 응집 19. 금기 20. 증여
21. 굴신 22. 구보 23. 탄신 24. 빙례 25. 추호
26. 생견 27. 단호 28. 종묘 29. 붕어 30. 밀렵
31. 쾌청 32. 소음 33. 우열 34. 방계 35. 준수
36. 지각 37. 아사 38. 준법 39. 척후 40. 근수
41. 척사 42. 해금 43. 암송 44. 경방 45. 섭생
46. 조 속 47. 줄 현 48. 방자할 자 49. 액 액 50. 안을 포 51. 부끄러울 괴 52. 넘칠 람 53. 맛볼 상 54. 주릴 기 55. 벌 봉 56. 재상 재 57. 갤 청 58. 비단 견 59. 뱀 사 60. 나 여 61. 이끌 휴 62. 읊을 음 63. 어조사 재 64. 화창할 창 65. 오랑캐 이 66. 동료 료 67. 맹세할 서 68. 도울 좌 69. 배 주 70. 묻을 매 71. 두려워할 구 72. 본뜰 방

73. 鄕 74. 簡 75. 香 76. 顯 77. 暴
78. 增 79. 票 80. 走 81. 離 82. 準
83. 測 84. 退 85. 群 86. 容 87. 堅
88. 衛 89. 歸 90. 秘 91. 姉 92. 氏
93. 機智 94. 急派 95. 端裝 96. 亂舞 97. 模樣
98. 範圍 99. 奇異 100. 普通 101. 終點 102. 兵營
103. 豫斷 104. 稱頌 105. 例證 106. 粉筆 107. 持參
108. 閉 109. 樂 110. 弟 111. 納, 入 112. 明
113. 沈 114. 包 115. 捉, 獲 116. 傑 117. 山
118. 永久 119. 歡待 120. 確信 121. 開會 122. 是認
123. 新築, 辛丑 124. 脫臭 125. 同異 126. 眞否
127. 要員, 遼遠 128. 觀 129. 寒 130. 莫
131. 肥 132. 若 133. ③ 134. ③ 135. ④
136. ③ 137. ① 138. ① 139. ② 140. ②
141. ① 142. ② 143. 간절히 바람. 144. 남의 이름을 빌려 씀. 145. 어리석고 둔함. 146. 규칙, 명령 따위를 그대로 좇아서 지킴. 147. 갑자기 정신을 잃고 쓰러짐.
148. 齊 149. 屬 150. 廢

模範答案 - 3級

제7회

1. 도전 2. 하사 3. 호선 4. 포환 5. 교정
6. 심상 7. 고갈 8. 첨단 9. 판금 10. 송시
11. 송영 12. 표절 13. 밀봉 14. 응모 15. 담박
16. 교섭 17. 모욕 18. 북위 19. 기피 20. 망각
21. 모반 22. 영가 23. 동반 24. 제방 25. 절규
26. 지폐 27. 천거 28. 은폐 29. 방관 30. 위독
31. 병행 32. 열세 33. 징계 34. 긍정 35. 기결
36. 검열 37. 인척 38. 태만 39. 마필 40. 유창
41. 위약 42. 걸식 43. 분묘 44. 소란 45. 양돈
46. 다만 지 47. 잊을 망 48. 분초 초 49. 떳떳할 용 50. 민첩할 민 51. 더욱 우 52. 천간 무 53. 반딧불 형 54. 헐 훼 55. 도타울 독 56. 진칠 둔 57. 칠할 도 58. 분별할 변 59. 상서 상 60. 여러 서 61. 마침내 경 62. 어긋날 위 63. 부끄러울 참 64. 준걸 준 65. 흐릴 탁 66. 줄 증 67. 다스릴 섭 68. 물가 애 69. 거만할 오 70. 고을 현 71. 돌아볼 고 72. 번역할 번

73. 築 74. 誠 75. 據 76. 判 77. 往
78. 液 79. 鳥 80. 郵 81. 驗 82. 稱
83. 姿 84. 處 85. 非 86. 至 87. 傑
88. 遊 89. 檀 90. 陰 91. 否 92. 異
93. 機密 94. 目標 95. 妙手 96. 無妨 97. 條件
98. 徒步 99. 奇行 100. 保存 101. 私見 102. 散華
103. 激讚 104. 悲歡 105. 變更 106. 粉乳 107. 確證
108. 辱 109. 支 110. 靜 111. 淺 112. 揚
113. 災 114. 依 115. 耐 116. 樂 117. 禍
118. 保守 119. 出勤 120. 失點 121. 長篇 122. 同議
123. 送辭, 頌辭 124. 見本 125. 姿色, 自色
126. 單純 127. 投射, 鬪士 128. 腹 129. 根
130. 常 131. 維 132. 流 133. ④ 134. ②
135. ④ 136. ② 137. ④ 138. ① 139. ②
140. ② 141. ① 142. ① 143. 널리 퍼져 있음.
144. 값을 받고 다른 사람에게 넘김. 145. 여러 해.
146. 매우 중대함. 147. 어떤 일이나 현상이 자주 일어남. 148. 惱 149. 払 150. 曉

제8회

1. 기아 2. 영준 3. 준재 4. 침목 5. 교외
6. 혼미 7. 상궤 8. 간신 9. 관료 10. 외경
11. 자만 12. 우선 13. 세탁 14. 근봉 15. 탐욕
16. 파업 17. 표류 18. 고문 19. 내빈 20. 압송
21. 위법 22. 대체 23. 사술 24. 빈도 25. 향수
26. 속미 27. 병설 28. 방증 29. 녹각 30. 수의
31. 절도 32. 상호 33. 여론 34. 오명 35. 수모
36. 호말 37. 동헌 38. 홍도 39. 우둔 40. 반란
41. 매각 42. 빙장 43. 허기 44. 모금 45. 수영
46. 어두울 혼 47. 없을 망 48. 더러울 오 49. 물리칠 각 50. 벗 붕 51. 이 사 52. 어조사 야 53. 낄 옹 54. 뽑을 초 55. 뽑을 추 56. 날카로울 예 57. 윤달 윤 58. 어찌 해 59. 읊을 영 60. 범 인 61. 보낼 견 62. 둔할 둔 63. 이웃 린 64. 갈 서 65. 술부을 작 66. 불쌍히여길 련 67. 부르짖을 규 68. 흩어질 만 69. 생각할 유 70. 거둘 확 71. 누릴 향 72. 마칠 료

73. 律 74. 潮 75. 暇 76. 頌 77. 論
78. 干 79. 留 80. 官 81. 寺 82. 奇
83. 列 84. 制 85. 適 86. 敵 87. 殺
88. 核 89. 態 90. 覽 91. 糧 92. 均
93. 複道 94. 本錢 95. 妨害 96. 負擔 97. 否認
98. 保證 99. 秘方 100. 得點 101. 宣傳 102. 悲鳴
103. 優良 104. 歸家 105. 損傷 106. 歡迎 107. 激變
108. 私 109. 君 110. 減 111. 淸 112. 勝
113. 細 114. 悟, 醒 115. 閣, 亭, 臺
116. 了, 末 117. 報 118. 公席 119. 浮上, 隆起
120. 卷末 121. 需要 122. 悲劇 123. 船員, 仙院
124. 道理, 都吏, 道里 125. 動態 126. 童謠 127. 申告, 新古 128. 末 129. 新 130. 安 131. 遷
132. 笑 133. ① 134. ④ 135. ③ 136. ③
137. ④ 138. ② 139. ① 140. ② 141. ②
142. ② 143. 허리나 엉덩이 부위가 아픈 증상.
144. 세균 따위의 미생물을 죽임. 145. 안개가 걷히듯 흩어져 없어짐. 146. 물건을 먼저 받거나 일을 모두 마친 뒤에 돈을 치름. 147. 서로 비슷함.
148. 燒 149. 並 150. 螢

模範答案 - 3級

제 9 회

1. 주악 2. 모처 3. 고배 4. 인근 5. 인접
6. 황혼 7. 의탁 8. 수인 9. 누년 10. 악취
11. 와병 12. 탄생 13. 국빈 14. 알성 15. 독실
16. 각축 17. 도약 18. 복술 19. 비위 20. 기중
21. 채소 22. 조의 23. 오기 24. 수색 25. 퇴각
26. 포만 27. 순장 28. 직파 29. 기일 30. 방기
31. 기권 32. 미혹 33. 효성 34. 참작 35. 약진
36. 열독 37. 증직 38. 쾌재 39. 호환 40. 사칭
41. 미목 42. 폐물 43. 약취 44. 수면 45. 찰나
46. 머무를 박 47. 바로잡을 정 48. 벨 알 49. 잡을 체 50. 아득할 망 51. 떨어질 타 52. 목마를 갈 53. 매울 신 54. 수레 여 55. 그 궐 56. 가물 한 57. 천간 계 58. 어두울 명 59. 벼 도 60. 버들 양 61. 즐길 오 62. 걸 괘 63. 허리 요 64. 두루 편 65. 어깨 견 66. 바쁠 망 67. 헤엄칠 영 68. 씨 위 69. 나을 유 70. 천거할 천 71. 손 빈 72. 어찌 나
73. 彈 74. 步 75. 城 76. 整 77. 誌
78. 督 79. 器 80. 銅 81. 輪 82. 取
83. 眼 84. 妙 85. 周 86. 脫 87. 折
88. 辭 89. 造 90. 擊 91. 婚 92. 委
93. 起伏 94. 傷處 95. 模範 96. 宣言 97. 先烈
98. 損害 99. 盛況 100. 選擇 101. 省墓 102. 聲優
103. 安易 104. 伐採 105. 密閉 106. 痛歎 107. 險地
108. 圓 109. 卑 110. 賤 111. 異 112. 鄕
113. 越 114. 諾, 可, 與 115. 固
116. 略, 策, 議 117. 序 118. 薄待 119. 退任
120. 必然 121. 單線 122. 槪論 123. 代書, 大書, 代序, 代署 124. 投機, 鬪技, 妬忌 125. 造花, 造化, 調和, 彫花, 遭禍 126. 到着, 倒着 127. 近思, 勤仕, 近事
128. 差 129. 飾 130. 含 131. 計 132. 客
133. ③ 134. ③ 135. ④ 136. ① 137. ③
138. ① 139. ① 140. ② 141. ② 142. ②
143. 다른 사람의 뒤를 몰래 밟음. 144. 배부르게 먹음. 145. 도로 돌려보냄. 146. 나무나 풀 따위가 말라죽음. 147. 어떠한 곳.
148. 隱 149. 遅 150. 択

제 10 회

1. 탄강 2. 동이 3. 윤월 4. 균열 5. 자천
6. 별첨 7. 항설 8. 밀월 9. 탁음 10. 돈육
11. 봉기 12. 향년 13. 첨부 14. 자행 15. 사계
16. 사문 17. 질녀 18. 분석 19. 목침 20. 산악
21. 기각 22. 탁류 23. 유독 24. 유사 25. 곤전
26. 송독 27. 타당 28. 봉분 29. 참극 30. 의당
31. 배알 32. 매몰 33. 과민 34. 민활 35. 둔감
36. 모두 37. 애송 38. 열악 39. 파지 40. 위도
41. 현감 42. 현령 43. 변상 44. 예리 45. 규합
46. 번뇌할 뇌 47. 업신여길 모 48. 졸음 수 49. 두려워할 외 50. 더딜지 51. 배부를 포 52. 갖출 해 53. 진실로 구 54. 좇을 준 55. 드디어 수 56. 슬퍼할 개 57. 땅 곤 58. 무릅쓸 모 59. 곁 방 60. 부를 소 61. 무덤 분 62. 쫓을 축 63. 이를 운 64. 낳을 탄 65. 화살 시 66. 담 장 67. 사냥 렵 68. 거북 귀 69. 어조사 어 70. 다 함 71. 멀 요 72. 개 구
73. 營 74. 系 75. 儀 76. 蟲 77. 疲
78. 希 79. 怨 80. 戶 81. 講 82. 義
83. 嚴 84. 低 85. 惠 86. 鷄 87. 俗
88. 境 89. 戒 90. 指 91. 亂 92. 盜
93. 機會 94. 先占 95. 所持 96. 深慮 97. 死鬪
98. 秀麗 99. 手術 100. 肅然 101. 安否 102. 視覺
103. 優位 104. 證據 105. 精華 106. 因緣 107. 姿勢
108. 防, 守 109. 皮 110. 裏 111. 罰 112. 勝
113. 墓 114. 貌, 態 115. 傾 116. 盛, 多, 茂
117. 作, 述, 明 118. 輸入 119. 離婚 120. 結審
121. 尊貴 122. 舊刊 123. 祖上, 彫像, 朝霜, 早霜 124. 頭部 125. 古文, 叩門, 高門, 拷問, 高聞, 高文 126. 靈物, 英物 127. 樓臺, 累代
128. 全 129. 拜 130. 同 131. 苦 132. 牛
133. ④ 134. ① 135. ③ 136. ③ 137. ①
138. ② 139. ② 140. ① 141. ① 142. ②
143. 흔들리어 움직임. 144. 버려 두어 거친 들판. 145. 늦가을. 146. 열심히 하려는 마음이 없고 게으름. 147. 남의 이름을 빌림.
148. 亀 149. 偽 150. 屡

模範答案 – 3級

제 11 회

1. 휴대 2. 경위 3. 유영 4. 급서 5. 옹호
6. 반송 7. 미신 8. 미로 9. 변별 10. 변증
11. 규명 12. 지연 13. 첨삭 14. 서경 15. 섭취
16. 길상 17. 상운 18. 민감 19. 애재 20. 순국
21. 개정 22. 수정 23. 거개 24. 제후 25. 노폭
26. 대작 27. 서거 28. 갈수 29. 배반 30. 순행
31. 완료 32. 붕괴 33. 걸객 34. 파악 35. 윤년
36. 졸속 37. 파종 38. 규탄 39. 분변 40. 참괴
41. 예속 42. 금렵 43. 섭렵 44. 구경 45. 근소
46. 찾을 수 47. 나라 방 48. 초하루 삭 49. 나 오
50. 어조사 우 51. 벼슬 경 52. 돼지 돈 53. 로 호
54. 탐낼 탐 55. 바꿀 체 56. 몇 기 57. 거만할 만
58. 삼갈 근 59. 병풍 병 60. 뿌릴 파 61. 벼 화 62. 누구 수 63. 어찌 언 64. 돼지 해 65. 닭 유 66. 어조사 의 67. 졸할 졸 68. 따를 순 69. 잔 배
70. 이 자 71. 눈썹 미 72. 펼 서
73. 傾 74. 提 75. 潔 76. 硏 77. 恨
78. 依 79. 毒 80. 華 81. 拜 82. 縮
83. 置 84. 宣 85. 假 86. 星 87. 樣
88. 擇 89. 波 90. 謠 91. 議 92. 極
93. 延着 94. 信條 95. 營利 96. 俗稱 97. 眼鏡
98. 勝負 99. 嚴禁 100. 豫備 101. 誤差 102. 緣故
103. 動機 104. 敵陣 105. 混戰 106. 奇骨 107. 活況
108. 富 109. 叔 110. 往 111. 益 112. 都
113. 抑, 鎭 114. 菜 115. 與, 給 116. 官 117. 沈, 潛
118. 獨唱 119. 共生 120. 反感 121. 離別 122. 廢刊
123. 辭讓, 飼養 124. 立夏 125. 半島, 蟠桃, 半途
126. 四面, 辭免 127. 他道 128. 下 129. 初
130. 倒 131. 通 132. 谷 133. ④ 134. ④
135. ② 136. ③ 137. ④ 138. ② 139. ①
140. ① 141. ② 142. ② 143. 깎아서 없앰. 지워 버림. 144. 법률이나 규칙을 좇아 지킴. 145. 천천히 걸음. 또는 느린 걸음. 146. 정해진 시각보다 늦게 출근하거나 등교함. 147. 태도나 행동이 건방지거나 거만함.
148. 径 149. 惨 150. 拡

제 12 회

1. 혼탁 2. 대폭 3. 둔재 4. 괘종 5. 수사
6. 수반 7. 처첩 8. 비약 9. 염탐 10. 평영
11. 감루 12. 제향 13. 둔기 14. 순차 15. 귀감
16. 첨예 17. 편재 18. 정예 19. 공천 20. 알현
21. 묘상 22. 미간 23. 예각 24. 맹서 25. 빙문
26. 응시 27. 영탄 28. 외곽 29. 괴철 30. 파루
31. 견골 32. 무참 33. 전파 34. 낭만 35. 위헌
36. 이화 37. 민연 38. 태업 39. 반기 40. 사시
41. 소집 42. 체취 43. 참상 44. 폭서 45. 도발
46. 둥글 환 47. 논 답 48. 귀밝을 총 49. 조개 패
50. 입술 순 51. 흙덩이 괴 52. 떨어질 령 53. 번거로울 번 54. 닮을 사 55. 도타울 돈 56. 펼 신 57. 소 축 58. 게으를 태 59. 바로잡을 교 60. 조상할 조 61. 나비 접 62. 온당할 타 63. 조카 질 64. 몰 구 65. 토끼 묘 66. 땅 곤 67. 떨어질 령 68. 없을 망 69. 이 사 70. 드디어 수 71. 볼 열 72. 다만 지
73. 聽 74. 採 75. 拒 76. 存 77. 甘
78. 牧 79. 悲 80. 總 81. 刑 82. 府
83. 修 84. 察 85. 田 86. 創 87. 護
88. 次 89. 助 90. 象 91. 乳 92. 深
93. 時差 94. 烈火 95. 念慮 96. 營農 97. 信徒
98. 豫賣 99. 嚴命 100. 藝術 101. 資金 102. 與件
103. 疑心 104. 異稱 105. 打擊 106. 難點 107. 秘境
108. 危 109. 起 110. 骨 111. 生 112. 冷
113. 壓 114. 區 115. 收 116. 貯 117. 病, 患
118. 表面 119. 安全 120. 重大 121. 複雜 122. 詳說
123. 秋霜, 追想, 追賞 124. 孝誠 125. 全破, 電波
126. 水面, 獸面, 羞面 127. 短期, 斷機, 檀紀, 單機
128. 恨 129. 舟 130. 第 131. 吾 132. 拔
133. ③ 134. ③ 135. ① 136. ④ 137. ③
138. ① 139. ② 140. ② 141. ① 142. ①
143. 경기 따위에서 힘들게 겨우 이김. 144. 벌떼처럼 떼 지어 세차게 일어남. 145. 남의 것을 거짓으로 속여서 빼앗음. 146. 서로 교환함. 147. 나라를 위하여 목숨을 바침.
148. 湿 149. 禅 150. 聡

模範答案 – 3級

제 13 회

1. 군현 2. 번다 3. 호용 4. 묘당 5. 단지
6. 기망 7. 확충 8. 반신 9. 염가 10. 체포
11. 확산 12. 준거 13. 초본 14. 삭망 15. 분개
16. 서원 17. 확대 18. 시판 19. 반환 20. 파천
21. 영사 22. 구박 23. 운무 24. 빈객 25. 포화
26. 해량 27. 음영 28. 병렬 29. 준걸 30. 급등
31. 형통 32. 방조 33. 모춘 34. 배향 35. 병치
36. 근근 37. 변설 38. 제휴 39. 표박 40. 구차
41. 구걸 42. 판로 43. 체감 44. 오수 45. 산만
46. 개 구 47. 싫어할 혐 48. 묻을 매 49. 뾰족할 첨
50. 배부를 포 51. 겨우 근 52. 고을 현 53. 목마를 갈 54. 이끌 견 55. 훔칠 절 56. 부르짖을 규 57. 아득할 망 58. 나 여 59. 모을 모 60. 슬퍼할 개 61. 나물 소 62. 어긋날 위 63. 잔 배 64. 늙은이 옹 65. 분초 초 66. 사슴 록 67. 첩 첩 68. 어조사 우 69. 이웃 린 70. 잡을 파 71. 돌아볼 고 72. 번뇌할 뇌

73. 爆 74. 銃 75. 榮 76. 暖 77. 源
78. 呼 79. 威 80. 防 81. 龍 82. 候
83. 迎 84. 賊 85. 組 86. 看 87. 求
88. 回 89. 請 90. 認 91. 庫 92. 際
93. 容易 94. 優等 95. 雄壯 96. 援軍 97. 危機
98. 遺傳 99. 豫約 100. 隱密 101. 陰散 102. 依存
103. 情趣 104. 段落 105. 心證 106. 復歸 107. 劇團
108. 失 109. 高 110. 彼 111. 着 112. 削
113. 厄, 殃 114. 分 115. 阿 116. 通 117. 捕
118. 消火 119. 新婦 120. 惡評 121. 兵卒 122. 野黨
123. 浸水 124. 身長, 新裝, 腎臟, 神將, 新粧
125. 神聖, 神性, 新星, 晨省 126. 自主, 自註
127. 永世, 迎歲, 領洗 128. 彼 129. 仲 130. 卑
131. 病 132. 勇 133. ③ 134. ② 135. ③
136. ③ 137. ① 138. ② 139. ① 140. ①
141. ② 142. ② 143. 추잡하고 좋지 못한 소문.
144. 병으로 자리에 누움. 또는 병을 앓고 있음. 145. 얼어서 터짐. 146. 거짓 없이 사실대로 다 말함.
147. 뒤로 물러감.
148. 営 149. 囲 150. 駆

제 14 회

1. 소대 2. 수하 3. 순치 4. 기망 5. 안행
6. 차압 7. 부임 8. 형광 9. 교열 10. 종묘
11. 투기 12. 각료 13. 서민 14. 요원 15. 배영
16. 방국 17. 석자 18. 궁시 19. 추악 20. 만평
21. 소식 22. 타협 23. 묘목 24. 모방 25. 모종
26. 빈번 27. 추태 28. 포옹 29. 견인 30. 괴탄
31. 서무 32. 녹혈 33. 확장 34. 편의 35. 준수
36. 삭풍 37. 금자 38. 망측 39. 결인 40. 번복
41. 양류 42. 궤도 43. 신성 44. 남용 45. 번역
46. 맛볼 상 47. 누구 수 48. 반딧불 형 49. 입술 순
50. 자주 빈 51. 졸할 졸 52. 사당 묘 53. 릴 아 54. 울 읍 55. 나을 유 56. 거리 항 57. 어깨 견 58. 무덤 분 59. 개 술 60. 마를 조 61. 지 돈 62. 이를 운 63. 징계할 징 64. 어조사 혜 65. 청렴할 렴 66. 넓힐 확 67. 자못 파 68. 잡을 체 69. 건널 섭 70. 슬플 오 71. 짝 반 72. 담 장

73. 妨 74. 佛 75. 守 76. 討 77. 鬪
78. 密 79. 障 80. 篇 81. 息 82. 常
83. 副 84. 師 85. 早 86. 雜 87. 壓
88. 積 89. 儉 90. 鏡 91. 伐 92. 報
93. 疑問 94. 依法 95. 應援 96. 理髮 97. 異色
98. 拒絶 99. 適量 100. 參與 101. 危險 102. 資料
103. 周知 104. 輪番 105. 聽覺 106. 遊說 107. 强骨
108. 弔 109. 集 110. 伸 111. 沈 112. 妹, 女
113. 張 114. 匹 115. 愧 116. 梁 117. 明
118. 損害 119. 短命, 夭折 120. 成魚 121. 同性
122. 下降 123. 李花, 異化 124. 部下 125. 消失, 所失, 小室 126. 四足, 士族 127. 傍助, 傍祖, 傍照
128. 態 129. 兆 130. 進 131. 擧 132. 境
133. ① 134. ③ 135. ③ 136. ② 137. ③
138. ② 139. ② 140. ① 141. ① 142. ②
143. 시끄럽고 어수선함. 144. 단체나 조직체의 구성원을 불러서 모음. 145. 약속이나 계약을 어김. 146. 내용의 일부를 보태거나 삭제하여 고침. 147. 일정한 기준이나 한도를 넘어서 함부로 씀.
148. 塩 149. 亜 150. 壌

模範答案 － 3級

제 15 회

1. 치졸 2. 보좌 3. 읍혈 4. 교린 5. 작록
6. 탁수 7. 허탄 8. 총판 9. 홍모 10. 일약
11. 근조 12. 요해 13. 초침 14. 완수 15. 포부
16. 혐의 17. 훼손 18. 번잡 19. 각설 20. 음미
21. 영도 22. 피서 23. 고분 24. 작위 25. 졸작
26. 모집 27. 연방 28. 수행 29. 조종 30. 미아
31. 추상 32. 화폐 33. 귀빈 34. 만료 35. 포섭
36. 방주 37. 조기 38. 매장 39. 포식 40. 병풍
41. 홍지 42. 현격 43. 오수 44. 침수 45. 서인
46. 어조사 의 47. 덮을 폐 48. 날 근 49. 배 리 50. 뽑을 추 51. 본뜰 방 52. 벗 붕 53. 따라죽을 순 54. 예 석 55. 화살 시 56. 나 오 57. 뽑을 초 58. 마칠 파 59. 줄 현 60. 조개 패 61. 버릴 사 62. 민망할 민 63. 미혹할 미 64. 오랑캐 이 65. 어조사 재 66. 닮을 사 67. 큰산 악 68. 어두울 혼 69. 둥글 환 70. 줄 증 71. 이미 기 72. 밝을 소

73. 朱 74. 帳 75. 仁 76. 殘 77. 批
78. 崇 79. 閑 80. 段 81. 困 82. 謝
83. 卷 84. 導 85. 婦 86. 延 87. 隊
88. 更 89. 散 90. 職 91. 貧 92. 激
93. 姿態 94. 招來 95. 雜念 96. 異議 97. 裝置
98. 推理 99. 適格 100. 引上 101. 就任 102. 趣味
103. 侵犯 104. 重傷 105. 模寫 106. 起源 107. 移轉
108. 續 109. 劣 110. 亡 111. 衰 112. 眞
113. 叛 114. 壞 115. 欺 116. 命 117. 累, 集
118. 集合 119. 答辯, 應答 120. 複雜 121. 親戚
122. 弱點 123. 異體 124. 筆跡 125. 虎患
126. 天桃, 天道 127. 享受, 鄕愁, 香水 128. 裂
129. 患 130. 弘 131. 禮 132. 沒 133. ④
134. ② 135. ② 136. ③ 137. ② 138. ①
139. ② 140. ① 141. ① 142. ①

143. 거짓으로 증명함. 144. 기입되어야 할 것이 기록에서 빠짐. 145. 굶주리고 헐벗어 배고프고 추움.
146. 서류 따위를 따로 덧붙임. 147. 강이나 내를 건넘. 148. 巖 149. 戀 150. 淨

第70回 漢字能力檢定試驗 3級 問題紙
150문항/60분 시험

(社)韓國語文會·韓國漢字能力檢定會　　※ 문제지는 답안지와 함께 제출하세요.　　2015. 08. 22

[1-45] 다음 漢字語의 讀音을 쓰시오.

[1] 苟且　　　[2] 濫發　　　[3] 霧散
[4] 聰明　　　[5] 銳智　　　[6] 暴炎
[7] 枯死　　　[8] 抑制　　　[9] 呼訴
[10] 畫幅　　　[11] 友邦　　　[12] 特使
[13] 推薦　　　[14] 缺陷　　　[15] 還拂
[16] 忍耐　　　[17] 拳鬪　　　[18] 複筋
[19] 演奏　　　[20] 陶醉　　　[21] 先輩
[22] 覺悟　　　[23] 橫財　　　[24] 詳述
[25] 芳香　　　[26] 諒知　　　[27] 捕獲
[28] 菜蔬　　　[29] 受侮　　　[30] 雅量
[31] 近似　　　[32] 補佐　　　[33] 秋毫
[34] 榮轉　　　[35] 暫時　　　[36] 便宜
[37] 妥協　　　[38] 俊嚴　　　[39] 竝設
[40] 敦厚　　　[41] 交涉　　　[42] 梅花
[43] 止揚　　　[44] 緩急　　　[45] 探査

[46-75] 다음 문장에서 밑줄 친 漢字語를 漢字[正字]로 쓰시오.

○ 시의 [46]표현이 지닌 특징은 생략과 [47]압축이다.

○ 그 아름다움과 우아함은 [48]군중이 붐비고 있는 [49]광장 속에서도 눈에 띄게 빛났다.

○ 피라미드와 스핑크스, [50]불가사의한 이 [51]거대 유적들의 [52]비밀은 어떤 천재에 의해 풀릴 수 있을까?

○ 그의 방에는 [53]각종 [54]경기에서 딴 [55]상장과 메달이 [56]전시되어 있었다.

○ 회사에서는 [57]경기가 나빠 [58]물건이 팔리지 않자 [59]손해가 많다고 임시 [60]휴업을 [61]선언하였다.

○ 왜 그럴까, 무엇 때문에 선생의 [62]신념이 [63]견고할수록 가식의 [64]인상이 더해 가고 있는 것인가.

○ 그러면 마지막으로 심사 [65]위원의 [66]총평을 듣겠습니다.

○ 마라톤은 [67]승리의 [68]소식을 전하려고 쉬지 않고 달렸던 한 [69]병사의 이야기에서 [70]유래한 것이다.

○ [71]취직한 여성들은 [72]출산과 [73]육아 [74]기간이 직장에서 불리하게 작용하기 때문에 출산을 꺼리는 [75]경향이 있다.

[76-102] 다음 漢字의 訓과 音을 쓰시오.

[76] 匹　　　[77] 云　　　[78] 伯
[79] 郊　　　[80] 恥　　　[81] 拙
[82] 昭　　　[83] 慧　　　[84] 僚
[85] 鈍　　　[86] 敏　　　[87] 又
[88] 枕　　　[89] 編　　　[90] 侯
[91] 只　　　[92] 御　　　[93] 哭
[94] 挑　　　[95] 賓　　　[96] 慕
[97] 尙　　　[98] 宴　　　[99] 仲
[100] 丸　　　[101] 播　　　[102] 憐

[103-107] 다음 중 첫 音節이 長音으로 소리 나는 漢字語 5개를 골라 그 번호를 쓰시오.

① 漠然　② 慣習　③ 退勤　④ 鑛夫　⑤ 礎石
⑥ 批判　⑦ 賃貸　⑧ 觸角　⑨ 醫師　⑩ 夏服

[108-112] 다음 (　) 안에 비슷한 뜻을 가진 漢字(正字)를 써넣어 널리 쓰이는 單語를 완성하시오.

[108] 恭 - (　)　　　[109] (　) - 濯
[110] (　) - 燒　　　[111] 携 - (　)
[112] 尖 - (　)

[113-117] 다음 ( ) 안에 뜻이 反對 또는 相對 되는 漢字(正字)를 써넣어 널리 쓰이는 單語를 만드시오.

[113] ( ) ↔ 怨   [114] ( ) ↔ 滿
[115] 乘 ↔ ( )   [116] ( ) ↔ 憎
[117] 喜 ↔ ( )

[118-122] 다음 漢字語의 反對語 또는 相對語를 2음절로 된 漢字(正字)로 쓰시오.

[118] 紅顔 ↔ ( )   [119] 保守 ↔ ( )
[120] 分析 ↔ ( )   [121] ( ) ↔ 偏頗
[122] ( ) ↔ 模倣

[123-127] 다음 漢字語의 同音異義語를 제시된 뜻에 맞는 漢字(正字)로 쓰시오.

[123] 剛斷 - ( ) : 강연하는 사람이 올라서도록 약간 높게 만든 자리.

[124] 動搖 - ( ) : 어린이들의 노래.

[125] 女權 - ( ) : 외국을 여행하는 사람의 신분 증명서.

[126] 致賀 - ( ) : 통치 아래. 통치의 영향력이 미치는 범위나 구역.

[127] 潮流 - ( ) : 새무리.

[128-137] 다음 ( ) 안에 알맞은 漢字(正字)를 써 넣어 四字成語를 완성하시오.

[128] ( )善懲惡 : 선행을 장려하고 악행을 벌함.

[129] 漸入佳( ) : 점점 흥미로운 경지로 들어감.

[130] 恒茶飯( ) : 늘 있는 일.

[131] 卓上( )論 : 실현성이 없는 헛된 공론.

[132] 支( )滅裂 : 서로 갈라져 흩어지고 찢기어 나뉨.

[133] 自初( )終 : 처음부터 끝까지 이르는 동안.

[134] 日久月( ) : 세월이 흐를수록 바라는 마음이 더욱 간절해짐.

[135] ( )藥苦口 : 좋은 약은 입에 쓰다는 말.

[136] 無( )徒食 : 아무 하는 일 없이 한갓 먹기만 함.

[137] 金枝( )葉 : 임금의 자손이나 집안, 혹은 귀한 자손을 비유.

[138-142] 다음 漢字의 部首를 쓰시오.

[138] 幕   [139] 兆   [140] 虛
[141] 黨   [142] 甲

[143-145] 다음 漢字의 略字를 쓰시오.

[143] 號   [144] 餘   [145] 辭

[146-150] 다음 漢字語의 뜻을 쓰시오.

[146] 速步   [147] 專賣   [148] 稀少
[149] 畜舍   [150] 水鏡

第71回 漢字能力檢定試驗 3級 問題紙
150문항/60분 시험

(社)韓國語文會·韓國漢字能力檢定會 ※ 문제지는 답안지와 함께 제출하세요. 2015. 11. 28

[1-45] 다음 漢字語의 讀音을 쓰시오.

[1] 快諾 [2] 軌範 [3] 於焉
[4] 企圖 [5] 拜謁 [6] 踏襲
[7] 頻繁 [8] 逃亡 [9] 崩壞
[10] 糾彈 [11] 傾斜 [12] 謹愼
[13] 詐欺 [14] 禽獸 [15] 令郎
[16] 納付 [17] 種苗 [18] 肯可
[19] 脈絡 [20] 陶藝 [21] 派遣
[22] 丁寧 [23] 忌避 [24] 延滯
[25] 龜裂 [26] 未熟 [27] 老鍊
[28] 冒頭 [29] 末尾 [30] 追突

[31-75] 다음 밑줄 친 낱말 중 漢字로 표기된 것은 讀音을, 한글로 표기된 것은 漢字[正字]로 쓰시오.

○ 한때 성산 [31]대교 [32]근처 한강에는 강물을 뚫고 [33]垂直으로 솟구쳐 오르는 분수 [34]시설이 있었다. [35]수면에서 솟아나와 [36]허공을 가르는 물줄기는 내게 [37]弄談을 걸어오는 것 같았다. 그곳에 왜 그런 [39]형상의 물줄기를 설치했을까 의아해하다가 자칫 앞차와 부딪힐 뻔한 적도 있다.

○ 垂直 [39]上昇 [40]慾望은 [41]徹底하게 남자의 것이다. 아침마다 [42]확인하는 [43]정신부터 피라미드 [44]구조로 세상을 파악하는 사회적 인식, 권력이 있는 곳에 단상을 쌓고 [45]기념탑을 세우는 [46]행위까지, 그것은 남자의 [47]자부심과 직결된다. 그것은 [48]고대 이집트의 오벨리스크에서도 [49]발견되고 그것을 유럽 [50]전역으로 옮긴 근세로 이어져 마천루와 같은 [51]尖塔 형태로 현대에 [52]표현된다.

○ 慾望을 "우리가 [53]요구한 것과 [54]충족된 것 사이의 간극이 마음속에 쌓여서 만들어진 [55]감정"이라 규정한 사람은 프랑스 정신 [56]分析가 자크 라캉이다. 慾望은 [57]무의식적으로 [58]작동하기 때문에 [59]본질적으로 결코 충족될 수 없으며 인간은 그것을 포기한 [60]瞬間부터 성장한다고 말하기도 했다.

○ [61]生涯 [62]주기 [63]관점에서 볼 때 필요한 것을 스스로 [64]해결할 수 있는 성인이 되면 慾望이라는 찌꺼기가 더는 마음에 쌓이지 않을 것이다. 노년에 이르면 慾望없이 [65]순연한 비움의 [66]과정을 걸을 수 있을 것이다. 물론 이런 생각은 순진한 [67]錯誤다. 작가 모리아크는 80세에 "[68]衰弱해지지도 않았고, 실추되지도 않았고, [69]富裕해지지도 않았다. 언제나 똑같다."고 말했다. 인간의 무의식이 慾望에만 [70]집중되어 있기 때문에 [71]인류 [72]역사에는 '잘 늙는 문화'에 대한 고찰이 [73]稀貴할 정도로 드물다. 많은 이가 나이 듦을 '더 이상 젊지 않다. [74]邊方으로 [75]소외되었고 이전처럼 유용하지 못하다.'는 의미로 해석한다. -김형경의 '남자를 위하여' 발췌-

[76-102] 다음 漢字의 訓과 音을 쓰시오.

[76] 央   [77] 塊   [78] 雁
[79] 克   [80] 旦   [81] 含
[82] 粟   [83] 賀   [84] 阿
[85] 恒   [86] 捉   [87] 惟
[88] 唯   [89] 逮   [90] 奪
[91] 片   [92] 陷   [93] 恣
[94] 汗   [95] 奏   [96] 穴
[97] 販   [98] 罷   [99] 透
[100] 載 [101] 托 [102] 姉

[103-107] 다음 漢字語의 첫 音節이 長音으로 소리 나는 것의 번호를 쓰시오.

[103] ① 將軍 ② 救助 ③ 手段 ④ 口錢
[104] ① 景氣 ② 保證 ③ 啓蒙 ④ 孫女
[105] ① 簡單 ② 非但 ③ 審査 ④ 馬夫
[106] ① 迷宮 ② 明朗 ③ 燒却 ④ 倉庫
[107] ① 降伏 ② 殺傷 ③ 化粧 ④ 映窓

[108-112] 다음 漢字와 비슷한 뜻을 가진 漢字[正字]를 쓰시오.

[108] 居(　)　　　　[109] 副(　)
[110] (　)更　　　　[111] (　)飾
[112] (　)任

[113-117] 다음 漢字와 뜻이 反對 또는 相對되는 漢字[正字]를 (　) 안에 써서 漢字語를 완성하시오.

[113] (　) ↔ 捨　　　[114] 都 ↔ (　)
[115] (　) ↔ 悲　　　[116] 向 ↔ (　)
[117] (　) ↔ 打

[118-122] 다음 漢字語의 反義語 또는 相對語를 2음절로 된 漢字[正字]로 쓰시오.

[118] (　) ↔ 浪費　　[119] 紅顔 ↔ (　)
[120] (　) ↔ 民卑　　[121] 死藏 ↔ (　)
[122] 臨時 ↔ (　)

[123-132] 다음 漢字語의 同音異義語를 제시된 뜻에 맞는 漢字[正字]로 쓰시오.

[123] 電子 - (　) 지난 번. 앞의 것
[124] 喪家 - (　) 가게로 이루어진 거리
[125] 師團 - (　) 일의 실마리
[126] 舟遊 - (　) 기름을 넣음
[127] 顧視 - (　) 공고하여 알림

[128-137] 다음 (　) 안에 알맞은 漢字[正字]를 써넣어 四字成語를 완성하시오.

[128] 各個戰(　)　　[129] 早朝割(　)
[130] (　)言利說　　[131] 日久月(　)
[132] 吉(　)禍福　　[133] 東奔西(　)
[134] (　)身揚名　　[135] 莫(　)之交
[136] 滅私(　)公　　[137] 始終(　)一

[138-142] 다음 漢字의 部首를 쓰시오.

[138] 産　　[139] 豫　　[140] 因
[141] 丙　　[142] 泰

[143-145] 다음 漢字의 略字를 쓰시오.

[143] 屬　　[144] 辭　　[145] 圍

[146-150] 다음 漢字語의 뜻을 쓰시오.

[146] 考察　　[147] 配偶　　[148] 乾坤
[149] 飛躍　　[150] 覺悟

第72回 漢字能力檢定試驗 3級 問題紙
150문항/60분 시험

[1-45] 다음 漢字語의 讀音을 쓰시오.

[1] 崇高   [2] 精神   [3] 追慕
[4] 自律性 [5] 物件   [6] 配分
[7] 廣範圍 [8] 權限   [9] 住民
[10] 申告 [11] 混雜 [12] 世上
[13] 逃避 [14] 隱居 [15] 許諾
[16] 徹底 [17] 孤獨 [18] 疲勞
[19] 業務 [20] 效率的 [21] 解憂
[22] 離合 [23] 屈伸 [24] 暗黑
[25] 難易 [26] 具體 [27] 得勢
[28] 健脚 [29] 傾斜 [30] 兒童
[31] 貯蓄 [32] 登落 [33] 納入
[34] 短縮 [35] 調和 [36] 病患
[37] 希望 [38] 街路 [39] 眼目
[40] 始初 [41] 永遠 [42] 道理
[43] 歌謠 [44] 變貌 [45] 認識

[46-75] 다음 밑줄 친 낱말을 漢字[正字]로 쓰시오.

○ 그는 끝까지 [46]결백을 [47]주장했다.
○ [48]기차 안은 [49]여객들로 매우 붐볐다.
○ 그 나라도 곧 [50]문호를 [51]개방할 수밖에 없을 것이다.
○ 그가 쓴 [52]작품에는 우리나라 사람의 [53]사상과 감정이 담겨 있다.
○ [54]경찰은 우리 [55]어선이 [56]해적에게 [57]침범을 당하지 않도록 경계를 [58]강화했다.
○ [59]전쟁은 삶과 죽음을 갈라놓는 순간의 [60]연속이다.
○ [61]부모는 자녀가 [62]편안한 마음으로 학업에 [63]전념할 수 있도록 이끌어 주어야 한다.

○ [64]복학을 [65]명령하는 아버지의 편지를 받아 들었다.
○ 가정 방문을 나온 [66]담임 선생은 대개 여러 가지 [67]정보를 얻어 내려 부심하게 된다.
○ 젊다는 것은 [68]용감하고 기민하다는 뜻도 되겠지만 동시에 [69]혈기에 휩쓸리기 쉽고 계략에 어둡다는 뜻도 되오.
○ 그는 운전 [70]교습 [71]기간 동안의 [72]요령과 면허 시험 볼 때의 [73]방법 그리고 [74]비용 등에 대해서 [75]친절하게 설명해주었다.

[76-102] 다음 漢字의 訓과 音을 쓰시오.

[76] 檀   [77] 眠   [78] 叫
[79] 剛   [80] 晚   [81] 讚
[82] 慮   [83] 服   [84] 泥
[85] 燕   [86] 接   [87] 肥
[88] 看   [89] 秀   [90] 伴
[91] 羅   [92] 統   [93] 洗
[94] 豆   [95] 循   [96] 良
[97] 表   [98] 耐   [99] 換
[100] 假 [101] 淡 [102] 脈

[93-97] 다음 중 첫 音節이 長音으로 소리 나는 한자어 5개를 골라 그 번호를 쓰시오.

① 近處 ② 鈍感 ③ 餘裕 ④ 苦役 ⑤ 儉素
⑥ 軌跡 ⑦ 輸送 ⑧ 柱式 ⑨ 鬪犬 ⑩ 謹愼

[108-112] 다음 ( ) 안에 비슷한 뜻을 가진 漢字(正字)를 써넣어 널리 쓰이는 單語를 완성하시오.

[108] 損 – ( )   [109] ( ) – 較
[110] ( ) – 幣   [111] 層 – ( )
[112] 怪 – ( )

[113-117] 다음 ( ) 안에 뜻이 反對 또는 相對 되는 漢字(正字)를 써넣어 널리 쓰이는 單語를 만드시오.

[113] 加 ↔ (　)   [114] 禍 ↔ (　)
[115] (　) ↔ 劣   [116] (　) ↔ 今
[117] (　) ↔ 哀

[118-122] 다음 漢字語의 反對語 또는 相對語를 2음절로 된 漢字(正字)로 쓰시오.

[118] 內包 ↔ (　)   [119] 架空 ↔ (　)
[120] 溫暖 ↔ (　)   [121] (　) ↔ 緩慢
[122] (　) ↔ 消滅

[123-127] 다음 漢字語의 同音異義語를 제시된 뜻에 맞는 漢字(正字)로 쓰시오.

[123] 降意 - (　) : 반대의 뜻을 주장함.
[124] 肅然 - (　) : 오래 묵은 인연.
[125] 保釋 - (　) : 빛깔이 아름다우며 희귀한 광물
[126] 維持 - (　) : 죽은 사람이 살아서 이루지 못하고 남긴 뜻.
[127] 栽培 - (　) : 두 번 절함.

[128-137] 다음 ( ) 안에 알맞은 漢字(正字)를 써 넣어 四字成語를 완성하시오.

[128] (　)物致知 : 사물의 이치를 연구하여 자기의 지식을 확고하게 함.
[129] 論功行(　) : 세운 공을 논정하여 상을 줌.
[130] 明(　)止水 : 맑은 거울과 조용한 물.
[131] 平地風(　) : 뜻밖에 분쟁이 일어남을 비유적으로 이르는 말.
[132] 寸(　)殺人 : 짧은 말로 어떤 일의 급소를 찔러 사람을 크게 감동시킴.
[133] 大(　)失色 : 몹시 놀라 얼굴빛이 하얗게 변함.
[134] (　)固不動 : 튼튼하고 굳어 흔들림이 없음.
[135] (　)家亡身 : 집안의 재산을 다 써 없애고 몸을 망침.
[136] (　)骨痛恨 : 뼈에 사무쳐 마음 속 깊이 맺힌 원한.
[137] 千(　)萬象 : 세상 사물이 한결같지 아니하고 각각 모습·모양이 다름.

[138-142] 다음 漢字의 部首를 쓰시오.

[138] 歸   [139] 疑   [140] 兩
[141] 願   [142] 術

[143-145] 다음 漢字의 略字를 쓰시오.

[143] 傑   [144] 團   [145] 豫

[146-150] 다음 漢字語의 뜻을 쓰시오.

[146] 移植   [147] 轉職   [148] 泣訴
[149] 姪女   [150] 好機

模範答案 - 3級

제70회

1. 구차
2. 남발
3. 무산
4. 총명
5. 예지
6. 폭염
7. 고사
8. 억제
9. 호소
10. 화폭
11. 우방
12. 특사
13. 추천
14. 결함
15. 환불
16. 인내
17. 권투
18. 복근
19. 연주
20. 도취
21. 선배
22. 각오
23. 횡재
24. 상술
25. 방향
26. 양지
27. 포획
28. 채소
29. 수모
30. 아량
31. 근사
32. 보좌
33. 추호
34. 영전
35. 잠시
36. 편의
37. 타협
38. 준엄
39. 병설
40. 돈후
41. 교섭
42. 매화
43. 지양
44. 완급
45. 탐사
46. 表現
47. 壓縮
48. 群衆
49. 廣場
50. 不可思議
51. 巨大
52. 祕密
53. 各種
54. 競技
55. 賞狀
56. 展示
57. 景氣
58. 物件
59. 損害
60. 休業
61. 宣言
62. 信念
63. 堅固
64. 印象
65. 委員
66. 總評
67. 勝利
68. 消息
69. 兵士
70. 由來
71. 就職
72. 出産
73. 育兒
74. 期間
75. 傾向
76. 짝 필
77. 이를 운
78. 맏 백
79. 들 교
80. 부끄러울 치
81. 졸할 졸
82. 밝을 소
83. 슬기로울 혜
84. 동료 료
85. 둔할 둔
86. 민첩할 민
87. 또 우
88. 베개 침
89. 엮을 편
90. 제후 후
91. 다만 지
92. 거느릴 어
93. 울 곡
94. 돋울 도
95. 손 빈
96. 그릴 모
97. 오히려 상
98. 잔치 연
99. 버금 중
100. 둥글 환
101. 뿌릴 파
102. 불쌍히여길 련
103. ③ 退勤
104. ④ 鑛夫
105. ⑥ 批判
106. ⑦ 賃貸
107. ⑩ 夏服
108. 敬
109. 洗
110. 燃
111. 帶
112. 端
113. 恩
114. 干
115. 降
116. 愛
117. 悲
118. 白髮
119. 革新
120. 統合
121. 公平
122. 創造
123. 講壇
124. 童謠
125. 旅券
126. 治下
127. 鳥類
128. 勸
129. 境
130. 事
131. 空
132. 離
133. 至
134. 深
135. 良
136. 爲
137. 玉
138. 巾
139. 儿
140. 虍
141. 黑
142. 田
143. 号
144. 余
145. 辞
146. 빠른 걸음
147. 어떤 물건을 독점하여 팖
148. 매우 드물고 적음
149. 가축을 기르는 건물
150. 물안경

제71회

1. 쾌락
2. 궤범
3. 어언
4. 기도
5. 배알
6. 답습
7. 빈번
8. 도망
9. 붕괴
10. 규탄
11. 경사
12. 근신
13. 사기
14. 금수
15. 영랑
16. 납부
17. 종묘
18. 궁가
19. 맥락
20. 도예
21. 파견
22. 정녕
23. 기피
24. 연체
25. 균열
26. 미숙
27. 노련
28. 모두
29. 말미
30. 추돌
31. 大橋
32. 近處
33. 수직
34. 施設
35. 水面
36. 虛空
37. 농담
38. 形狀
39. 상승
40. 욕망
41. 철저
42. 確認
43. 精神
44. 構造
45. 紀念
46. 行爲
47. 自負心
48. 古代
49. 發見
50. 全域
51. 첨탑
52. 表現
53. 要求
54. 充足
55. 感情
56. 분석
57. 無意識
58. 作動
59. 本質的
60. 순간
61. 생애
62. 週期
63. 觀點
64. 解決
65. 純然
66. 過程
67. 착오
68. 쇠약
69. 부유
70. 集中
71. 人類
72. 역사
73. 희귀
74. 변방
75. 소외
76. 가운데 앙
77. 흙덩이 괴
78. 기러기 안
79. 이길 극
80. 가로 왈
81. 머금을 함
82. 조 속
83. 하례할 하
84. 언덕 아
85. 항상 항
86. 잡을 착
87. 생각할 유
88. 오직 유
89. 잡을 체
90. 빼앗을 탈
91. 조각 편
92. 빠질 함
93. 마음대로/방자할 자
94. 땀 한
95. 아뢸 주
96. 굴 혈
97. 팔 판
98. 마칠 파
99. 사무칠 투
100. 실을 재
101. 맡길 탁
102. 손윗누이 자
103. ② 救助
104. ③ 啓蒙
105. ④ 馬夫

模範答案 - 3級

106. ① 迷宮　107. ④ 映窓　108. 留　109. 次
110. 變　111. 裝　112. 委　113. 取
114. 農　115. 喜　116. 背　117. 投
118. 儉素　119. 白髮　120. 官尊　121. 活用
122. 經常　123. 前者　124. 商街　125. 事端
126. 注油　127. 告示　128. 鬪　129. 引
130. 甘　131. 深　132. 凶　133. 走
134. 立　135. 逆　136. 奉　137. 如
138. 生　139. 豕　140. 口　141. 一
142. 水　143. 属　144. 辞　145. 囲
146. 잘 생각하여 살핌　147. 부부가 될 짝
148. 하늘과 땅　149. 높이 뛰어 오름
150. 도리를 깨달음

제72회
1. 숭고　2. 정신　3. 추모　4. 자율성
5. 물건　6. 배분　7. 광범위　8. 권한
9. 주민　10. 신고　11. 혼잡　12. 세상
13. 도피　14. 은거　15. 허락　16. 철저
17. 고독　18. 피로　19. 업무　20. 효율적
21. 해우　22. 이합　23. 굴신　24. 암흑
25. 난이　26. 구체　27. 득세　28. 건각
29. 경사　30. 아동　31. 저축　32. 등락
33. 납입　34. 단축　35. 조화　36. 병환
37. 희망　38. 가로　39. 안목　40. 시초
41. 영원　42. 도리　43. 가요　44. 변모
45. 인식　46. 潔白　47. 主張　48. 汽車
49. 旅客　50. 門戶　51. 開放　52. 作品
53. 思想　54. 警察　55. 漁船　56. 海賊
57. 侵犯　58. 强化　59. 戰爭　60. 連續
61. 父母　62. 便安　63. 專念　64. 復學
65. 命令　66. 擔任　67. 情報　68. 勇敢
69. 血氣　70. 敎習　71. 期間　72. 要領
73. 方法　74. 費用　75. 親切
76. 박달나무 단　77. 잘 면　78. 부르짖을 규　79. 굳셀 강　80. 늦을 만　81. 기릴 찬　82. 생각할 려　83. 옷 복　84. 진흙 니　85. 제비 연　86. 이을 접　87. 살찔 비　88. 볼 간　89. 빼어날 수　90. 짝 반　91. 벌릴 라　92. 거느릴 통　93. 씻을 세　94. 콩 두　95. 돌 순　96. 어질 량　97. 겉 표　98. 견딜 내　99. 바꿀 환　100. 거짓 가　101. 맑을 담　102. 줄기 맥　103. ① 近處
104. ② 鈍感　105. ⑤ 儉素　106. ⑥ 軌跡　107. ⑩ 謹愼
108. 害　109. 比　110. 貨　111. 階
112. 奇　113. 減　114. 福　115. 優
116. 昨　117. 盛　118. 外延　119. 實在
120. 寒冷　121. 急激　122. 發生　123. 抗議
124. 宿緣　125. 寶石　126. 遺志　127. 再拜
128. 格　129. 賞　130. 鏡　131. 波
132. 鐵　133. 驚　134. 確　135. 敗
136. 刻　137. 態　138. 止　139. 疋
140. 入　141. 頁　142. 行　143. 杰
144. 団　145. 予　146. 옮겨서 심음.
147. 직업이나 직업을 바꾸어 옮김.
148. 눈물을 흘리며, 간절히 하소연함.
149. 조카딸　150. 좋은 기회

한눈에 보는 3급 한자 (1)

한자	훈	음	쪽	한자	훈	음	쪽	한자	훈	음	쪽	한자	훈	음	쪽	한자	훈	음	쪽
却	물리칠	각	12	軌	바퀴자국	궤	47	濫	넘칠	람	35	廟	사당	묘	22	聘	부를	빙	41
姦	간음할	간	18	龜	거북	귀	54	掠	노략질할	략	27	苗	모	묘	42	似	닮을	사	10
渴	목마를	갈	35	叫	부르짖을	규	15	諒	살펴알	량	46	戊	천간	무	24	巳	뱀	사	21
慨	슬퍼할	개	23	糾	얽힐	규	40	憐	불쌍히여길	련	24	霧	안개	무	53	捨	버릴	사	27
皆	다	개	36	僅	겨우	근	11	劣	못할	렬	12	眉	눈썹	미	39	斯	이	사	29
乞	빌	걸	9	斤	날	근	28	廉	청렴할	렴	22	迷	미혹할	미	48	詐	속일	사	45
牽	이끌	견	36	謹	삼갈	근	46	獵	사냥	렵	36	憫	민망할	민	24	賜	줄	사	47
絹	비단	견	40	肯	즐길	긍	41	零	떨어질	령	53	敏	민첩할	민	28	朔	초하루	삭	30
肩	어깨	견	41	幾	몇	기	21	隷	종	례	52	蜜	꿀	밀	45	嘗	맛볼	상	16
遣	보낼	견	51	忌	꺼릴	기	22	鹿	사슴	록	54	泊	머무를	박	34	祥	상서	상	39
卿	벼슬	경	12	旣	이미	기	29	了	마칠	료	9	伴	짝	반	10	庶	여러	서	22
庚	별	경	22	棄	버릴	기	33	僚	동료	료	11	叛	배반할	반	15	敍	펼	서	28
竟	마침내	경	40	欺	속일	기	33	屢	여러	루	21	返	돌이킬	반	48	暑	더울	서	30
癸	천간	계	36	豈	어찌	기	46	淚	눈물	루	34	倣	본뜰	방	11	誓	맹세할	서	45
繫	맬	계	41	飢	주릴	기	53	梨	배	리	33	傍	곁	방	11	逝	갈	서	48
枯	마를	고	33	那	어찌	나	51	鄰	이웃	린	52	邦	나라	방	51	昔	예	석	29
顧	돌아볼	고	53	乃	이에	내	9	慢	거만할	만	23	杯	잔	배	30	析	쪼갤	석	30
坤	땅	곤	16	奈	어찌	내	17	漫	흩어질	만	35	煩	번거로울	번	35	攝	다스릴	섭	28
郭	외성	곽	51	惱	번뇌할	뇌	23	忙	바쁠	망	22	飜	번역할	번	53	涉	건널	섭	34
掛	걸	괘	27	畓	논	답	36	忘	잊을	망	23	辨	분별할	변	48	召	부를	소	15
塊	흙덩이	괴	16	塗	칠할	도	16	罔	없을	망	41	屛	병풍	병	21	昭	밝을	소	29
愧	부끄러울	괴	23	挑	돋울	도	27	茫	아득할	망	42	竝	나란히	병	40	蔬	나물	소	42
矯	바로잡을	교	39	稻	벼	도	39	埋	묻을	매	16	卜	점	복	12	騷	떠들	소	54
郊	들	교	51	跳	뛸	도	47	冥	어두울	명	12	蜂	벌	봉	45	粟	조	속	40
俱	함께	구	11	篤	도타울	독	40	侮	업신여길	모	11	赴	다다를	부	47	誦	욀	송	46
懼	두려워할	구	24	敦	도타울	돈	28	募	모을	모	12	墳	무덤	분	17	囚	가둘	수	16
狗	개	구	36	豚	돼지	돈	46	冒	무릅쓸	모	12	崩	무너질	붕	21	搜	찾을	수	27
苟	진실로	구	42	屯	진칠	둔	21	暮	저물	모	30	朋	벗	붕	30	睡	졸음	수	39
驅	몰	구	54	鈍	둔할	둔	52	某	아무	모	33	賓	손	빈	47	誰	누구	수	46
厥	그	궐	15	騰	오를	등	54	卯	토끼	묘	12	頻	자주	빈	53	遂	드디어	수	48

※ 3급 한자를 가나다순으로 배열했으며, 표시된 페이지에는 해당 한자의 도움말이 있습니다.

한눈에 보는 3급 한자 (2)

한자	훈	음	쪽	한자	훈	음	쪽	한자	훈	음	쪽	한자	훈	음	쪽	한자	훈	음	쪽
雖	비록	수	53	閱	볼	열	52	泣	울	읍	34	姪	조카	질	17	濯	씻을	탁	35
須	모름지기	수	53	泳	헤엄칠	영	34	凝	엉길	응	12	懲	징계할	징	24	誕	낳을	탄	46
孰	누구	숙	18	詠	읊을	영	45	宜	마땅	의	18	且	또	차	9	貪	탐낼	탐	46
循	돌	순	22	銳	날카로울	예	52	矣	어조사	의	39	捉	잡을	착	27	怠	게으를	태	23
殉	따라죽을	순	33	傲	거만할	오	11	夷	오랑캐	이	17	慘	참혹할	참	23	把	잡을	파	24
脣	입술	순	42	吾	나	오	15	而	말이을	이	41	慙	부끄러울	참	24	播	뿌릴	파	28
戌	개	술	24	嗚	슬플	오	16	姻	혼인	인	17	暢	화창할	창	30	罷	마칠	파	41
矢	화살	시	39	娛	즐길	오	18	寅	범	인	18	斥	물리칠	척	29	頗	자못	파	53
伸	펼	신	10	汚	더러울	오	34	恣	방자할	자	23	薦	천거할	천	45	販	팔	판	47
晨	새벽	신	29	擁	낄	옹	28	玆	이	자	36	尖	뾰족할	첨	18	貝	조개	패	46
辛	매울	신	48	翁	늙은이	옹	41	爵	벼슬	작	36	添	더할	첨	34	遍	두루	편	48
尋	찾을	심	18	臥	누울	와	42	酌	술부을	작	52	妾	첩	첩	17	幣	화폐	폐	21
餓	주릴	아	54	曰	가로	왈	30	墻	담	장	17	晴	갤	청	29	蔽	덮을	폐	42
岳	큰산	악	21	畏	두려워할	외	36	哉	어조사	재	15	替	바꿀	체	30	抱	안을	포	27
雁	기러기	안	52	搖	흔들	요	28	宰	재상	재	18	逮	잡을	체	48	飽	배부를	포	53
謁	뵐	알	46	腰	허리	요	42	滴	물방울	적	35	遞	갈릴	체	51	幅	폭	폭	21
押	누를	압	27	遙	멀	요	51	竊	훔칠	절	40	抄	뽑을	초	24	漂	떠다닐	표	35
殃	재앙	앙	33	庸	떳떳할	용	22	蝶	나비	접	45	秒	분초	초	39	匹	짝	필	12
涯	물가	애	34	于	어조사	우	9	訂	바로잡을	정	45	燭	촛불	촉	35	旱	가물	한	29
厄	액	액	15	又	또	우	15	堤	둑	제	16	聰	귀밝을	총	41	咸	다	함	16
也	어조사	야	9	尤	더욱	우	18	弔	조상할	조	22	抽	뽑을	추	27	巷	거리	항	21
耶	어조사	야	41	云	이를	운	10	燥	마를	조	36	醜	추할	추	52	亥	돼지	해	10
躍	뛸	약	47	緯	씨	위	40	拙	졸할	졸	27	丑	소	축	9	奚	어찌	해	17
楊	버들	양	33	違	어긋날	위	51	佐	도울	좌	10	逐	쫓을	축	48	該	갖출	해	45
於	어조사	어	29	唯	오직	유	16	舟	배	주	42	臭	냄새	취	42	享	누릴	향	10
焉	어찌	언	35	愈	나을	유	23	俊	준걸	준	11	枕	베개	침	33	軒	집	헌	47
予	나	여	9	惟	생각할	유	23	遵	좇을	준	51	墮	떨어질	타	17	絃	줄	현	40
余	나	여	10	酉	닭	유	52	贈	줄	증	47	妥	온당할	타	17	縣	고을	현	40
汝	너	여	34	閏	윤달	윤	52	只	다만	지	15	托	맡길	탁	24	嫌	싫어할	혐	18
輿	수레	여	48	吟	읊을	음	15	遲	더딜	지	51	濁	흐릴	탁	35	亨	형통할	형	10

※ 3급 한자를 가나다순으로 배열했으며, 표시된 페이지에는 해당 한자의 도움말이 있습니다.

한눈에 보는 3급 한자 (3)

한자	훈	음	쪽	한자	훈	음	쪽	한자	훈	음	쪽	한자	훈	음	쪽	한자	훈	음	쪽
螢	반딧불	형	45	毫	가는털	호	34	禾	벼	화	39	丸	둥글	환	9	毁	헐	훼	33
兮	어조사	혜	11	昏	어두울	혼	29	擴	넓힐	확	28	曉	새벽	효	30	輝	빛날	휘	47
乎	어조사	호	9	弘	클	홍	22	穫	거둘	확	39	侯	제후	후	11	携	이끌	휴	28
互	서로	호	10	鴻	기러기	홍	54												

※ 3급 한자를 가나다순으로 배열했으며, 표시된 페이지에는 해당 한자의 도움말이 있습니다.

한눈에 보는 3급 한자(하위 급수 한자)

暇	틈	가 4	甲	갑옷	갑 4	檢	조사할	검 4·2	境	지경	경 4·2	谷	골	곡 3·2
價	값	가 5	強	강할	강 6	擊	칠	격 4	經	지날	경 4·2	哭	울	곡 3·2
加	더할	가 5	江	강	강 7	激	격할	격 4	鷄	닭	계 4	困	곤할	곤 4
可	옳을	가 5	鋼	강철	강 3·2	格	격식	격 5	階	섬돌	계 4	骨	뼈	골 4
歌	노래	가 7	剛	굳셀	강 3·2	隔	사이뜰	격 3·2	系	이어맬	계 4	攻	칠	공 4
家	집	가 7	綱	벼리	강 3·2	犬	개	견 4	戒	경계할	계 4	孔	구멍	공 4
佳	아름다울	가 3·2	講	욀	강 4·2	堅	굳을	견 4	季	계절	계 4	功	공	공 6
架	시렁	가 3·2	康	편할	강 4·2	見	볼	견 5	繼	이을	계 4	公	공평할	공 6
街	거리	가 4·2	改	고칠	개 5	決	결단할	결 5	界	지경	계 6	共	함께	공 6
假	거짓	가 4·2	開	열	개 6	結	맺을	결 5	計	셈할	계 6	空	빌	공 7
刻	새길	각 4	槪	대개	개 3·2	訣	이별할	결 3·2	啓	열	계 3·2	工	장인	공 7
覺	깨달을	각 4	介	끼일	개 3·2	潔	깨끗할	결 4·2	契	맺을	계 3·2	貢	바칠	공 3·2
各	각각	각 6	蓋	덮을	개 3·2	缺	이지러질	결 4·2	械	기계	계 3·2	恐	두려울	공 3·2
角	뿔	각 6	個	낱	개 4·2	兼	겸할	겸 3·2	溪	시내	계 3·2	供	이바지할	공 3·2
脚	다리	각 3·2	客	손	객 5	謙	겸손할	겸 3·2	桂	계수나무	계 3·2	恭	공손할	공 3·2
閣	집	각 3·2	據	근거	거 4	更	고칠	경 4	係	맬	계 4·2	過	지날	과 5
看	볼	간 4	居	살	거 4	驚	놀랄	경 4	孤	외로울	고 4	課	매길	과 5
簡	대쪽	간 4	拒	막을	거 4	鏡	거울	경 4	庫	곳집	고 4	果	실과	과 6
干	방패	간 4	巨	클	거 4	傾	기울	경 4	告	고할	고 5	科	과목	과 6
間	사이	간 7	擧	들	거 5	競	다툴	경 5	固	굳을	고 5	寡	적을	과 3·2
懇	간절할	간 3·2	去	갈	거 5	敬	공경	경 5	考	상고할	고 5	誇	자랑할	과 3·2
刊	새길	간 3·2	車	수레	거 7	輕	가벼울	경 5	古	옛	고 6	管	대롱	관 4
幹	줄기	간 3·2	距	상거할	거 3·2	景	볕	경 5	苦	쓸	고 6	觀	볼	관 5
肝	간	간 3·2	建	세울	건 5	京	서울	경 6	高	높을	고 6	關	빗장	관 5
甘	달	감 4	件	물건	건 5	頃	이랑	경 3·2	稿	원고	고 3·2	貫	꿸	관 3·2
敢	감히	감 4	健	굳셀	건 5	耕	밭갈	경 3·2	鼓	북	고 3·2	冠	갓	관 3·2
感	느낄	감 6	乾	하늘	건 3·2	硬	굳을	경 3·2	姑	시어미	고 3·2	館	집	관 3·2
鑑	거울	감 3·2	傑	뛰어날	걸 4	徑	지름길	경 3·2	故	연고	고 4·2	寬	너그러울	관 3·2
監	볼	감 4·2	儉	검소할	검 4	警	경계할	경 4·2	穀	곡식	곡 4	慣	익숙할	관 3·2
減	덜	감 4·2	劍	칼	검 3·2	慶	경사	경 4·2	曲	굽을	곡 5	官	벼슬	관 4·2

※ 하위 급수 한자를 가나다순으로 배열했으며, 표시된 숫자는 해당 한자의 급수를 나타냅니다.

한눈에 보는 3급 한자(하위 급수 한자)

한자	훈	음	급	한자	훈	음	급	한자	훈	음	급	한자	훈	음	급	한자	훈	음	급
鑛	쇳돌	광	4	群	무리	군	4	禁	금할	금	4·2	南	남녘	남	8	談	말씀	담	5
廣	넓을	광	5	郡	고을	군	6	給	줄	급	5	納	들일	납	4	淡	맑을	담	3·2
光	빛	광	6	軍	군사	군	8	急	급할	급	6	娘	계집	낭	3·2	擔	멜	담	4·2
狂	미칠	광	3·2	屈	굽힐	굴	4	級	등급	급	6	內	안	내	7	答	대답	답	7
怪	괴이할	괴	3·2	窮	다할	궁	4	及	미칠	급	3·2	耐	견딜	내	3·2	踏	밟을	답	3·2
壞	무너질	괴	3·2	弓	활	궁	3·2	紀	벼리	기	4	女	계집	녀	8	當	마땅	당	5
橋	다리	교	5	宮	집	궁	4·2	寄	부칠	기	4	年	해	년	8	堂	집	당	6
交	사귈	교	6	勸	권할	권	4	機	틀	기	4	念	생각	념	5	唐	당나라	당	3·2
敎	가르칠	교	8	卷	책	권	4	奇	기특할	기	4	寧	편안	녕	3·2	糖	엿	당	3·2
校	학교	교	8	券	문서	권	4	期	기약할	기	5	奴	종	노	3·2	黨	무리	당	4·2
較	비교	교	3·2	拳	주먹	권	3·2	基	터	기	5	怒	성낼	노	4·2	代	대신	대	6
巧	공교할	교	3·2	權	권세	권	4·2	汽	끓는김	기	5	努	힘쓸	노	4·2	對	대할	대	6
構	얽을	구	4	歸	돌아갈	귀	4	技	재주	기	5	農	농사	농	7	待	기다릴	대	6
舊	예	구	5	貴	귀할	귀	5	己	몸	기	5	腦	골	뇌	3·2	大	큰	대	8
具	갖출	구	5	鬼	귀신	귀	3·2	記	기록할	기	7	能	능할	능	5	臺	대	대	3·2
救	구원할	구	5	規	법	규	5	旗	깃발	기	7	泥	진흙	니	3·2	貸	빌릴	대	3·2
球	공	구	6	均	고를	균	4	氣	기운	기	7	多	많을	다	6	帶	띠	대	4·2
區	구분할	구	6	菌	버섯	균	3·2	畿	경기	기	3·2	茶	차	다	3·2	隊	무리	대	4·2
口	입	구	7	劇	심할	극	4	祈	빌	기	3·2	段	층계	단	4	德	덕행	덕	5
九	아홉	구	8	克	이길	극	3·2	企	꾀할	기	3·2	壇	제터	단	5	逃	도망할	도	4
拘	잡을	구	3·2	極	극진할	극	4·2	其	그	기	3·2	團	둥글	단	5	徒	무리	도	4
久	오랠	구	3·2	勤	부지런할	근	4	騎	말탈	기	3·2	短	짧을	단	6	盜	도둑	도	4
丘	언덕	구	3·2	筋	힘줄	근	4	器	그릇	기	4·2	丹	붉을	단	3·2	島	섬	도	5
究	연구할	구	4·2	近	가까울	근	6	起	일어날	기	4·2	但	다만	단	3·2	到	이를	도	5
句	글귀	구	4·2	根	뿌리	근	6	緊	긴할	긴	3·2	旦	아침	단	3·2	都	도읍	도	5
求	구할	구	4·2	今	이제	금	6	吉	길할	길	5	斷	끊을	단	4·2	度	법도	도	6
局	판	국	5	金	쇠	금	8	諾	허락할	낙	3·2	檀	박달나무	단	4·2	圖	그림	도	6
國	나라	국	8	琴	거문고	금	3·2	暖	따뜻할	난	4·2	端	바를	단	4·2	道	길	도	7
菊	국화	국	3·2	禽	날짐승	금	3·2	難	어려울	난	4·2	單	홑	단	4·2	陶	질그릇	도	3·2
君	임금	군	4	錦	비단	금	3·2	男	사내	남	7	達	통달할	달	4·2	桃	복숭아	도	3·2

※ 하위 급수 한자를 가나다순으로 배열했으며, 표시된 숫자는 해당 한자의 급수를 나타냅니다.

한눈에 보는 3급 한자(하위 급수 한자)

한자	훈	음·급수	한자	훈	음·급수	한자	훈	음·급수	한자	훈	음·급수	한자	훈	음·급수
刀	칼	도 3·2	欄	난간	란 3·2	裂	찢어질	렬 3·2	六	여섯	륙 8	妄	망령될	망 3·2
渡	건널	도 3·2	蘭	난초	란 3·2	列	벌릴	렬 4·2	輪	바퀴	륜 4	妹	누이	매 4
倒	넘어질	도 3·2	覽	볼	람 4	領	거느릴	령 5	倫	인륜	륜 3·2	賣	팔	매 5
途	길	도 3·2	朗	밝을	랑 5	令	명령	령 5	栗	밤	률 3·2	買	살	매 5
導	이끌	도 4·2	浪	물결	랑 3·2	嶺	고개	령 3·2	律	법	률 4·2	每	매양	매 7
獨	홀로	독 5	廊	사랑채	랑 3·2	靈	신령	령 3·2	隆	높을	륭 3·2	梅	매화	매 3·2
讀	읽을	독 6	郎	사내	랑 3·2	例	법식	례 6	陵	언덕	릉 3·2	媒	중매	매 3·2
督	살필	독 4·2	來	올	래 7	禮	예도	례 6	離	떠날	리 4	麥	보리	맥 3·2
毒	독할	독 4·2	冷	찰	랭 5	勞	일할	로 5	李	오얏	리 6	脈	줄기	맥 4·2
突	갑자기	돌 3·2	略	간략할	략 4	路	길	로 6	理	이치	리 6	盲	소경	맹 3·2
童	아이	동 6	糧	양식	량 4	老	늙을	로 7	利	이로울	리 6	盟	맹세	맹 3·2
冬	겨울	동 7	良	어질	량 5	露	이슬	로 3·2	里	마을	리 7	猛	사나울	맹 3·2
洞	골	동 7	量	헤아릴	량 5	爐	화로	로 3·2	裏	속	리 3·2	孟	맏	맹 3·2
同	한가지	동 7	涼	서늘할	량 3·2	綠	푸를	록 6	履	밟을	리 3·2	勉	힘쓸	면 4
動	움직일	동 7	梁	들보	량 3·2	祿	녹	록 3·2	吏	관리	리 3·2	面	얼굴	면 7
東	동녘	동 8	兩	두	량 4·2	錄	기록할	록 4·2	林	수풀	림 7	綿	솜	면 3·2
凍	얼	동 3·2	慮	생각할	려 4	論	논할	론 4·2	臨	임할	림 3·2	免	면할	면 3·2
銅	구리	동 4·2	旅	나그네	려 5	弄	희롱할	롱 3·2	立	설	립 7	眠	잘	면 3·2
頭	머리	두 6	勵	힘쓸	려 3·2	賴	의뢰할	뢰 3·2	馬	말	마 5	滅	멸할	멸 3·2
斗	말	두 4·2	麗	고울	려 4·2	雷	우레	뢰 3·2	磨	갈	마 3·2	鳴	울	명 4
豆	콩	두 4·2	歷	지낼	력 5	料	헤아릴	료 5	麻	삼	마 3·2	明	밝을	명 6
得	얻을	득 4·2	力	힘	력 7	龍	용	룡 4	漠	넓을	막 3·2	命	목숨	명 7
等	무리	등 6	曆	책력	력 3·2	樓	다락	루 3·2	莫	없을	막 3·2	名	이름	명 7
登	오를	등 7	練	익힐	련 5	漏	샐	루 3·2	幕	장막	막 3·2	銘	새길	명 3·2
燈	등불	등 4·2	鍊	쇠불릴	련 3·2	累	여러	루 3·2	萬	일만	만 8	模	본뜰	모 4
羅	벌일	라 4·2	蓮	연꽃	련 3·2	柳	버들	류 4	晩	늦을	만 3·2	母	어미	모 8
落	떨어질	락 5	聯	연이을	련 3·2	類	무리	류 5	滿	찰	만 4·2	慕	그릴	모 3·2
絡	이을	락 3·2	戀	그리워할	련 3·2	流	흐를	류 5	末	끝	말 5	謀	꾀	모 3·2
亂	어지러울	란 4	連	이을	련 4·2	留	머무를	류 4·2	亡	망할	망 5	貌	모양	모 3·2
卵	알	란 4	烈	매울	렬 4	陸	뭍	륙 5	望	바랄	망 5	毛	털	모 4·2

※ 하위 급수 한자를 가나다순으로 배열했으며, 표시된 숫자는 해당 한자의 급수를 나타냅니다.

한눈에 보는 3급 한자 (하위 급수 한자)

한자	훈	음	급	한자	훈	음	급	한자	훈	음	급	한자	훈	음	급	한자	훈	음	급
目	눈	목	6	民	백성	민	8	百	일백	백	7	服	옷	복	6	分	나눌	분	6
木	나무	목	8	密	빽빽할	밀	4·2	白	흰	백	8	覆	덮을	복	3·2	紛	어지러울	분	3·2
睦	화목할	목	3·2	拍	칠	박	4	伯	맏	백	3·2	腹	배	복	3·2	奔	달릴	분	3·2
牧	칠	목	4·2	朴	성	박	6	番	차례	번	6	復	돌아올	복	4·2	奮	떨칠	분	3·2
沒	빠질	몰	3·2	迫	핍박할	박	3·2	繁	번성할	번	3·2	本	근본	본	6	不	아니	불	7
夢	꿈	몽	3·2	薄	엷을	박	3·2	罰	벌줄	벌	4·2	奉	받들	봉	5	拂	떨칠	불	3·2
蒙	입을	몽	3·2	博	넓을	박	4·2	伐	칠	벌	4·2	峯	봉우리	봉	3·2	佛	부처	불	4·2
妙	묘할	묘	4	班	나눌	반	6	犯	범할	범	4	封	봉할	봉	3·2	批	비평할	비	4
墓	무덤	묘	4	反	돌이킬	반	6	範	법	범	4	鳳	봉황새	봉	3·2	碑	비석	비	4
舞	춤출	무	4	半	반	반	6	凡	무릇	범	3·2	逢	만날	봉	3·2	祕	숨길	비	4
無	없을	무	5	般	일반	반	3·2	法	법	법	5	負	질	부	4	鼻	코	비	5
茂	무성할	무	3·2	盤	소반	반	3·2	碧	푸를	벽	3·2	否	아닐	부	4	費	쓸	비	5
貿	무역할	무	3·2	飯	밥	반	3·2	壁	벽	벽	4·2	部	떼	부	6	比	견줄	비	5
武	군사	무	4·2	髮	터럭	발	4	辯	말씀	변	4	夫	지아비	부	7	肥	살찔	비	3·2
務	힘쓸	무	4·2	發	필	발	6	變	변할	변	5	父	아비	부	8	卑	낮을	비	3·2
默	잠잠할	묵	3·2	拔	뽑을	발	3·2	邊	가	변	4·2	賦	부세	부	3·2	婢	여종	비	3·2
墨	먹	묵	3·2	妨	방해할	방	4	別	다를	별	6	簿	문서	부	3·2	妃	왕비	비	3·2
聞	들을	문	6	放	놓을	방	6	兵	군사	병	5	浮	뜰	부	3·2	飛	날	비	4·2
問	물을	문	7	方	모	방	7	病	병	병	6	符	부호	부	3·2	悲	슬플	비	4·2
文	글월	문	7	芳	꽃다울	방	3·2	丙	남녘	병	3·2	附	붙을	부	3·2	備	갖출	비	4·2
門	문	문	8	房	방	방	4·2	普	넓을	보	4	付	줄	부	3·2	非	아닐	비	4·2
紋	무늬	문	3·2	訪	찾을	방	4·2	補	기울	보	3·2	腐	썩을	부	3·2	貧	가난할	빈	4·2
物	물건	물	7	防	막을	방	4·2	譜	족보	보	3·2	扶	도울	부	3·2	氷	얼음	빙	5
勿	말	물	3·2	倍	곱	배	5	報	갚을	보	4·2	府	관청	부	4·2	辭	말씀	사	4
美	아름다울	미	6	輩	무리	배	3·2	保	지킬	보	4·2	副	버금	부	4·2	絲	실	사	4
米	쌀	미	6	排	밀칠	배	3·2	步	걸음	보	4·2	富	부자	부	4·2	射	쏠	사	4
尾	꼬리	미	3·2	培	북돋울	배	3·2	寶	보배	보	4·2	婦	며느리	부	4·2	私	사사	사	4
微	작을	미	3·2	背	등	배	4·2	複	겹칠	복	4	北	북녘	북	8	仕	벼슬할	사	5
未	아닐	미	4·2	配	나눌	배	4·2	伏	엎드릴	복	4	憤	분할	분	4	士	선비	사	5
味	맛	미	4·2	拜	절	배	4·2	福	복	복	5	粉	가루	분	4	史	역사	사	5

※ 하위 급수 한자를 가나다순으로 배열했으며, 표시된 숫자는 해당 한자의 급수를 나타냅니다.

한눈에 보는 3급 한자 (하위 급수 한자)

查	조사할 사 5	賞	상줄 상 5	釋	풀 석 3·2	稅	구실 세 4·2	數	셈할 수 7
思	생각 사 5	相	서로 상 5	宣	베풀 선 4	消	사라질 소 6	水	물 수 8
寫	베낄 사 5	上	위 상 7	船	배 선 5	少	적을 소 7	需	쓰일 수 3·2
社	모일 사 6	桑	뽕나무 상 3·2	仙	신선 선 5	所	바 소 7	壽	목숨 수 3·2
使	부릴 사 6	霜	서리 상 3·2	善	착할 선 5	小	작을 소 8	帥	장수 수 3·2
死	죽을 사 6	尙	오히려 상 3·2	選	가릴 선 5	蘇	되살아날 소 3·2	輸	나를 수 3·2
事	일 사 7	詳	자세할 상 3·2	鮮	고울 선 5	疏	트일 소 3·2	殊	다를 수 3·2
四	넉 사 8	喪	잃을 상 3·2	線	줄 선 6	燒	사를 소 3·2	隨	따를 수 3·2
蛇	긴뱀 사 3·2	償	갚을 상 3·2	先	먼저 선 8	訴	호소할 소 3·2	垂	드리울 수 3·2
邪	간사할 사 3·2	裳	치마 상 3·2	旋	돌 선 3·2	笑	웃을 소 4·2	愁	시름 수 3·2
司	맡을 사 3·2	像	모양 상 3·2	禪	선 선 3·2	素	본디 소 4·2	獸	짐승 수 3·2
斜	비낄 사 3·2	常	항상 상 4·2	舌	혀 설 4	掃	쓸 소 4·2	修	닦을 수 4·2
詞	말 사 3·2	床	평상 상 4·2	說	말씀 설 5	屬	붙일 속 4	受	받을 수 4·2
祀	제사 사 3·2	想	생각할 상 4·2	雪	눈 설 6	束	묶을 속 5	收	거둘 수 4·2
沙	모래 사 3·2	狀	형상 상 4·2	設	베풀 설 4·2	速	빠를 속 6	守	지킬 수 4·2
舍	집 사 4·2	色	빛 색 7	性	성품 성 5	俗	풍속 속 4·2	授	줄 수 4·2
師	스승 사 4·2	索	찾을 색 3·2	成	이룰 성 6	續	이을 속 4·2	肅	엄숙할 숙 4
寺	절 사 4·2	塞	막힐 색 3·2	省	살필 성 6	損	덜 손 4	叔	아재비 숙 4
謝	사례할 사 4·2	生	날 생 8	姓	성씨 성 7	孫	손자 손 6	宿	묵을 숙 5
削	깎을 삭 3·2	序	차례 서 5	聲	소리 성 4·2	松	소나무 송 4	熟	익을 숙 3·2
散	흩을 산 4	書	글 서 6	聖	성인 성 4·2	頌	칭송할 송 4	淑	맑을 숙 3·2
産	낳을 산 5	西	서녘 서 8	誠	정성 성 4·2	訟	송사할 송 3·2	順	순할 순 5
算	셈할 산 7	署	마을 서 3·2	星	별 성 4·2	送	보낼 송 4·2	巡	돌 순 3·2
山	메 산 8	恕	용서할 서 3·2	城	재 성 4·2	鎖	쇠사슬 쇄 3·2	瞬	눈깜짝일 순 3·2
殺	죽일 살 4·2	徐	천천히 서 3·2	盛	성할 성 4·2	刷	인쇄할 쇄 3·2	旬	열흘 순 3·2
三	석 삼 8	緖	실마리 서 3·2	歲	해 세 5	衰	쇠할 쇠 3·2	純	순수할 순 4·2
森	수풀 삼 3·2	席	자리 석 6	洗	씻을 세 5	秀	빼어날 수 4	術	재주 술 6
傷	다칠 상 4	石	돌 석 6	世	인간 세 7	首	머리 수 5	述	펼 술 3·2
象	코끼리 상 4	夕	저녁 석 7	勢	기세 세 4·2	樹	나무 수 6	崇	높을 숭 4
商	장사 상 5	惜	아낄 석 3·2	細	가늘 세 4·2	手	손 수 7	習	익힐 습 6

※ 하위 급수 한자를 가나다순으로 배열했으며, 표시된 숫자는 해당 한자의 급수를 나타냅니다.

한눈에 보는 3급 한자 (하위 급수 한자)

襲	엄습할	습 3·2	申	아뢸	신 4·2	愛	사랑	애 6	如	같을	여 4·2	英	꽃부리	영 6
拾	주울	습 3·2	實	열매	실 5	哀	슬플	애 3·2	域	지경	역 4	永	길	영 6
濕	젖을	습 3·2	失	잃을	실 6	額	이마	액 4	易	바꿀	역 4	影	그림자	영 3·2
勝	이길	승 6	室	집	실 8	液	즙	액 4·2	疫	전염병	역 3·2	榮	영화	영 4·2
昇	오를	승 3·2	心	마음	심 7	夜	밤	야 6	役	부릴	역 3·2	豫	미리	예 4
乘	탈	승 3·2	審	살필	심 3·2	野	들	야 6	驛	역	역 3·2	譽	기릴	예 3·2
僧	중	승 3·2	甚	심할	심 3·2	約	맺을	약 5	亦	또	역 3·2	藝	재주	예 4·2
承	이을	승 4·2	深	깊을	심 4·2	藥	약	약 6	譯	번역할	역 3·2	午	낮	오 7
示	보일	시 5	十	열	십 8	弱	약할	약 6	逆	거스를	역 4·2	五	다섯	오 8
始	비로소	시 6	雙	두	쌍 3·2	若	같을	약 3·2	燃	탈	연 4	悟	깨달을	오 3·2
時	때	시 7	氏	성씨	씨 4	樣	모양	양 4	緣	인연	연 4	烏	까마귀	오 3·2
市	저자	시 7	兒	아이	아 5	養	기를	양 5	延	늘일	연 4	誤	그르칠	오 4·2
侍	모실	시 3·2	芽	싹	아 3·2	洋	큰바다	양 6	鉛	납	연 4	屋	집	옥 5
詩	시	시 4·2	阿	언덕	아 3·2	陽	볕	양 6	然	그럴	연 7	獄	감옥	옥 3·2
是	이	시 4·2	牙	어금니	아 3·2	壤	흙덩이	양 3·2	沿	물따라갈	연 3·2	玉	구슬	옥 4·2
視	볼	시 4·2	我	나	아 3·2	揚	날릴	양 3·2	軟	연할	연 3·2	溫	따뜻할	온 6
施	베풀	시 4·2	雅	고울	아 3·2	讓	사양할	양 3·2	宴	잔치	연 3·2	瓦	기와	와 3·2
試	시험할	시 4·2	亞	버금	아 3·2	羊	양	양 4·2	燕	제비	연 3·2	完	완전할	완 5
識	알	식 5	惡	악할	악 5	魚	고기	어 5	硏	갈	연 4·2	緩	느릴	완 3·2
式	법	식 6	樂	풍류	악 6	漁	고기잡을	어 5	演	펼칠	연 4·2	王	임금	왕 8
食	먹을	식 7	案	책상	안 5	語	말할	어 7	煙	연기	연 4·2	往	갈	왕 4·2
植	심을	식 7	安	편안	안 7	御	거느릴	어 3·2	熱	더울	열 5	外	바깥	외 8
飾	꾸밀	식 3·2	岸	언덕	안 3·2	億	억	억 5	悅	기쁠	열 3·2	要	구할	요 5
息	숨쉴	식 4·2	顔	낯	안 3·2	憶	생각할	억 3·2	鹽	소금	염 3·2	曜	빛날	요 5
臣	신하	신 5	眼	눈	안 4·2	抑	누를	억 3·2	炎	불꽃	염 3·2	謠	노래	요 4·2
信	믿을	신 6	巖	바위	암 3·2	言	말씀	언 6	染	물들	염 3·2	浴	목욕할	욕 5
神	귀신	신 6	暗	어두울	암 4·2	嚴	엄할	엄 4	葉	잎	엽 5	欲	하고자할	욕 3·2
新	새로울	신 6	壓	누를	압 4·2	業	일	업 6	映	비칠	영 4	辱	욕될	욕 3·2
身	몸	신 6	仰	우러를	앙 3·2	與	더불	여 4	營	경영할	영 4	慾	욕심	욕 3·2
愼	삼갈	신 3·2	央	가운데	앙 3·2	餘	남을	여 4·2	迎	맞을	영 4	勇	날랠	용 6

※ 하위 급수 한자를 가나다순으로 배열했으며, 표시된 숫자는 해당 한자의 급수를 나타냅니다.

한눈에 보는 3급 한자 (하위 급수 한자)

한자	훈	음 급수	한자	훈	음 급수	한자	훈	음 급수	한자	훈	음 급수	한자	훈	음 급수
用	쓸	용 6	越	넘을	월 3·2	潤	불을	윤 3·2	人	사람	인 8	帳	장막	장 4
容	얼굴	용 4·2	委	맡길	위 4	率	비율	율 3·2	忍	참을	인 3·2	張	베풀	장 4
優	넉넉할	우 4	圍	에워쌀	위 4	隱	숨을	은 4	印	도장	인 4·2	壯	장할	장 4
遇	만날	우 4	威	위엄	위 4	銀	은	은 6	引	끌	인 4·2	獎	장려할	장 4
郵	우편	우 4	慰	위로할	위 4	恩	은혜	은 4·2	認	알	인 4·2	章	글	장 6
雨	비	우 5	危	위태할	위 4	乙	새	을 3·2	一	한	일 8	場	마당	장 7
友	벗	우 5	偉	클	위 5	飮	마실	음 6	日	날	일 8	長	긴	장 8
牛	소	우 5	位	자리	위 5	音	소리	음 6	逸	편안할	일 3·2	丈	어른	장 3·2
右	오른	우 7	僞	거짓	위 3·2	淫	음란할	음 3·2	任	맡길	임 5	臟	오장	장 3·2
宇	집	우 3·2	胃	밥통	위 3·2	陰	그늘	음 4·2	壬	북방	임 3·2	葬	장사지낼	장 3·2
偶	짝	우 3·2	謂	이를	위 3·2	邑	고을	읍 7	賃	품삯	임 3·2	莊	씩씩할	장 3·2
羽	깃	우 3·2	爲	할	위 4·2	應	응할	응 4·2	入	들	입 7	藏	감출	장 3·2
愚	어리석을	우 3·2	衛	지킬	위 4·2	儀	거동	의 4	姉	손위누이	자 4	掌	손바닥	장 3·2
憂	근심	우 3·2	遊	놀	유 4	疑	의심할	의 4	資	재물	자 4	粧	단장할	장 3·2
雲	구름	운 5	儒	선비	유 4	依	의지할	의 4	姿	모양	자 4	將	장수	장 4·2
運	옮길	운 6	乳	젖	유 4	意	뜻	의 6	者	놈	자 6	障	막을	장 4·2
韻	운	운 3·2	遺	남길	유 4	衣	옷	의 6	字	글자	자 7	再	두	재 5
雄	수컷	웅 5	油	기름	유 6	醫	의원	의 6	子	아들	자 7	災	재앙	재 5
源	근원	원 4	由	말미암을	유 6	議	의논할	의 4·2	自	스스로	자 7	財	재물	재 5
怨	원망할	원 4	有	있을	유 7	義	옳을	의 4·2	慈	사랑	자 3·2	材	재목	재 5
援	도울	원 4	柔	부드러울	유 3·2	異	다를	이 4	紫	자줏빛	자 3·2	在	있을	재 6
元	으뜸	원 5	誘	꾈	유 3·2	耳	귀	이 5	刺	찌를	자 3·2	才	재주	재 6
院	집	원 5	幽	그윽할	유 3·2	以	써	이 5	昨	어제	작 6	栽	심을	재 3·2
願	바랄	원 5	猶	오히려	유 3·2	二	두	이 8	作	지을	작 6	載	실을	재 3·2
原	언덕	원 5	悠	멀	유 3·2	已	이미	이 3·2	殘	남을	잔 4	裁	옷마를	재 3·2
園	동산	원 6	維	벼리	유 3·2	移	옮길	이 4·2	暫	잠깐	잠 3·2	爭	다툴	쟁 5
遠	멀	원 6	裕	넉넉할	유 3·2	翼	날개	익 3·2	潛	잠길	잠 3·2	底	밑	저 4
員	수효	원 4·2	幼	어릴	유 3·2	益	더할	익 4·2	雜	섞일	잡 4	貯	쌓을	저 5
圓	둥글	원 4·2	育	기를	육 7	仁	어질	인 4	裝	꾸밀	장 4	著	나타날	저 3·2
月	달	월 8	肉	고기	육 4·2	因	인할	인 5	腸	창자	장 4	抵	막을	저 3·2

※ 하위 급수 한자를 가나다순으로 배열했으며, 표시된 숫자는 해당 한자의 급수를 나타냅니다.

한눈에 보는 3급 한자(하위 급수 한자)

漢字	훈	음 급수	漢字	훈	음 급수	漢字	훈	음 급수	漢字	훈	음 급수	漢字	훈	음 급수
低	낮을	저 4·2	點	점	점 4	祭	제사	제 4·2	宗	마루	종 4·2	蒸	찔	증 3·2
績	길쌈	적 4	占	점칠	점 4	濟	건널	제 4·2	座	자리	좌 4	曾	일찍	증 3·2
賊	도둑	적 4	店	가게	점 5	除	덜	제 4·2	左	왼	좌 7	憎	미울	증 3·2
積	쌓을	적 4	漸	점점	점 3·2	提	끌	제 4·2	坐	앉을	좌 3·2	症	증세	증 3·2
適	맞을	적 4	接	이을	접 4·2	際	가	제 4·2	罪	허물	죄 5	增	더할	증 4·2
籍	문서	적 4	靜	고요할	정 4	製	지을	제 4·2	周	두루	주 4	智	슬기	지 4
赤	붉을	적 5	整	가지런할	정 4	潮	조수	조 4	酒	술	주 4	持	가질	지 4
的	과녁	적 5	丁	장정	정 4	條	가지	조 4	朱	붉을	주 4	誌	기록할	지 4
寂	고요할	적 3·2	停	머무를	정 5	組	짤	조 4	週	주일	주 5	止	그칠	지 5
蹟	자취	적 3·2	情	뜻	정 5	操	잡을	조 5	州	고을	주 5	知	알	지 5
摘	딸	적 3·2	定	정할	정 6	調	고를	조 5	晝	낮	주 6	紙	종이	지 7
跡	발자취	적 3·2	庭	뜰	정 6	朝	아침	조 6	注	부을	주 6	地	땅	지 7
笛	피리	적 3·2	正	바를	정 7	祖	할아비	조 7	主	주인	주 7	之	갈	지 3·2
敵	원수	적 4·2	井	우물	정 3·2	兆	억조	조 3·2	住	머물	주 7	枝	가지	지 3·2
錢	돈	전 4	淨	깨끗할	정 3·2	照	비칠	조 3·2	奏	아뢸	주 3·2	池	못	지 3·2
轉	구를	전 4	貞	곧을	정 3·2	租	조세	조 3·2	洲	물가	주 3·2	支	가를	지 4·2
專	오로지	전 4	征	칠	정 3·2	鳥	새	조 4·2	珠	구슬	주 3·2	志	뜻	지 4·2
典	법	전 5	亭	정자	정 3·2	助	도울	조 4·2	株	그루	주 3·2	至	이를	지 4·2
展	펼	전 5	廷	조정	정 3·2	早	이를	조 4·2	柱	기둥	주 3·2	指	손가락	지 4·2
傳	전할	전 5	頂	정수리	정 3·2	造	지을	조 4·2	鑄	쇠불릴	주 3·2	織	짤	직 4
戰	싸울	전 6	政	정사	정 4·2	族	겨레	족 6	宙	집	주 3·2	直	곧을	직 7
前	앞	전 7	精	세밀할	정 4·2	足	발	족 7	走	달릴	주 4·2	職	벼슬	직 4·2
全	온전	전 7	程	길	정 4·2	存	있을	존 4	竹	대	죽 4·2	珍	보배	진 4
電	번개	전 7	帝	임금	제 4	尊	높을	존 4·2	準	법도	준 4·2	盡	다할	진 4
殿	전각	전 3·2	第	차례	제 6	卒	마칠	졸 5	重	무거울	중 7	陣	진칠	진 4
田	밭	전 4·2	題	제목	제 6	從	좇을	종 4	中	가운데	중 8	陳	베풀	진 3·2
折	꺾을	절 4	弟	아우	제 8	鍾	쇠북	종 4	仲	버금	중 3·2	震	우레	진 3·2
切	끊을	절 5	諸	모두	제 3·2	種	씨앗	종 5	衆	무리	중 4·2	鎭	진압할	진 3·2
節	마디	절 5	齊	가지런할	제 3·2	終	끝	종 5	卽	곧	즉 3·2	辰	별	진 3·2
絶	끊을	절 4·2	制	절제할	제 4·2	縱	세로	종 3·2	證	증거	증 4	振	떨칠	진 3·2

※ 하위 급수 한자를 가나다순으로 배열했으며, 표시된 숫자는 해당 한자의 급수를 나타냅니다.

한눈에 보는 3급 한자(하위 급수 한자)

眞	참	진 4·2	策	꾀	책 3·2	觸	닿을	촉 3·2	致	이를	치 5	泰	클	태 3·2
進	나아갈	진 4·2	妻	아내	처 3·2	促	재촉할	촉 3·2	恥	부끄러울	치 3·2	殆	거의	태 3·2
質	바탕	질 5	處	곳	처 4·2	村	마을	촌 7	稚	어릴	치 3·2	態	모양	태 4·2
秩	차례	질 3·2	戚	친척	척 3·2	寸	마디	촌 8	値	값	치 3·2	擇	가릴	택 4
疾	병	질 3·2	尺	자	척 3·2	總	모두	총 4·2	置	둘	치 4·2	宅	집	택 5
集	모을	집 6	拓	넓힐	척 3·2	銃	총	총 4·2	齒	이	치 4·2	澤	못	택 3·2
執	잡을	집 3·2	泉	샘	천 4	最	가장	최 5	治	다스릴	치 4·2	討	칠	토 4
徵	부를	징 3·2	天	하늘	천 7	催	재촉할	최 3·2	則	법칙	칙 5	土	흙	토 8
差	다를	차 4	千	일천	천 7	推	밀	추 4	親	친할	친 6	吐	토할	토 3·2
此	이	차 3·2	川	내	천 7	秋	가을	추 7	七	일곱	칠 8	兔	토끼	토 3·2
借	빌릴	차 3·2	踐	밟을	천 3·2	追	쫓을	추 3·2	漆	옻	칠 3·2	痛	아플	통 4
次	버금	차 4·2	淺	얕을	천 3·2	縮	줄일	축 4	寢	잘	침 4	通	통할	통 6
着	붙을	착 5	遷	옮길	천 3·2	祝	빌	축 5	針	바늘	침 4	統	거느릴	통 4·2
錯	어긋날	착 3·2	賤	천할	천 3·2	畜	짐승	축 3·2	浸	잠길	침 3·2	退	물러날	퇴 4·2
讚	기릴	찬 4	鐵	쇠	철 5	蓄	모을	축 4·2	沈	잠길	침 3·2	鬪	싸움	투 4
贊	도울	찬 3·2	哲	밝을	철 3·2	築	다질	축 4·2	侵	침노할	침 4·2	投	던질	투 4
察	살필	찰 4·2	徹	통할	철 3·2	春	봄	춘 7	稱	일컬을	칭 4	透	사무칠	투 3·2
參	참여할	참 5	廳	관청	청 4	出	날	출 7	快	쾌할	쾌 4·2	特	특별할	특 6
唱	부를	창 5	聽	들을	청 4	充	채울	충 5	打	칠	타 5	派	갈래	파 4
窓	창문	창 6	淸	맑을	청 6	衝	찌를	충 3·2	他	다를	타 5	破	깨뜨릴	파 4·2
蒼	푸를	창 3·2	靑	푸를	청 8	蟲	벌레	충 4·2	卓	높을	탁 5	波	물결	파 4·2
昌	창성할	창 3·2	請	청할	청 4·2	忠	충성	충 4·2	彈	탄알	탄 4	判	판단할	판 4
倉	곳집	창 3·2	體	몸	체 6	趣	뜻	취 4	歎	탄식할	탄 4	板	널	판 5
創	비롯할	창 4·2	滯	막힐	체 3·2	就	나아갈	취 4	炭	숯	탄 5	版	판목	판 3·2
採	캘	채 4	招	부를	초 4	醉	취할	취 3·2	脫	벗을	탈 4	八	여덟	팔 8
彩	채색	채 3·2	初	처음	초 5	吹	불	취 3·2	奪	빼앗을	탈 3·2	敗	질	패 5
菜	나물	채 3·2	草	풀	초 7	取	취할	취 4·2	探	찾을	탐 4	篇	책	편 4
債	빚	채 3·2	肖	닮을	초 3·2	側	곁	측 3·2	塔	탑	탑 3·2	便	편할	편 7
冊	책	책 4	超	뛰어넘을	초 3·2	測	헤아릴	측 4·2	湯	끓을	탕 3·2	編	엮을	편 3·2
責	꾸짖을	책 5	礎	주춧돌	초 3·2	層	층	층 4	太	클	태 6	偏	치우칠	편 3·2

※ 하위 급수 한자를 가나다순으로 배열했으며, 표시된 숫자는 해당 한자의 급수를 나타냅니다.

한눈에 보는 3급 한자(하위 급수 한자)

片	조각	편 3·2	河	물	하 5	幸	다행	행 6	浩	넓을	호 3·2	活	살	활 7
評	평할	평 4	夏	여름	하 7	向	향할	향 6	胡	되	호 3·2	況	상황	황 4
平	평평할	평 7	下	아래	하 7	響	울릴	향 3·2	虎	범	호 3·2	黃	누를	황 6
閉	닫을	폐 4	何	어찌	하 3·2	香	향기	향 4·2	戶	지게문	호 4·2	荒	거칠	황 3·2
肺	허파	폐 3·2	賀	하례할	하 3·2	鄕	시골	향 4·2	好	좋을	호 4·2	皇	임금	황 3·2
弊	폐단	폐 3·2	荷	멜	하 3·2	許	허락할	허 5	護	도울	호 4·2	灰	재	회 4
廢	폐할	폐 3·2	學	배울	학 8	虛	빌	허 4·2	呼	부를	호 4·2	會	모일	회 6
胞	세포	포 4	鶴	학	학 3·2	憲	법	헌 4	或	혹	혹 4	悔	뉘우칠	회 3·2
捕	잡을	포 3·2	閑	한가할	한 4	獻	드릴	헌 3·2	惑	미혹할	혹 3·2	懷	품을	회 3·2
浦	개	포 3·2	恨	한	한 4	險	험할	험 4	混	섞을	혼 4	回	돌아올	회 4·2
砲	대포	포 4·2	寒	찰	한 5	驗	시험	험 4·2	婚	혼인할	혼 4	獲	얻을	획 3·2
暴	사나울	포 4·2	漢	한수	한 7	革	가죽	혁 4	魂	넋	혼 3·2	劃	그을	획 3·2
布	베	포 4·2	韓	한국	한 8	顯	나타날	현 4	忽	갑자기	홀 3·2	橫	가로	횡 3·2
包	쌀	포 4·2	汗	땀	한 3·2	現	나타날	현 6	紅	붉을	홍 4	效	본받을	효 5
爆	불터질	폭 4	限	한정	한 4·2	懸	달	현 3·2	洪	넓을	홍 3·2	孝	효도	효 7
標	표할	표 4	割	벨	할 3·2	玄	검을	현 3·2	華	빛날	화 4	候	기후	후 4
表	겉	표 6	陷	빠질	함 3·2	賢	어질	현 4·2	化	될	화 5	厚	두터울	후 4
票	표	표 4·2	含	머금을	함 3·2	穴	굴	혈 3·2	畵	그림	화 6	後	뒤	후 7
品	물건	품 5	合	합할	합 6	血	피	혈 4·2	和	화할	화 6	訓	가르칠	훈 6
風	바람	풍 6	降	항복할	항 4	脅	위협할	협 3·2	花	꽃	화 7	揮	휘두를	휘 4
楓	단풍	풍 3·2	抗	겨룰	항 4	協	화할	협 4·2	話	말씀	화 7	休	쉴	휴 7
豊	풍년	풍 4·2	項	항목	항 3·2	刑	형벌	형 4	火	불	화 8	凶	흉할	흉 5
避	피할	피 4	恒	항상	항 3·2	形	모양	형 6	禍	재앙	화 3·2	胸	가슴	흉 3·2
疲	피곤할	피 4	航	배	항 4·2	兄	형	형 8	貨	재물	화 4·2	黑	검을	흑 5
被	입을	피 3·2	港	항구	항 4·2	衡	저울대	형 3·2	確	굳을	확 4·2	吸	마실	흡 4·2
皮	가죽	피 3·2	害	해칠	해 5	慧	슬기로울	혜 3·2	歡	기쁠	환 4	興	일	흥 4·2
彼	저	피 3·2	海	바다	해 7	惠	은혜	혜 4·2	環	고리	환 4	喜	기쁠	희 4
必	반드시	필 5	解	풀	해 4·2	湖	호수	호 5	患	근심	환 5	戲	놀이	희 3·2
筆	붓	필 5	核	씨	핵 4	號	이름	호 6	換	바꿀	환 3·2	稀	드물	희 3·2
畢	마칠	필 3·2	行	다닐	행 6	豪	호걸	호 3·2	還	돌아올	환 3·2	希	바랄	희 4·2

※ 하위 급수 한자를 가나다순으로 배열했으며, 표시된 숫자는 해당 한자의 급수를 나타냅니다.

미리 보는 2급 한자

188자			膽	쓸개	담	冒	무릅쓸	모	碩	클	석	刃	칼날	인
葛	칡	갈	垈	집터	대	帽	모자	모	繕	기울	선	壹	한	일
憾	섭섭할	감	戴	일	대	矛	창	모	纖	가늘	섬	妊	아이밸	임
坑	구덩이	갱	悼	슬퍼할	도	沐	머리감을	목	貰	세놓을	세	磁	자석	자
憩	쉴	게	桐	오동나무	동	紊	어지러울	문	紹	이을	소	諮	물을	자
揭	높이들	게	棟	마룻대	동	舶	배	박	盾	방패	순	雌	암컷	자
雇	품팔	고	藤	등나무	등	搬	옮길	반	升	되	승	蠶	누에	잠
戈	창	과	謄	베낄	등	紡	길쌈	방	屍	주검	시	沮	막을	저
瓜	외	과	裸	벗을	라	俳	배우	배	殖	불릴	식	呈	드릴	정
菓	과자	과	洛	물이름	락	賠	물어줄	배	腎	콩팥	신	艇	큰배	정
款	항목	관	爛	빛날	란	柏	측백	백	紳	띠	신	偵	염탐할	정
傀	허수아비	괴	藍	쪽	람	閥	문벌	벌	握	쥘	악	劑	약제	제
膠	아교	교	拉	끌	랍	汎	넓을	범	癌	암	암	釣	낚시/낚을	조
絞	목맬	교	輛	수레	량	僻	궁벽할	벽	碍	거리낄	애	彫	새길	조
僑	더부살이	교	煉	달굴	련	倂	아우를	병	惹	이끌	야	措	둘	조
歐	칠	구	籠	대바구니	롱	縫	꿰맬	봉	孃	아가씨	양	綜	모을	종
購	살	구	療	병고칠	료	俸	녹	봉	硯	벼루	연	駐	머무를	주
鷗	갈매기	구	謬	그릇될	류	敷	펼	부	厭	싫어할	염	准	비준	준
窟	굴	굴	硫	유황	류	膚	살갗	부	預	미리/맡길	예	旨	뜻	지
掘	팔	굴	痲	저릴	마	弗	아닐	불	梧	오동나무	오	脂	기름	지
圈	우리	권	魔	마귀	마	匪	비적	비	穩	편안할	온	津	나루	진
闕	대궐	궐	摩	문지를	마	唆	부추길	사	歪	기울	왜/외	塵	티끌	진
閨	안방	규	膜	막	막	飼	기를	사	妖	요사할	요	診	진찰할	진
棋	바둑	기	灣	물굽이	만	赦	용서할	사	傭	품팔	용	窒	막힐	질
濃	짙을	농	娩	해산할	만	傘	우산	산	熔	녹일	용	輯	모을	집
尿	오줌	뇨	蠻	오랑캐	만	酸	실	산	鬱	답답할	울	遮	가릴	차
尼	여승	니	網	그물	망	蔘	삼	삼	苑	나라동산	원	餐	밥	찬
溺	빠질	닉	魅	도깨비	매	揷	꽂을	삽	尉	벼슬	위	刹	절	찰
鍛	쇠불릴	단	枚	낱	매	箱	상자	상	融	녹을	융	札	편지	찰
潭	못	담	蔑	업신여길	멸	瑞	상서	서	貳	두	이	斬	벨	참

※ 2급 한자를 가나다순으로 배열했습니다.

미리 보는 2급 한자

彰	드러날	창	酷	심할	혹	**인명 지명용**		槐	회화나무	괴	乭	이름	돌
滄	큰바다	창	靴	신	화	賈	성	가	玖	옥돌	구	董	바를	동
悽	슬퍼할	처	幻	헛보일	환	迦	부처이름	가	邱	언덕	구	杜	막을	두
隻	외짝	척	滑	미끄러울	활	柯	가지	가	鞠	성	국	鄧	나라이름	등
撤	거둘	철	廻	돌	회	軻	수레	가	奎	별이름	규	萊	명아주	래
諜	염탐할	첩	喉	목구멍	후	伽	절	가	揆	헤아릴	규	亮	밝을	량
締	맺을	체	勳	공	훈	珏	쌍옥	각	圭	서옥	규	樑	들보	량
焦	탈	초	姬	계집	희	杆	몽둥이	간	珪	홀	규	驪	검은말	려
哨	망볼	초	噫	한숨쉴	희	艮	괘이름	간	槿	무궁화	근	呂	성	려
趨	달아날	추	熙	빛날	희	鞨	말갈	갈	瑾	미옥	근	礪	숫돌	려
軸	굴대	축				鉀	갑옷	갑	兢	떨릴	긍	廬	농막	려
蹴	찰	축				岬	곶	갑	璣	별이름	기	漣	잔물결	련
衷	속마음	충				彊	굳셀	강	岐	갈림길	기	濂	물이름	렴
炊	불땔	취				疆	지경	강	箕	키	기	玲	옥소리	령
琢	다듬을	탁				岡	산등성이	강	琪	미옥	기	醴	단술	례
託	부탁할	탁				姜	성	강	麒	기린	기	盧	성	로
颱	태풍	태				崗	언덕	강	淇	물이름	기	鷺	해오라기	로
胎	아이밸	태				价	클	개	驥	준마	기	魯	노둔할	로
霸	으뜸	패				塏	높은땅	개	沂	물이름	기	蘆	갈대	로
坪	들	평				鍵	자물쇠	건	驥	천리마	기	遼	멀	료
抛	던질	포				杰	뛰어날	걸	耆	늙을	기	劉	성/죽일	류
怖	두려워할	포				桀	하왕이름	걸	冀	바랄	기	崙	산이름	륜
鋪	펼	포				甄	질그릇	견	琦	옥이름	기	楞	네모질	릉
虐	모질	학				璟	옥빛	경	湍	여울	단	麟	기린	린
翰	편지	한				儆	경계할	경	塘	못	당	靺	말갈	말
艦	큰배	함				瓊	구슬	경	悳	큰/덕행	덕	貊	맥국	맥
弦	시위	현				炅	빛날	경	燾	비칠	도	覓	찾을	멱
峽	골짜기	협				皐	언덕	고	頓	조아릴	돈	沔	물이름	면
型	모형	형				串	꿸	관	燉	불빛	돈	冕	면류관	면
壕	해자/호주	호				琯	옥피리	관	惇	도타울	돈	俛	힘쓸	면

※ 2급 한자를 가나다순으로 배열했습니다.

미리 보는 2급 한자

牟	성	모	輔	도울	보	沼	못	소	瑛	옥빛	영	旭	아침해	욱
茅	띠	모	馥	향기	복	邵	땅이름	소	盈	찰	영	頊	삼갈	욱
謨	꾀	모	蓬	쑥	봉	宋	성	송	瑩	옥돌	영	芸	향풀	운
穆	화목할	목	傅	스승	부	銖	저울눈	수	濊	종족이름	예	蔚	고을이름	울
昴	별이름	묘	釜	가마	부	洙	물가	수	芮	성	예	熊	곰	웅
汶	물이름	문	阜	언덕	부	隋	수나라	수	睿	슬기	예	媛	계집	원
彌	오랠	미	芬	향기	분	洵	참으로	순	墺	물가	오	瑗	구슬	원
閔	성	민	鵬	새	봉	荀	풀이름	순	吳	나라이름	오	袁	성	원
玟	아름다운돌	민	毘	도울	비	淳	순박할	순	沃	기름질	옥	韋	가죽	위
珉	옥돌	민	毖	삼갈	비	舜	순임금	순	鈺	보배	옥	魏	나라이름	위
旼	화할	민	丕	클	비	珣	옥이름	순	邕	막힐	옹	渭	물이름	위
旻	하늘	민	彬	빛날	빈	瑟	큰거문고	슬	雍	화할	옹	楡	느릅나무	유
潘	성	반	馮	탈	빙	繩	노끈	승	甕	독	옹	兪	성	유
磻	반계	반	泗	물이름	사	柴	섶	시	莞	빙그레할	완	庾	곳집	유
鉢	바리때	발	庠	학교	상	軾	수레앞나무	식	汪	넓을	왕	踰	넘을	유
渤	바다이름	발	舒	펼	서	湜	물맑을	식	旺	성할	왕	允	맏	윤
旁	곁/두루	방	晳	밝을	석	瀋	즙낼	심	倭	왜나라	왜	鈗	창	윤
龐	높은집	방	錫	주석	석	閼	막을	알	姚	예쁠	요	尹	성	윤
裵	성	배	奭	클	석	鴨	오리	압	堯	요임금	요	胤	자손	윤
筏	뗏목	벌	璿	구슬	선	艾	쑥	애	耀	빛날	요	殷	은나라	은
范	성	범	瑄	도리옥	선	埃	티끌	애	鎔	쇠녹일	용	垠	지경	은
弁	고깔	변	璇	옥	선	倻	가야	야	瑢	패옥소리	용	誾	향기	은
卞	성	변	卨	사람이름	설	襄	도울	양	溶	녹을	용	鷹	매	응
昞	밝을	병	薛	성	설	彦	선비	언	鏞	쇠북	용	伊	저	이
炳	불꽃	병	暹	햇살치밀	섬	妍	고울	연	祐	복	우	怡	기쁠	이
柄	자루	병	陜	땅이름	섬	淵	못	연	佑	도울	우	珥	귀고리	이
昺	밝을	병	蟾	두꺼비	섬	衍	넓을	연	禹	성	우	翊	도울	익
秉	잡을	병	燮	불꽃	섭	閻	마을	염	郁	성할	욱	佾	줄춤	일
甫	클	보	晟	밝을	성	燁	빛날	엽	昱	햇빛밝을	욱	鎰	무게이름	일
潽	물이름	보	巢	새집	소	暎	비칠	영	煜	빛날	욱	滋	불을	자

※ 2급 한자를 가나다순으로 배열했습니다.

미리 보는 2급 한자

璋	홀 장	濬	깊을 준	崔	성 최	亢	높을 항	煥	빛날 환
庄	전장 장	址	터 지	楸	가래나무 추	沆	넓을 항	桓	굳셀 환
獐	노루 장	芝	지초 지	鄒	나라이름 추	杏	살구나무 행	滉	깊을 황
蔣	성 장	稙	올벼 직	椿	참죽나무 춘	爀	불빛 혁	晃	밝을 황
甸	경기 전	稷	피/기장 직	沖	화할 충	赫	빛날 혁	檜	전나무 회
汀	물가 정	晉	진나라 진	聚	모을 취	炫	밝을 현	淮	물이름 회
楨	광나무 정	秦	성 진	雉	꿩 치	峴	고개 현	后	왕후/임금 후
晶	맑을 정	鑽	뚫을 찬	峙	언덕 치	鉉	솥귀 현	薰	향풀 훈
鄭	나라 정	燦	빛날 찬	灘	여울 탄	馨	꽃다울 형	壎	질나팔 훈
旌	기 정	璨	옥빛 찬	耽	즐길 탐	邢	성 형	熏	불길 훈
鼎	솥 정	瓚	옥잔 찬	台	별 태	瀅	물맑을 형	徽	아름다울 휘
珽	옥이름 정	敞	시원할 창	兌	바꿀 태	炯	빛날 형	烋	아름다울 휴
禎	상서로울 정	昶	해길 창	坡	언덕 파	昊	하늘 호	匈	오랑캐 흉
祚	복 조	埰	사패지 채	阪	언덕 판	晧	밝을 호	欽	공경할 흠
趙	나라 조	采	풍채 채	彭	성 팽	皓	흴 호	嬉	아름다울 희
曺	성 조	蔡	성 채	扁	작을 편	澔	넓을 호	憙	기뻐할 희
琮	옥홀 종	陟	오를 척	葡	포도 포	鎬	호경 호	義	복희 희
疇	밭이랑 주	釧	팔찌 천	鮑	절인물고기 포	扈	따를 호	禧	복 희
峻	높을 준	喆	밝을 철	杓	북두자루 표	壕	해자 호	熹	빛날 희
埈	높을 준	澈	맑을 철	泌	스며흐를 필	祜	복 호		
駿	준마 준	瞻	볼 첨	弼	도울 필	泓	물깊을 홍		
浚	깊게할 준	楚	초나라 초	邯	땅이름 한	嬅	탐스러울 화		
晙	밝을 준	蜀	나라이름 촉	陜	땅이름 합	樺	자작나무 화		

※ 2급 한자를 가나다순으로 배열했습니다.

부수일람표(214개)

1 획
一 한 일	
丨 뚫을 곤	
丶 심지불 주	
丿 삐칠 별	
乙 새 을	
亅 갈고리 궐	

2 획
二 두 이	
亠 머리 두	
人 사람 인	
儿 어진사람 인	
入 들 입	
八 여덟 팔	
冂 멀 경	
冖 덮을 멱	
冫 얼음 빙	
几 안석 궤	
凵 입벌릴 감	
刀 칼 도	
力 힘 력	
勹 쌀 포	
匕 숟가락 비	
匚 상자 방	
匸 감출 혜	
十 열 십	
卜 점 복	
卩 병부 절	
厂 언덕 한	
厶 사사 사	
又 또 우	

3 획
口 입 구	
囗 에울 위	
土 흙 토	
士 선비 사	
夂 뒤처져올 치	
夊 천천히걸을 쇠	
夕 저녁 석	
大 큰 대	
女 계집 녀	
子 아들 자	
宀 집 면	
寸 마디 촌	
小 작을 소	
尢 절름발이 왕	
尸 주검 시	
屮 싹날 철	
山 메 산	
巛 내 천	
工 장인 공	
己 몸 기	
巾 수건 건	
干 방패 간	
幺 작을 요	
广 집 엄	
廴 길게걸을 인	
廾 두손잡을 공	
弋 주살 익	
弓 활 궁	
彐 돼지머리 계	
彡 터럭 삼	
彳 자축거릴 척	

4 획
心 마음 심	
戈 창 과	
戶 지게문 호	
手 손 수	
支 지탱할 지	
攴 칠 복	
文 글월 문	
斗 말 두	
斤 도끼 근	
方 모 방	
无 없을 무	
日 날 일	
曰 가로 왈	
月 달 월	
木 나무 목	
欠 하품 흠	
止 그칠 지	
歹 앙상할 알	
殳 몽둥이 수	
毋 말 무	
比 견줄 비	
毛 털 모	
氏 성씨 씨	
气 기운 기	
水 물 수	
火 불 화	
爪 손톱 조	
父 아비 부	
爻 사귈 효	
爿 조각 장	
片 조각 편	
牙 어금니 아	
牛 소 우	
犬 개 견	

5 획
玄 검을 현	
玉 구슬 옥	
瓜 오이 과	
瓦 기와 와	
甘 달 감	
生 날 생	
用 쓸 용	
田 밭 전	
疋 필 필	
疒 병들 녁	
癶 등질 발	
白 흰 백	
皮 가죽 피	
皿 그릇 명	
目 눈 목	
矛 창 모	
矢 화살 시	
石 돌 석	
示 보일 시	
禸 짐승발자국 유	
禾 벼 화	
穴 구멍 혈	
立 설 립	

6 획
竹 대 죽	
米 쌀 미	
糸 실 멱	
缶 질장구 부	
网 그물 망	
羊 양 양	
羽 날개 우	
老 늙을 로	
而 말이을 이	
耒 쟁기 뢰	
耳 귀 이	
聿 붓 율	
肉 고기 육	
臣 신하 신	
自 스스로 자	
至 이를 지	
臼 절구 구	
舌 혀 설	
舛 어그러질 천	
舟 배 주	
艮 그칠 간	
色 빛 색	
艸 풀 초	
虍 범의문채 호	
虫 벌레 훼	
血 피 혈	
行 다닐 행	
衣 옷 의	
襾 덮을 아	

7 획
見 볼 견	
角 뿔 각	
言 말씀 언	
谷 골 곡	
豆 콩 두	
豕 돼지 시	
豸 발없는벌레 치	
貝 조개 패	
赤 붉을 적	
走 달릴 주	
足 발 족	
身 몸 신	
車 수레 거	
辛 매울 신	
辰 별 진	
辵 쉬엄쉬엄갈 착	
邑 고을 읍	
酉 술 유	
釆 분별할 변	
里 마을 리	

8 획
金 쇠 금	
長 긴 장	
門 문 문	
阜 언덕 부	
隶 미칠 이	
隹 새 추	
雨 비 우	
靑 푸를 청	
非 아닐 비	

9 획
面 얼굴 면	
革 가죽 혁	
韋 다룬가죽 위	
韭 부추 구	
音 소리 음	
頁 머리 혈	
風 바람 풍	
飛 날 비	
食 밥 식	
首 머리 수	
香 향기 향	

10 획
馬 말 마	
骨 뼈 골	
高 높을 고	
髟 머리늘어질 표	
鬥 싸울 투	
鬯 울창주 창	
鬲 오지병 격	
鬼 귀신 귀	

11 획
魚 고기 어	
鳥 새 조	
鹵 소금밭 로	
鹿 사슴 록	
麥 보리 맥	
麻 삼 마	

12 획
黃 누를 황	
黍 기장 서	
黑 검을 흑	
黹 바느질할 치	

13 획
黽 맹꽁이 맹	
鼎 솥 정	
鼓 북 고	
鼠 쥐 서	

14 획
鼻 코 비	
齊 가지런할 제	

15 획
齒 이 치	

16 획
龍 용 룡	
龜 거북 귀	

17 획
龠 피리 약	

※ 각 부수의 명칭은 《漢字部首解說》(李忠九 編著, 전통문화연구회, 1998)을 기준으로 하고, 현재의 사용되는 훈음과 지나치게 차이가 나는 일부 훈음은 보편적으로 사용되는 것으로 바꾸었습니다.
※ 갓머리(宀), 개미허리(巛), 책받침(辵), 민책받침(廴)처럼 자의(字義)와 무관한 속칭(俗稱)은 모두 배제했습니다.
※ 부수로 쓰일 때 경우에 따라 모양이 바뀌는 부수와 바뀐 모양은 아래와 같습니다.
人▶亻 刀▶刂 卩▶巴 尢▶兀·允 彐▶彑·互 心▶忄·㣺 手▶扌 支▶攵 歹▶歺 水▶氵·氺 火▶灬 爪▶爫 牛▶牜
犬▶犭 玉▶王 目▶罒 示▶礻 网▶罒·罓 老▶耂 肉▶月 艸▶艹 衣▶衤 辵▶辶 邑▶阝 阜▶阝

한자능력검정시험 3급 독본 (1)

丑	且	丸	乃	乎	也
乞	了	予	于	云	互
亥	亨	享	伸	似	佐
余	伴	侮	侯	俊	倣
俱	傍	傲	僅	僚	兮
冒	冥	凝	劣	募	匹
卜	卯	却	卿	厄	厥

한자능력검정시험 3급 독본 (2)

厄	厥	又	叛	只	叫
召	吾	吟	哉	咸	唯
鳴	嘗	囚	坤	埋	堤
塗	塊	墳	墮	墻	夷
奈	奚	妥	妾	姪	姻
姦	娛	嫌	孰	宜	宰
寅	尋	尖	尤	屛	屢

屛	屢	岳	崩	巳	巷
屯	幅	幣	幾	庚	庸
庶	廉	廟	弔	弘	循
忙	忌	忘	怠	恣	惟
惱	愧	愈	慘	慢	慨
慙	憐	憫	懲	懼	戊
戌	托	把	抄	押	抽

한자능력검정시험 3급 독본 (4)

押	抽	拙	抱	挑	捉
掠	捨	掛	搜	搖	携
播	擁	擴	攝	敍	敏
敦	斥	斥	斯	於	旣
早	昔	昏	昭	晨	晴
暑	暢	暮	曉	曰	替
朋	朔	杯	析	枕	枯

枕	枯	某	梨	棄	楊
欺	殃	殉	毁	毫	汝
汚	泊	泣	泳	涉	涯
添	淚	渴	漫	滴	漂
濁	濯	濫	焉	煩	燭
燥	爵	牽	狗	獵	玆
畏	畓	癸	皆	眉	睡

한자능력검정시험 3급 독본 (6)

眉	睡	矢	矣	矯	祥
禾	秒	稻	穫	竊	竝
竟	篤	粟	糾	絃	絹
緯	縣	繫	罔	罷	翁
而	耶	聘	聰	肩	肯
脣	腰	臥	臭	舟	苗
苟	茫	蔬	蔽	薦	蜂

薦	蜂	蜜	蝶	螢	訂
詠	詐	該	誓	誦	誕
誰	諒	謁	謹	豈	豚
貝	貪	販	賓	賜	贈
赴	跳	躍	軌	軒	輝
輿	辛	辨	返	迷	逝
逐	逮	遂	遍	違	遞

한자능력검정시험 3급 독본 (8)

違	遞	遣	遙	遵	遲
邦	那	郊	郭	鄰	酉
酌	醜	鈍	銳	閏	閱
隸	雁	雖	零	霧	須
頗	頻	顧	飜	飢	飽
餓	騰	騷	驅	鴻	鹿
龜					

한자능력검정시험 3급 독본 훈음

1	丑	소 축	且	또 차	丸	둥글 환	乃	이에 내	乎	어조사 호	也	어조사 야
	乞	빌 걸	了	마칠 료	予	나 여	于	어조사 우	云	이를 운	互	서로 호
	亥	돼지 해	亨	형통할 형	享	누릴 향	伸	펼 신	似	닮을 사	佐	도울 좌
	余	나 여	伴	짝 반	侮	업신여길 모	侯	제후 후	俊	준걸 준	倣	본뜰 방
	俱	함께 구	傍	곁 방	傲	거만할 오	僅	겨우 근	僚	동료 료	兮	어조사 혜
	冒	무릅쓸 모	冥	어두울 명	凝	엉길 응	劣	못할 렬	慕	모을 모	匹	짝 필
	卜	점 복	卯	토끼 묘	却	물리칠 각	卿	벼슬 경				
2	厄	액 액	厥	그 궐	又	또 우	叛	배반할 반	只	다만 지	叫	부르짖을 규
	召	부를 소	吾	나 오	吟	읊을 음	哉	어조사 재	咸	다 함	唯	오직 유
	嗚	슬플 오	嘗	맛볼 상	囚	가둘 수	坤	땅 곤	埋	묻을 매	堤	둑 제
	塗	칠할 도	塊	흙덩이 괴	墳	무덤 분	墮	떨어질 타	墻	담 장	夷	오랑캐 이
	奈	어찌 내	奚	어찌 해	妥	온당할 타	妾	첩 첩	姪	조카 질	姻	혼인 인
	姦	간음할 간	娛	즐길 오	嫌	싫어할 혐	孰	누구 숙	宜	마땅 의	宰	재상 재
	寅	범 인	尋	찾을 심	尖	뾰족할 첨	尤	더욱 우				
3	屛	병풍 병	屢	여러 루	岳	큰산 악	崩	무너질 붕	巳	뱀 사	巷	거리 항
	屯	진칠 둔	幅	폭 폭	幣	화폐 폐	幾	몇 기	庚	별 경	庸	떳떳할 용
	庶	여러 서	廉	청렴할 렴	廟	사당 묘	弔	조상할 조	弘	클 홍	循	돌 순
	忙	바쁠 망	忌	꺼릴 기	忘	잊을 망	怠	게으를 태	恣	방자할 자	惟	생각할 유
	惱	번뇌할 뇌	愧	부끄러울 괴	愈	나을 유	慘	참혹할 참	慢	거만할 만	慨	슬퍼할 개
	慙	부끄러울 참	憐	불쌍히여길 련	憫	민망할 민	懲	징계할 징	懼	두려워할 구	戊	천간 무
	戌	개 술	托	맡길 탁	把	잡을 파	抄	뽑을 초				
4	押	누를 압	抽	뽑을 추	拙	졸할 졸	抱	안을 포	挑	돋울 도	捉	잡을 착
	掠	노략질할 략	捨	버릴 사	掛	걸 괘	搜	찾을 수	搖	흔들 요	携	이끌 휴
	播	뿌릴 파	擁	낄 옹	擴	넓힐 확	攝	다스릴 섭	敍	펼 서	敏	민첩할 민
	敦	도타울 돈	斤	날 근	斥	물리칠 척	斯	이 사	於	어조사 어	旣	이미 기
	旱	가물 한	昔	예 석	昏	어두울 혼	昭	밝을 소	晨	새벽 신	晴	갤 청
	暑	더울 서	暢	화창할 창	暮	저물 모	曉	새벽 효	曰	가로 왈	替	바꿀 체
	朋	벗 붕	朔	초하루 삭	杯	잔 배	析	쪼갤 석				

한자능력검정시험 3급 독본 훈음

5	枕	베개 침	枯	마를 고	某	아무 모	梨	배 리	棄	버릴 기	楊	버들 양
	欺	속일 기	殃	액 앙	殉	따라죽을 순	毁	헐 훼	毫	가는털 호	汝	너 여
	污	더러울 오	泊	머무를 박	泣	울 읍	泳	헤엄칠 영	涉	건널 섭	涯	물가 애
	添	더할 첨	淚	눈물 루	渴	목마를 갈	漫	흩어질 만	滴	물방울 적	漂	떠다닐 표
	濁	흐릴 탁	濯	씻을 탁	濫	넘칠 람	焉	어찌 언	煩	번거로울 번	燭	촛불 촉
	燥	마를 조	爵	벼슬 작	牽	이끌 견	狗	개 구	獵	사냥 렵	玆	이 자
	畏	두려워할 외	畓	논 답	癸	천간 계	皆	다 개				
6	眉	눈썹 미	睡	졸음 수	矢	화살 시	矣	어조사 의	矯	바로잡을 교	祥	상서 상
	禾	벼 화	秒	분초 초	稻	벼 도	穫	거둘 확	竊	훔칠 절	竝	나란히 병
	竟	마침내 경	篤	도타울 독	粟	조 속	糾	얽힐 규	絃	줄 현	絹	비단 견
	緯	씨 위	縣	고을 현	繫	맬 계	罔	없을 망	罷	마칠 파	翁	늙은이 옹
	而	말이을 이	耶	어조사 야	聘	부를 빙	聰	귀밝을 총	肩	어깨 견	肯	즐길 긍
	脣	입술 순	腰	허리 요	臥	누울 와	臭	냄새 취	舟	배 주	苗	모 묘
	苟	진실로 구	茫	아득할 망	蔬	나물 소	蔽	덮을 폐				
7	薦	천거할 천	蜂	벌 봉	蜜	꿀 밀	蝶	나비 접	螢	반딧불 형	訂	바로잡을 정
	詠	읊을 영	詐	속일 사	該	갖출 해	誓	맹세할 서	誦	욀 송	誕	낳을 탄
	誰	누구 수	諒	살펴알 량	謁	뵐 알	謹	삼갈 근	豈	어찌 기	豚	돼지 돈
	貝	조개 패	貪	탐낼 탐	販	팔 판	賓	손 빈	賜	줄 사	贈	줄 증
	赴	다다를 부	跳	뛸 도	躍	뛸 약	軌	바퀴자국 궤	軒	집 헌	輝	빛날 휘
	輿	수레 여	辛	매울 신	辨	분별할 변	返	돌이킬 반	迷	미혹할 미	逝	갈 서
	逐	쫓을 축	逮	잡을 체	遂	드디어 수	遍	두루 편				
8	違	어긋날 위	遞	갈릴 체	遣	보낼 견	遙	멀 요	遵	좇을 준	遲	더딜 지
	邦	나라 방	那	어찌 나	郊	들 교	郭	외성 곽	鄰	이웃 린	酉	닭 유
	酌	술부을 작	醜	추할 추	鈍	둔할 둔	銳	날카로울 예	閏	윤달 윤	閱	볼 열
	隸	종 례	雁	기러기 안	雖	비록 수	零	떨어질 령	霧	안개 무	須	모름지기 수
	頗	자못 파	頻	자주 빈	顧	돌아볼 고	飜	번역할 번	飢	주릴 기	飽	배부를 포
	餓	주릴 아	騰	오를 등	騷	떠들 소	驅	몰 구	鴻	기러기 홍	鹿	사슴 록
	龜	거북 귀										

엮은이
김병헌 金柄憲

1958년 경북 영양 출생
성균관대학교 한문학과 졸업
성균관대학교 한문학과 석사 · 박사 수료
성균관대학교 · 경원대학 강사
독립기념관 전문위원
『역주 이아주소(爾雅注疏)』(학술진흥재단 동서양명저번역—공역)
『화사 이관구의 언행록』(독립기념관—공역)
『중정 남한지』(광주문화원—공역)

e-mail_ cleanmt2000@paran.com

완·벽·대·비
한자능력검정시험 3급

글 김병헌
발행 조선매거진㈜
발행인 이창의
편집인 우태영
기획편집 김화(팀장), 김민정, 박영빈
마케팅 방경록(부장), 최종헌, 박경민

초판 1쇄 발행 2002년 3월 18일
3판 1쇄 발행 2004년 1월 14일
　　8쇄 발행 2005년 2월 7일
4판 1쇄 발행 2005년 4월 4일
　　15쇄 발행 2008년 5월 30일
5판 1쇄 발행 2008년 9월 20일
　　4쇄 발행 2009년 12월 10일
6판 1쇄 발행 2010년 6월 30일
　　7쇄 발행 2016년 4월 11일

편집 724-6726~9
마케팅본부 724-6796~7
등록 제 2-3910호
등록일자 2004년 1월 7일
주소 서울특별시 마포구 상암산로 34 DMC 디지털큐브 13층 (03909)

값 11,000원
ISBN 978-89-93968-18-7 14710
　　　978-89-93968-13-2 14710 (세트)

※이 책은 조선매거진㈜가 저작권자와의 계약에 따라 발행하였습니다.
　저작권법에 의해 보호받는 저작물이므로 본사의 서면 허락 없이는 이 책의 내용을 어떠한 형태로도 이용할 수 없습니다.
※저자와 협의하여 인지를 생략합니다.
※조선앤북은 조선매거진(주)의 단행본 브랜드입니다.